Assim se dosam as quantidades: com xícaras medidoras, e nivelando a farinha com uma faca.

Comece usando uma colher de pau para misturar sólidos e líquidos.

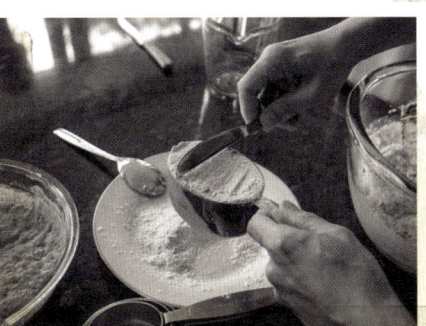  

Procure molhar todos os grãos da farinha. Não desperdice n

O sal é o último a ser colocado, em pitadas, para que ele se espalhe bem.

Este é um dos instantes preferidos do padeiro. É hora de sovar a massa.

Luiz Américo Camargo

# PÃO NOSSO

Receitas caseiras com fermento natural

Panelinha

Copyright © 2016 by Luiz Américo Camargo

Grafia atualizada segundo o Acordo Ortográfico da Língua Portuguesa de 1990, que entrou em vigor no Brasil em 2009.

PUBLISHER Rita Lobo

CAPA E PROJETO GRÁFICO Joana Figueiredo
FOTO DA CAPA Charles Nasseh
FOTOS Editora Panelinha

PREPARAÇÃO Lilia Zambon
REVISÃO Ana Maria Barbosa, Angela das Neves e Marise Leal

Dados Internacionais de Catalogação na Publicação (CIP)
(Jeane Passos de Souza - CRB 8ª/6189)

Camargo, Luiz Américo
    Pão nosso: receitas caseiras com fermento natural / Luiz Américo Camargo. -- São Paulo : Editora Senac São Paulo; Editora Panelinha, 2016.

    Glossário.
    ISBN 978-85-396-1109-6

    1. Pães (receitas e preparo)   2. Panificação : Culinária
    I. Título

16-427s              CDD-641.815              BISAC CKB009000

Índice para catálogo sistemático:
1. Pães (receitas e preparo)   641.815

ADMINISTRAÇÃO REGIONAL DO SENAC NO ESTADO DE SÃO PAULO
PRESIDENTE DO CONSELHO REGIONAL Abram Szajman
DIRETOR DO DEPARTAMENTO REGIONAL Luiz Francisco de A. Salgado
SUPERINTENDENTE UNIVERSITÁRIO E DE DESENVOLVIMENTO Luiz Carlos Dourado

EDITORA SENAC SÃO PAULO
CONSELHO EDITORIAL Luiz Francisco de A. Salgado, Luiz Carlos Dourado, Darcio Sayad Maia, Lucila Mara Sbrana Sciotti, Luís Américo Tousi Botelho
GERENTE/PUBLISHER Luís Américo Tousi Botelho
COORDENAÇÃO EDITORIAL Verônica Pirani de Oliveira
PROSPECÇÃO Andreza Fernandes dos Passos de Paula, Dolores Crisci Manzano, Paloma Marques Santos
ADMINISTRATIVO Marina P. Alves
COMERCIAL Aldair Novais Pereira
COMUNICAÇÃO E EVENTOS Tania Mayumi Doyama Natal
IMPRESSÃO E ACABAMENTO PifferPrint

Proibida a reprodução sem autorização expressa
Todos os direitos desta edição licenciados à Editora Senac São Paulo
Av. Engenheiro Eusébio Stevaux, 823 - Prédio Editora
Jurubatuba - CEP 04696-000 - São Paulo - SP
Tel. (11) 2187-4450
editora@sp.senac.br
https://www.editorasenacsp.com.br

Todos os direitos reservados à Editora Panelinha
Al. Lorena, 1304 cj. 1112 - CEP 01424-000 - São Paulo - SP
TEL. + 55 11 3062-7358
www.panelinha.com.br
panelinha@panelinha.com.br

*Para Renata e Clara*

## Sumário

Apresentação – Uma boa combinação .................................................................. 6

**Criando fermentos, fazendo pães** .................................................................. 11
    *É meu, é nosso* ........................................................................................... 12
    Por que a fermentação natural? ..................................................................... 14
    Os ingredientes ............................................................................................ 17
    O arsenal ................................................................................................... 20
    Afinal, o que vamos fazer? .......................................................................... 23
    Crie o seu fermento natural ......................................................................... 28
    Manual do proprietário: como conservar e refrescar o seu fermento ... 37

**Clássicos da casca grossa (com levain)** ...................................................... 43
    Pão integral ................................................................................................ 44
    Pão branco ................................................................................................. 47
        Manteiga caseira .................................................................................. 50
        *O pão ensina...* ................................................................................... 53
    Pão de centeio ............................................................................................ 54
    Pão multicereais ......................................................................................... 57
        Tartine de cogumelos ........................................................................... 59
        Ragu de linguiça .................................................................................. 60
        Pici fresco ............................................................................................. 62

**Outras farinhas** ................................................................................................ 65
    Pão de milho .............................................................................................. 66
        Geleia de jabuticaba ............................................................................. 69
    Pão de mandioca ........................................................................................ 70
        *Mais água* ........................................................................................... 75
    Pasta doce de castanha-do-Brasil ................................................................. 76
    Pão de semolina .......................................................................................... 78

**Pães enriquecidos** ............................................................................................ 81
    Pão de figos e damascos secos .................................................................... 82
    Pão de nozes ............................................................................................... 84
        Rillettes ................................................................................................ 87
    Pão de azeitonas ......................................................................................... 89
        *As mãos sujas* .................................................................................... 93

**Usando a fôrma** ............................................................................................... 95
    Pão de aveia e mel ...................................................................................... 97
        Pudim de pão inglês ............................................................................ 101
    Pão de passas ............................................................................................ 102
    Pão andino ................................................................................................ 105
        *No teatro, como no pão* .................................................................... 109
        Geleia de mexerica-rio da tia Ercília .................................................. 110

- Usando a panela ........................................... 112
  - Pão integral de casca fina na panela ........................... 115
    - Queijo Cottage ........................................... 117
    - *O fermento da sorte* ........................................... 119
    - Rabanada salgada ........................................... 121
  - Pão tipo alemão ........................................... 122
    - Geleia clássica de morango ........................................... 125

- Caprichos da baguete ........................................... 126
  - Baguete com fermentação natural ........................................... 129
    - Sopa de ervilha seca com paio ........................................... 133
    - Croutons ........................................... 134
    - Pappa al pomodoro ........................................... 135
    - *Viajantes* ........................................... 137
  - Baguete simples ........................................... 138
    - Bife à milanesa ........................................... 140
    - Pudim de pão ........................................... 141

- Não precisa sovar ........................................... 142
  - Pão branco sem sova ........................................... 144
    - Rabanada tradicional ........................................... 147
    - *Operação de resgate* ........................................... 149
    - Confit de ameixa seca com vinho do Porto ........................................... 150
  - Pão sem sova multicereais ........................................... 152

- Variando as fornadas ........................................... 155
  - Pão ciabata ........................................... 156
    - Pão com tomate ........................................... 158
  - Pão da hora ........................................... 159
    - Panzanella ........................................... 160
  - Grissini com fermento natural ........................................... 162
    - Confit de cebola com especiarias ........................................... 164
  - Panetone ........................................... 165
    - *Cuide bem. E desapegue* ........................................... 171

- Índice de receitas ........................................... 172
- Glossário do padeiro ........................................... 173
- Agradecimentos ........................................... 174
- Sobre o autor ........................................... 175

## Uma boa combinação

Vou direto a um ponto surpreendente sobre os pães propostos pelo Luiz Américo neste livro: eles não engordam. Que são deliciosos e saudáveis, eu já sabia. Acontece que, no decorrer da produção fotográfica do livro, e também durante os testes e o período de padronização das receitas, comi esses pães com fermentação natural no café da manhã, no almoço, no lanchinho e no jantar. Não é modo de dizer. E, para a minha surpresa, não inchei, não engordei e não enjoei. Ah, sim, esse é um lado chato da minha profissão: estou sempre correndo o risco de ganhar uns quilinhos a mais e não poder mais ver determinada comida. Quando, há alguns anos, minha equipe e eu decidimos encontrar a massa de torta perfeita, além de não conseguir fechar as calças jeans, passei meses sem poder ver uma torta na minha frente. O que aconteceu aqui foi o extremo oposto: estou até com medo de comer uma fatia de pão de fôrma industrializado.

Antes de continuar contando sobre esses pães que, espero, você também faça e coma, talvez seja mais educado apresentar o Luiz Américo Camargo. Ele é um dos poucos privilegiados que vivem de comer: é crítico de restaurantes do jornal *O Estado de S. Paulo*. No mundo da gastronomia, o Américo é celebridade. Mas o que nem todo mundo sabe é que, paralelamente, há anos ele vem se dedicando à arte da panificação. E, nesse caso, é arte mesmo. Não só porque os pães são lindíssimos, mas também porque o Américo produz para consumo próprio – e para meia dúzia de amigos sortudos que vira e mexe ganham um filão recém-saído do forno.

Junto com o meu marido – sim, minha gente, o mundo muitas vezes é pequeno –, o Luiz Américo é criador-fundador do Paladar, marca de gastronomia do *Estadão*. Foi assim que nos conhecemos. E fiquei absolutamente fascinada com a paixão dele por fazer pães. E não apenas os pães: os fermentos também. Você sabia que suco de abacaxi e farinha de trigo integral se transformam em fermento natural? Prepare-se: aqui começa uma jornada – o mundo do levain, reconheço, é uma viagem.

Com este livro você não vai transformar o trigo em farinha, mas todos os outros processos do pão serão feitos de maneira artesanal. A começar pelo fermento natural, que o Américo costuma chamar de levain, o termo francês, usado no mundo todo. Há várias maneiras de criar uma massa madre, a base do fermento, mas a utilizada aqui mistura apenas suco de abacaxi e farinha. E tempo. E dedicação. É quase um doutorado em administração. Acho até que vale como método de aprendizagem para quem precisa melhorar a disciplina e a perseverança. Mas toda a explicação sobre pães com fermentação natural está nas páginas a seguir. E eu recomendo a leitura. Ela certamente vai mudar a sua percepção sobre pães.

Entre tantas outras coisas, você também vai descobrir que o Luiz Américo, que come tanto fora de casa, é obcecado pelo artesanal, por fazer em sua própria cozinha algo que passaria pelo seu rigor de crítico. De minha parte, reconheço que também sou uma pessoa obsessiva. Mas de um jeito diferente. Eu cozinho com uma caneta na mão para anotar medidas, procedimentos, tudo para que você consiga reproduzir em casa os pratos iguaizinhos aos que saem da nossa cozinha de testes. Não é uma boa combinação para um livro de pães?

## As receitas

Luiz Américo topou, e o *Pão nosso* começou a ser produzido. Nós íamos conversando, o livro ia ganhando forma, ele escrevia as receitas e a minha equipe ia adaptando na cozinha as preparações às medidas que utilizamos no Panelinha. Você vai ver que, além das nossas medidas em xícaras e colheres, decidimos manter também as quantidades em mililitros e gramas — quem gosta de pesar os ingredientes não precisa medir em xícaras e vice-versa. Além dos pães, eu não queria perder a chance de incluir outras receitas do Américo. Ele é um cara com o paladar apuradíssimo. Poucas pessoas têm tanto conhecimento gastronômico e bom gosto quanto ele. E seus pratos são sempre no estilo o-melhor-que-se-pode-fazer-em-casa. (Aqui entre nós, ele não está nem aí para praticidade, rapidez; o que importa é o resultado, o sabor.) Fizemos uma seleção para completar a refeição, ou para aproveitar uma eventual sobra de pão (que é difícil de acontecer) e também pensamos em opções que se beneficiem dessa produção tão esmerada.

A rabanada salgada é um escândalo de boa; a panzanella (uma salada de pão) faz a gente se sentir na Itália; o ragu de linguiça é de limpar o prato — com o pão, naturalmente. Aí, tem dois tipos de pudim de pão: um bem tradicional e outro inglês, aquele que vai ao refratário em fatias, delicioso. Tem sopa de ervilha com paio para servir com croutons caseiros, pappa ao pomodoro, bife à milanesa feito com farinha de rosca do pain au levain. São 22 receitas extras, além das dos pães. E eles são muitos: integral, de nozes, de azeitona, de mandioca, alemão, de aveia, baguete... Tem até pão que não precisa sovar. Ah, e o panetone. Esse é um caso sério. Sem exagero, é o melhor que já comi na minha vida. Torço para que você se anime a preparar um. Não é uma receita simples. Mas não é tão difícil. E vale cada segundo investido.

As receitas aqui não são para quem quer se livrar da cozinha. É para quem tem espírito aventureiro, que vê na cozinha um espaço terapêutico e que quer se arriscar num novo mundo. Ou melhor, nem tão novo: o mais antigo dos métodos de panificação foi engolido por décadas de produção industrial, mas está voltando às casas e ao mercado, com o apetite caprichoso do mundo gourmet e também com a abertura das novas padarias artesanais.

## O levain

Antes das receitas, você vai encontrar um manual para a criação do seu fermento. Ele vai ser a base de tudo. Mas isso é o Luiz quem explica logo mais. À primeira vista, o levain parece inatingível, muito trabalhoso. Mas, acredite, com o tempo, entra no modo piloto automático.

Voltando a minha questão inicial, comentei com o Luiz Américo que estava muito impressionada com a qualidade não engordativa desse pão com fermentação natural — eu queria uma resposta científica para a minha descoberta. Ele falou sobre as qualidades digestivas do pão feito com levain, exaltou o fato de a fórmula não levar gordura, mas não deu uma resposta definitiva. Nem concordou totalmente comigo. "Se você comer exageradamente, é claro que vai engordar." Eu sei, Luiz, mas não é esse o ponto. A questão é que, mesmo sem comer exageradamente pães industrializados, em especial os de farinha branca, fico inchada. Já o pão artesanal, consumido no mesmo dia em que sai do forno, preparado com ingredientes escolhidos a dedo e feito com fermento natural é infinitamente mais saudável do que um pão industrializado. E, nisso, nós dois concordamos. Deixo, então, a minha questão aos nutrólogos, que vão poder explicar o que eu pude constatar na prática. (Mas que não engorda, não engorda.)

## Medidas-padrão

Se você não está acostumado com o método Panelinha, explico a seguir como medir os ingredientes, passo fundamental para que você consiga fazer os pães, exatamente como os do Luiz Américo.

A xícara medidora-padrão não tem necessariamente o tamanho da xícara que você usa para tomar café com leite. Ela é um utensílio de cozinha que tanto pode ser um jogo, como uma única jarra com as medidas fracionadas já marcadas. Essa xícara-jarra pode ser de plástico ou de vidro, tanto faz. Mas ela comporta 240 ml de líquido.

Se você tem um jogo, seja ele de silicone, inox, plástico ou até porcelana, melhor ainda. Para medir ingredientes secos, ele é mais preciso, pois você os nivela mais facilmente — na jarra a gente dá aquela chacoalhada e acaba comprimindo um pouco os ingredientes. O jogo precisa ter seis peças. Ou seja, 1 xícara, ¾ de xícara, 2/3 de xícara, ½ xícara, 1/3 de xícara e ¼ de xícara.

Na hora de medir a farinha, coloque na xícara mais do que ela comporta e passe uma faca para nivelar a superfície. É assim que se faz. Não precisa apertar nem peneirar antes de medir. Mas tem que nivelar. Ou a quantidade será outra. É por isso que os medidores-padrão são tão importantes.

Uma jarra que comporte 2 xícaras é ideal para os líquidos, pois você não precisa ficar equilibrando para a água não derramar antes de ir para a tigela. Mas isso é detalhe. Não precisa comprar um jogo e uma jarra. Porém, se você já tem em casa, fica a dica: jogo para os secos, jarra para os molhados.

Para as medidas em colheres, o princípio é o mesmo. Não existe colher rasa ou colher cheia, nem usar a colher que você usa para tomar sopa para medir ½ colher (sopa). Você precisa de um joguinho com: 1 colher (sopa), ½ colher (sopa), 1 colher (chá), ½ colher (chá). Há jogos com até 1/8 de colher (chá). Mas aqui ela não será necessária.

A balança digital, que raramente indicamos no Panelinha, vai ser útil para quem quiser criar os próprios pães. Porém, todas as receitas sugeridas aqui podem ser preparadas com os medidores-padrão, sem prejuízo. O resultado será o mesmo. E a gente testou uma por uma. Aqui, as receitas também funcionam!

Rita Lobo

CRIANDO FERMENTOS, FAZENDO PÃES

*É meu, é nosso* .................................................. 12
Por que a fermentação natural ................ 14
Os ingredientes ............................................. 17
O arsenal ......................................................... 20
Afinal, o que vamos fazer? ........................ 23
Crie o seu fermento natural ..................... 28
Manual do proprietário: como conservar e
refrescar o seu fermento ........................... 37

# É meu, é nosso

É uma espécie de instante mágico, um tipo de revelação. Que não tem hora exata nem registro preciso: só dá para perceber que aconteceu olhando em retrospectiva. Talvez seja mesmo um processo, algo que vem à tona depois de muita fermentação, de sovas intercaladas com descansos. Estou falando do momento em que se descobre, enfim, para o que você realmente serve — o que pode ou não ter a ver com carreira e profissão. Eu cheguei à conclusão que sirvo para fazer pão. E o verbo servir, neste caso, ganha um significado ainda mais especial: tenho a sensação de que sirvo ao pão, e com ele estabeleço uma relação de cumplicidade. Pois ele também me serve.

Não estou dizendo que sou o melhor padeiro do mundo nem que gaste todas as minhas horas imerso em água e farinha. Mas que se trata simplesmente de algo que eu compreendo, que é fluido, que é natural em mim. Eu invisto — recursos materiais e emocionais — no fermento e na massa, e recolho em troca belas fornadas. E me dou ao luxo de comer fatias generosas no café da manhã, no lanche da tarde, no jantar. Assim como presenteio familiares e amigos, e todos ficam satisfeitos. O pão me deu um lugar no meu círculo de convivência. Quase como a honorabilidade de um padeiro na sociedade medieval. Independentemente do que eu faça ou do que fizer para ganhar a vida, terei sempre a respeitabilidade da guilda, o orgulho do ofício (mais do que da arte).

Até onde consigo localizar, foi nos anos 1990 que identifiquei uma relativa facilidade para sovar e assar. Algo que eu colocava em uma categoria semelhante ao pendor que certas pessoas demonstram com as plantas: com alguns, elas crescem, vigoram; com outros, não vingam. Mas ia além disso. Eu seguia um livro de receitas e parecia fácil. Eu assistia a alguém fazendo pão na TV e pensava: "também consigo". Segui adiante. Não sou místico (descontada, claro, alguma dose de pensamento mágico que canalizo para fermentos e pães) nem jamais me meti por aquelas tais terapias de vidas passadas. Mas tinha a impressão de que já havia mexido em massas e modelado filões. E acho que tem muita gente que se sente assim: padeiro de alma.

Foi pensando nessas pessoas que surgiu este livro. Ele foi feito para aficionados. Para dois tipos deles, na verdade: os que já sabem que adoram fazer pães; e, especialmente, os que ainda nem sabem disso. É uma síntese de experiências pessoais, pesquisas, tentativas e erros, que não pretende discorrer sobre biologia, física e química nem ensinar novos processos para profissionais da área, mas que concentra anos de dedicação à panificação caseira — em particular àquilo que a tradição francesa chama de *pain au levain naturel*. E o termo levain, como vocês vão perceber, volta e meia vai reaparecer ao longo das páginas, sempre se referindo ao fermento natural composto por fungos e bactérias que produzem uma levedação mais lenta, complexa, gerando cascas e miolos muito mais gostosos e densos do que os obtidos industrialmente.

De certa forma, esta narrativa de peripécias com pães de fermentação natural (mas não só ela) reproduz um pouco da minha atividade como crítico de restaurantes. Eu descubro antes, vou na frente, me aventuro pelo novo, revisito o velho. Corro o risco de comer mal, tenho a sorte de comer bem... E conto depois para o público, relatando o que foi bom e o que não deu certo. Pois este *Pão nosso* é a compilação de coisas que testei em casa (em cozinhas normais e fogões domésticos), que li, que vi, que observei de padeiros de verdade. O tanto que eu gastei de farinha, as noites maldormidas, os equívocos, as dúvidas, tudo isso eu já vivi (e ainda vivo). E de tudo isso tirei lições. São anos de fornadas passadas na peneira, modelados e sistematizados aqui, para facilitar a vida dos futuros padeiros amadores.

A ideia de compartilhar as coisas que aprendi cultivando fermentos e fazendo pães tomou forma em 2010, no meu blog, o *Eu Só Queria Jantar*. Criado para tratar principalmente de restaurantes, ele enveredou por outros temas ligados à comida, com muita ênfase no pão. Eu escrevia sobre fermentação natural e reparava que muitos leitores ficavam curiosos. O tal fermento seria um bicho? Era preciso cuidar? E se morresse? Foi aí que resolvi promover uma criação coletiva de fermento, on-line, em tempo real. Eu fazia na minha casa, os leitores — no Brasil e no exterior — seguiam nas deles. Passo a passo, com direito a atendimento personalizado e plantão de dúvidas. Da primeira mistura com farinha até a fornada final. Foi uma grande felicidade constatar que muitos conseguiram tirar do forno pães bonitos e apetitosos e, desde então, nunca mais pararam de assar seus próprios filões. Uma segunda rodada aconteceu em 2011, também com sucesso.

O *Pão nosso* retoma e multiplica aquele espírito colaborativo. Mas com técnicas, informações e truques muito mais esmiuçados. Com muito mais variedade de pães. E com uma galeria de receitas cobrindo um vasto campo de interesses. Para tanto, foi fundamental a participação da Rita Lobo, criadora do Panelinha e editora deste livro. Ela contribuiu não apenas com visões editoriais e estéticas, com a busca da clareza na explicação de medidas e passos técnicos, mas com dicas preciosas. No fim, percebemos que o conjunto da obra tinha expandido as fronteiras da minha obsessão com a fermentação natural: ele tinha se tornado um tributo ao artesanal, à possibilidade de você produzir em casa todos os itens do seu café da manhã ou do seu lanche. Tudo isso só potencializou aquele que, para mim, continua sendo o propósito mais essencial: dividir com as pessoas a oportunidade de preparar o melhor pão da vida delas.

Eu testei fórmulas, preparei pães, analisei-os, devorei-os. E procuro explicar aqui como reproduzi-los, etapa por etapa, da forma mais detalhada. Antes de entrar nas receitas propriamente ditas, vou tratar de ingredientes, de técnicas, de acessórios. E, principalmente, discorrer sobre a criação e a manutenção do fermento natural. É importante entender que não existem aqui verdades absolutas e jeitos únicos de fazer as coisas. Você certamente vai se deparar com outros modelos, outros métodos. Mas estou me referindo a coisas que fiz e que deram certo. Executá-las, portanto, é seguir por um caminho verificado. Incorporar os cuidados e os gestos técnicos descritos é criar um plano de trabalho para que você aprenda a prever o comportamento de algo que, a rigor, é indomável: pois quem manda nas leveduras selvagens que habitam o ar, a farinha e dão origem ao fermento?

Tendo atenção com as informações, seguindo os passos, executando as receitas (e praticando-as), logo você mudará de patamar. E passará a sentir segurança para criar suas próprias fórmulas, personalizar suas misturas de farinhas, tentar outros cortes e acabamentos. Poderá, orgulhosamente, servir seu pão. E — bem-vindo ao clube! — servir ao pão.

## Por que a fermentação natural?

"Como você consegue fazer isso?" Já perdi a conta de quantas vezes ouvi este tipo de comentário. As pessoas provam o pão e, comumente, oscilam do espanto à incredulidade: "Você comprou, conte a verdade". Ou: "Duvido que você tenha uma cozinha comum, deve ser um forno profissional". E eu explico que disponho de equipamento normal e que apenas procuro usar ingredientes (água, farinhas e sal) de boa qualidade. É verdade que sigo técnicas e procedimentos — e relato tudo aqui no livro. Mas quem "consegue fazer" o pão, de fato, é o fermento natural. Ele é a alma do negócio.

Cozinhar, sentir que os pratos ficaram bons, servi-los para a família e para uns amigos é maravilhoso. Uma receita bem-feita, um jantar que dá certo, tudo isso é muito bom. Mas tirar do forno um filão delicioso, bem fermentado, sovado e assado, tendo zelado por todas as etapas, é absurdamente gratificante. Para mim, talvez seja o ápice do prazer gastronômico doméstico. Mal dá para acreditar no resultado.

Para começar, é preciso deixar claro que não estamos lidando com mágica nem com rituais esotéricos. Trata-se de um processo da natureza, algo que evidentemente não dominamos. Mas cujo comportamento aprendemos a prever e a conduzir a nosso favor. Fermentação natural (estamos falando de pão) é o produto da ação de micro-organismos que se alimentam da mistura de farinha e água. Eles consomem os açúcares contidos no trigo e, em troca, produzem gás carbônico, álcool e ácidos. Basta expor a massa (farinha e água) ao ambiente e esperar que ela seja dominada por uma complexa flora microscópica, presente no ar e no trigo, composta por leveduras selvagens (fungos) e bactérias.

A bem da verdade, sempre foi assim que se fez pão — o fermentado, entenda-se. O que remonta a 4 mil anos antes de Cristo, com egípcios e hebreus (embora o pão ázimo, sem fermentação, seja anterior, com origem provável na Mesopotâmia). E seguiu desse jeito, sempre com leveduras selvagens, até o século XIX, quando, a partir das pesquisas do cientista francês Louis Pasteur, foi possível criar o fermento industrial. O pain au levain naturel, portanto, era o padrão, até muito recentemente.

A fermentação natural, lenta e caprichosa, num certo momento tornou-se inconveniente para os horários apertados do cotidiano moderno. Até que o método antigo virou mais exceção do que regra, padecendo, exageremos, de uma imagem pública associada apenas a padeiros franceses tradicionalistas. Ou, já nas últimas décadas, a hippies fanáticos por vegetarianismo e coisas do tipo. Para nossa felicidade, isso vem mudando nos últimos anos, especialmente com a valorização dos produtos artesanais e de cultura orgânica. Mas vamos continuar a falar do processo — estou aqui para tentar explicar por que ele é tão bom.

O processamento dos açúcares contidos no trigo é feito de forma vagarosa, por diversas leveduras (como o fungo *Saccharomyces exiguus*) e bactérias. São dezenas de tipos agindo em conjunto. Digerindo preguiçosamente o amido do trigo de modo a gerar não apenas os gases necessários para o crescimento do pão, mas também ácido acético e lático, que contribuem para o desenvolvimento de seu sabor peculiar. E liberando enzimas como a fitase, contida na farinha e capaz de tornar o pão inclusive mais digestivo.

O fermento biológico industrial, por sua vez, também é elaborado com leveduras, em particular a *Saccharomyces cerevisiae*, bastante usada na produção de cerveja. Sua concentração, porém, é muito elevada, o que acelera a geração de gás carbônico e faz o pão crescer em alta velocidade. O industrial, em resumo (e sem demérito, pois as propostas são diferentes), infla a massa, mas contribui menos para o aporte de sabor, embora ele seja muito útil em diversas receitas.

Já o fermento natural atua sobre o trigo sem pressa. E cria filões com crostas crocantes e espessas, miolos densos, embora leves, e sabores intrigantes, nos quais se revelam notas de mel, nozes e outras coisas que parecem ter se fixado ali por magia.

Esse é o método que escolhemos, esse é o pão que queremos. O preço a pagar, acredito, é baixo: farinha integral, água (e, no início, suco de abacaxi) e um pouco do seu tempo. Seguindo as instruções dos próximos capítulos, tendo atenção com a criação e a conservação do fermento, ele retribui com ótimas fornadas. Lidar com a fermentação, porém, é flertar com a podridão o tempo todo: se você não alimentar a sua colônia de micro-organismos, ela se consome e morre. Mas isso nós podemos reverter com técnica e dedicação.

Um fermento natural sempre tende a incorporar as características do local onde foi criado — e, principalmente, do local onde é mantido. Se, a partir deste livro, um levain for gerado na Bahia, enquanto outro nasce em São Paulo, certamente eles terão diferenças, o que só um complexo exame microbiológico pode dizer. Entretanto, se eles forem levados para o mesmo lugar, recebendo a mesma alimentação, com o tempo se tornarão iguais.

É muito comum ouvirmos relatos de fermentos criados há décadas, séculos. É até poético fantasiar sobre essa possibilidade de vida quase eterna. Só que é importante entender que as leveduras originais, que contaminaram uma porção de farinha e água na Segunda Guerra, por exemplo, já se foram. E deram lugar a uma nova matéria, sempre em renovação. Da mesma forma, não são raras as histórias de fermentos que vêm de outros países. E é mesmo instigante pensar que um pedaço de massa teria o poder de transportar em seus grãos um pouco da flora e dos ares de uma terra estrangeira. Só que não funciona assim: à medida que ele é alimentado, ele se molda ao novo ambiente e se torna um produto das condições locais. Mas essas coisas, para mim, compõem um lado divertido da mitologia da fermentação natural.

Por fim, é provável que, pesquisando em outras fontes, você encontre receitas de fermentos naturais nascidos a partir apenas de farinha e água (eu já fiz e funciona). E que se depare com fórmulas que pedem maçãs, uvas e outras frutas — a nossa é o abacaxi, por razões que esclareço mais adiante. Ou que ainda levem açúcar na composição. Todas têm seu valor e, como eu já disse na introdução do livro, não há método único nem verdades absolutas. Contudo, antes de tentar subversões e experiências (que são válidas e necessárias), comece seguindo à risca nosso roteiro.

# Os ingredientes

les nem são tão numerosos. Mas são essenciais: sem farinhas em suas variações, água e sal, não temos pão. Saiba um pouco mais sobre eles e como escolher a matéria-prima das suas receitas.

### Farinha de trigo

Na maior parte das nossas receitas, a farinha de trigo branca é o ingrediente predominante. Ela representa, em geral, pelo menos ²/₃ do peso total em farinhas.

A farinha branca é produzida a partir da moagem do endosperma, uma das três partes do grão de trigo, e a maior delas (as outras duas são o germe e a casca). É no endosperma que se encontram o amido e o glúten, elementos fundamentais para o preparo do pão. O bom crescimento do pão só acontece por causa do glúten. Trata-se de uma cadeia proteica que se origina a partir de dois aminoácidos encontrados na farinha, a gliadina e a glutenina. Estimulados pela ação da água e da sova, ambos se associam para formar as tais proteínas de glúten — que dão volume e densidade ao pão.

No processo de fermentação, as leveduras naturais e as bactérias atuam sobre o amido da farinha: elas o digerem e liberam gás carbônico. O gás, por sua vez, é contido pela cadeia de glúten, que se expande, fazendo o pão crescer. Portanto, quanto maior o teor de glúten da farinha, maior será a elasticidade da massa.

Você já deve ter ouvido os termos "farinha forte" e "farinha fraca". Eles têm a ver justamente com essa capacidade de se expandir — e com o teor proteico. Observe a tabela nutricional da farinha que você usa. Farinhas com índices de proteína em torno de 7% são consideradas fracas — mais adequadas para os doces, para confeitaria. Mas podem, também, ser usadas na panificação. Já farinhas ditas mais fortes têm, idealmente, acima de 9% — o que é menos comum nas marcas nacionais.

Isso não significa que não seja possível fazer ótimos pães caseiros com a matéria-prima disponível em nosso país. E, nos últimos anos, moinhos menores vêm apresentando mais alternativas de produtos, inclusive de origem orgânica. Recentemente, várias marcas de farinha italiana passaram a ser vendidas no Brasil. Algumas, do tipo 0, têm percentuais de proteína acima dos 11 pontos (a do tipo 00 é melhor para a pasta fresca). Eu recomendo que você teste várias marcas, nacionais ou não, e preste atenção nos resultados, anote suas impressões sobre o cheiro, o sabor, os aspectos visuais. Assim, será mais fácil eleger suas marcas preferidas.

### Farinha de trigo integral

O nome já sugere: esta farinha de trigo é produzida com o grão por completo, aproveitando a casca, o germe e o endosperma. Se em fibras e vitaminas ela é rica, em glúten ela é pobre. O que torna essencial sua mistura com a farinha branca. Se for possível trabalhar com uma farinha integral orgânica, melhor ainda: sem defensivos e pesticidas, é provável que ela contenha mais leveduras selvagens e bactérias que favoreçam a fermentação.

## Centeio

Outro clássico da panificação, o centeio pertence à mesma família do trigo (*Poaceae*). Também contém glúten, mas em proporção menor, comparativamente ao trigo. Rende pães de massa mais escura e densa, e muito aromática.

## Grão duro

O *Triticum durum L.* é conhecido especialmente por ser o ingrediente-base da massa seca italiana. A produção no Brasil ainda é muito pequena, mas bastante difundida em países próximos, como o Chile e a Argentina. Com alto teor de glúten, sua farinha é fina e delicada. Já a semolina de grão duro, de moagem mais grossa, surpreende pela textura e pela cor levemente dourada que empresta ao pão — confira nossa receita inspirada no *pane di semola*, clássico do Sul da Itália.

## Farinha de mandioca

A mais brasileira das raízes é generosa em subprodutos. E talvez a fécula (ou polvilho doce) fosse uma escolha mais óbvia para pães. Mas a receita de pão de mandioca publicada no livro é feita com farinha, do tipo fino e torrado. Mais pesada que a farinha de trigo, rica em amido (mas sem glúten), ela dá resultados melhores se for incorporada à massa numa proporção entre ¼ e ⅓ do peso total de farinhas.

## Farinha de milho

Para que funcione na composição de pão, o milho precisa ser combinado ao trigo. Ele não tem glúten e, por conseguinte, não confere elasticidade à massa. Mesmo em pouca quantidade, porém, é capaz de emprestar sua cor e sabor peculiares à massa. Pode ser usado na forma de fubá, mais fino, ou em flocos — como vamos usar aqui.

## Aveia

É um cereal versátil na panificação, pela capacidade de se adequar bem a composições de variadas farinhas e pela própria textura, com flocos finos e grossos. É sem dúvida um dos mais nutritivos, tanto pelo teor de vitaminas e proteínas, como pela capacidade (graças à presença de um polissacarídeo em especial, os betaglucanos) de atuar na redução do LDL, o mau colesterol.

## Quinoa

Embora não seja, a rigor, um cereal, a quinoa é mercadologicamente tratada como tal. E, quando comparada a outras gramíneas, a quinoa leva algumas vantagens: alto teor proteico, de fibras, de ômega 3. Dessa planta de origem andina também se faz farinha; mas, nas receitas do livro, ela será usada em grãos. A quinoa também não contém glúten, e o ideal é que seja misturada a outras farinhas e grãos.

## Água

Em geral, as farinhas ganham mais destaque quando se trata de receita de pão. Mas muitos estudiosos do assunto apresentam a água como o ingrediente crucial da panificação. Ela é a responsável pela arquitetura do pão. A quantidade de água presente na fórmula é que irá determinar a leveza, o tamanho dos alvéolos, a crocância da casca.

Na boulangerie francesa, especialmente, muitos preferem fazer os cálculos de pesos e volumes a partir da água. Uma ideia que, à minha maneira, e com certa licença poética, interpreto assim: do mesmo modo que o compositor parte do silêncio, e o pintor começa o quadro pela tela branca, o padeiro elabora o seu pão "preenchendo a água" com a farinha. É curioso pensar assim — e difícil de praticar em casa. Em alguns casos, receitas altamente hidratadas só podem ser manipuladas por máquinas (à mão, torna-se quase inviável).

Os pães deste livro usam, em média, uma taxa de 66% de água em relação à farinha. É um bom índice para a fermentação natural (até porque o próprio fermento já contém água). Outros tipos, como a ciabata e a baguete, usam níveis ainda mais altos, acima dos 70% — o que é importante para que seu interior fique bastante aerado.

O ideal é trabalhar com água filtrada, de preferência sem cloro, que prejudica o desempenho do fermento natural (e tem sabor ruim). Na dúvida, use água mineral, sem gás mesmo. E água destilada? Não serve.

## Sal

Vá além do tipo ordinário, de cozinha. Use o marinho fino, por exemplo, ou compre sal marinho grosso e coloque para moer.

Em lugares onde a panificação é altamente desenvolvida, como na França, é possível encontrar sais especiais para fazer pão, de moagem finíssima. Há também o sal kosher, bastante usado pelos americanos. Fique à vontade para tentar outros tipos. Mas lembre-se sempre de que grãos muito grossos dificultam uma distribuição mais equânime pela massa. E, principalmente, dificultam a dissolução.

O sal tem a função de realçar o sabor. O mais recomendado pela tradição é usar em torno de 2% em relação ao peso em farinha. Essa proporção, contudo, não considera apenas critérios gustativos, mas também a harmonia geral da massa. Em grandes quantidades, o sal inibe a ação do fermento (por isso aconselho que ele seja adicionado por último, e nunca diretamente sobre o levain). Não só isso; ele pode matá-lo. Na dose certa, ele dá limites à fermentação, impedindo, por exemplo, que o pão cresça demais e esgote o glúten.

O sal controla o equilíbrio hídrico do nosso organismo. E age de forma análoga no pão: retém a água e ajuda a manter o nível de hidratação da massa. Contribui para que ela se torne mais maleável e elástica e, assim, cresça melhor.

## Fermento natural

Falaremos bastante sobre ele ao longo do livro. Mas aproveito para lembrar: sempre que eu me referir ao fermento natural numa receita, é necessário que ele esteja refrescado. Isto é, ativo, com bolhinhas, aerado. Ou seja, não basta tirá-lo da geladeira e adicionar à massa. Mas isso você vai saber em detalhes mais adiante.

# O ARSENAL

O pão de fermentação natural, como você vai ver ao longo do livro, é básico, minimalista. Um de seus grandes encantamentos está na possibilidade de fazer coisas muito diferentes, alternando apenas algumas poucas variáveis. Porque, no limite, estamos falando de farinha, água, sal e, claro, do nosso fermento. Despojamento, nesse caso, é acima de tudo uma questão de valorizar o que é imprescindível. O que não significa deixar de ser exigente: a ideia é usar as melhores matérias-primas, por mais simples que sejam, combinadas aos métodos mais adequados.

Esse apreço pelo essencial, a meu ver, deve se refletir também no equipamento do padeiro amador. Não estou afirmando que investir numa boa variedade de acessórios é desnecessário, pelo contrário. Meu ponto é que ninguém deve deixar de amassar e assar seus pãezinhos por não ter apetrechos supostamente sofisticados. É preciso partir de um patamar mínimo, é verdade. Assim como também é fato que utensílios profissionais melhoram a performance na cozinha. Se você é iniciante, comece pela base. E incorpore outros instrumentos à medida que sentir mais intimidade com a massa e com os procedimentos.

É por isso que resolvi dividir nossa lista de material em três níveis. Para que você entenda que pode se aventurar por filões e fornadas usando recursos já disponíveis na maioria das casas. E que pode aprimorar seu arsenal numa velocidade compatível com o amadurecimento técnico. Fiz as sugestões com base no que já que li, vi e apurei, e, principalmente, levando em conta as minhas próprias experiências fazendo pão em casa.

## VOCÊ PRECISA TER

**XÍCARAS E COLHERES MEDIDORAS-PADRÃO**
É obrigatório (isso é sério...) conhecer as quantidades com que estamos trabalhando ou a receita não vai dar certo (a propósito, não comece nenhuma preparação sem ler antes as considerações sobre medidas e padrões).

**TIGELAS PARA MISTURAR**
Podem ser de inox, plásticas, de porcelana. No mínimo uma grande, que comporte 4 litros, com 30 cm ou mais de diâmetro. E outras menores, para misturar farinhas e ajudar na medição e organização dos ingredientes.

**POTES COM TAMPA**
Para guardar o fermento natural.

**RELÓGIO OU TIMER**
Não importa qual o tipo. Você não pode descuidar do tempo.

**ASSADEIRAS**
É recomendável que sejam grandes, com 40 cm ou mais, para você assar pães variados. Se forem antiaderentes, melhor ainda. Antes de comprar, porém, procure conhecer as medidas de seu forno: é preciso que elas caibam e a porta fique perfeitamente fechada.

**PANOS LIMPOS**
Básicos, de enxugar pratos, ou de linho... Eles serão usados não só durante o descanso da massa, mas também na própria conservação do pão.

### PENEIRAS
As mais simples, mesmo. Tanto para peneirar uma farinha eventualmente mais empelotada, como para oxigená-la em certas receitas. E para fazer o acabamento do pão, cobrindo a superfície da massa de forma mais regular. Nesse caso, a trama mais fina é melhor.

### LUVAS E PROTETORES
Você vai mexer muito no forno e em assadeiras. Precisa tomar cuidado para não se queimar.

### COLHERES DE PAU (OU BAMBU) E ESPÁTULAS DE SILICONE
Muito úteis para misturar e manipular a massa.

### FACA
Sempre afiada, para fazer o acabamento, o corte do pão antes de assar (por isso, uma chaira também vai bem).

### FORNO
Parece óbvio, mas é necessário comentar. Independentemente do modelo, é importante que a temperatura atinja pelo menos 220 ºC. Se passar disso, melhor.

## Seria bom se você tivesse

### GRADE PARA ESFRIAMENTO
Importante para que o pão esfrie por completo e não crie vapor na parte de baixo. Enquanto você não consegue um acessório específico para este fim, pode pegar emprestado até as grades do fogão (onde estão os queimadores).

### FACAS PARA CORTAR PÃO
Com uma boa serra, com lâmina longa e fina, além de empunhadura firme, os cortes saem muito mais precisos, inclusive para fatias finas, e sem esforços absurdos. Lembre: boa parte dos nossos pães serão cascudos, e uma faca ruim vai acabar quebrando, esmigalhando a casca, mais do que cortando.

### GARRAFA COM BORRIFADOR (SPRAY)
Para borrifar água nos pães, antes de colocá-los no forno.

### BALANÇA
É claro que dá para fazer pão sem ela, desde que você saiba quanto está usando de sólidos e líquidos. Porém, depois que você passa a pesar os ingredientes, facilita muito a vida (e o padeiro se sente bem mais seguro). Prefira as digitais, com capacidade de 3 kg e com 1 g de precisão.

### LÂMINA
Uma navalha e, melhor ainda, uma *lame de boulanger*, como dizem os franceses, deixam o corte do pão muito mais caprichado. Você ganha agilidade e precisão na hora de fazer o acabamento.

### PANELAS DE FERRO FUNDIDO
Assar pão na panela (com tampa) é um ótimo truque, como você vai ver ao longo do livro. O melhor é que elas tenham pelo menos 20 cm de diâmetro.

## Vai ser ótimo quando você tiver

**ASSADEIRA COM FOLHA DE SILICONE**
Plana, de metal, com furos para permitir a circulação do calor. É um acessório mais usado em confeitaria. Mas funciona muito bem para os pães (e é praticamente à prova de erro: eles não grudam).

**TERMÔMETROS**
Para controlar a temperatura tanto dos ingredientes quanto do fermento (é preciso haver um equilíbrio mínimo entre eles, o que explico na parte inicial do livro), além de um termômetro específico para forno.

**PEDRA PARA ASSAR**
O tipo mais fácil de encontrar nas lojas é, na verdade, aquele disco cerâmico para assar pizzas. É um bom concentrador de calor, que deve ser introduzido no forno no momento de acender o fogo, para que fique bem quente.

**ESPÁTULA PARA FAZER DESLIZAR O PÃO**
Para colocá-lo diretamente no forno, sobre a pedra, já previamente aquecida.

**ASSADEIRA PRÓPRIA PARA BAGUETE**
Tem a forma de canaletas e permite que a massa descanse já tomando o formato do pão.

**CESTO PARA DESCANSO E FERMENTAÇÃO**
De madeira ou de palha (geralmente coberto por tecido). Acomodam a massa durante a segunda fermentação, dando forma ao pão, criando uma bonita padronagem na superfície (com a vantagem de que absorvem a umidade externa e não grudam quando você transfere para a assadeira).

**ESCOVA DE PELO GROSSO**
Para escovar especialmente o fundo dos pães e deixá-los mais polidos, caso você use farinha para untar a assadeira.

**ESPÁTULA PARA CORTAR E MANIPULAR A MASSA**
Em aço inoxidável, do tipo que os franceses chamam de *coupe-pâte*.

## Afinal, o que vamos fazer?
### Entenda os principais passos da criação do seu pão

### Pré-preparo

ste momento é mais importante do que parece. Antes de fazer qualquer coisa, leia atentamente a receita. Verifique se tem todos os ingredientes e divida-os nas porções certas. Você precisará de uma balança ou de xícaras e colheres medidoras-padrão.

No caso dos pães, você terá que ter refrescado o fermento cerca de 4 horas antes. Toda vez que me refiro ao levain nas receitas, ele já deve estar refrescado. Logo mais explico o processo.

A boa organização nesta etapa vai permitir que os outros passos se desenvolvam com mais tranquilidade. Por exemplo: se a receita pede vários tipos de farinha, separe as quantidades certas e misture-as previamente, numa tigela à parte. Isso ajuda numa distribuição mais equânime das diferentes variedades.

## Medidas

Se você prefere usar xícaras e colheres para medir os ingredientes secos, em vez de pesar na balança, vai precisar nivelá-los. (Os líquidos se nivelam sozinhos.) Isso quer dizer que, depois de mergulhar a colher no pote de sal, você precisa passar uma faquinha sobre ela para retirar o excesso e nivelar a quantidade. No caso das farinhas, coloque o ingrediente na xícara até ultrapassar o limite, formando um montinho; aí, sim, passe a faca para nivelar. Não pressione os ingredientes. Nem passe pela peneira antes de medir.

## Temperatura ambiente

Também é nessa hora que você deve prestar atenção às temperaturas. A massa precisa de boas condições para se desenvolver, o que pode se tornar mais complicado num dia de verão intenso ou de inverno rigoroso. O recomendável é que ela esteja entre 25 °C e 26 °C.

Pensando nisso, os padeiros franceses criaram uma equação cujo resultado é 75. Digamos que a temperatura ambiente seja de 25 °C e que a água e a farinha também estejam a 25 °C. Somando os três valores, temos 75 °C — o ideal, portanto. Agora, imagine um dia com temperatura a 15 °C. Para chegar a 75, é bom que a água ou mesmo a farinha estejam mais quentes. Aquecer a água é simples (basta amornar, de leve). Para esquentar a farinha, adicione água quente dentro de um recipiente (um vidro com tampa ou uma garrafa com rolha) bem fechado, limpo e seco por fora, e coloque-o na tigela da farinha, para que o contato eleve a temperatura. Jamais leve a farinha ao forno. Já num dia de calor, vale usar água fresca, misturando em partes iguais água gelada e água na temperatura ambiente, ou deixar a farinha na geladeira por alguns minutos. Nem todo mundo tem termômetro, mas isso não é um impedimento para fazer pão. É importante, porém, ter atenção redobrada em casos extremos de frio ou calor. (Leia mais em primeira fermentação.)

## Interferências externas

Evite trabalhar onde bate sol, o que interfere na fermentação. Cuidado também com o vento e a umidade. Por outro lado, isso não significa que seja preciso se trancar na cozinha. Deixe a porta aberta, pois calor em excesso também vai quebrar a harmonia do processo.

## SOVA

Antes de começar a sova (a manipulação da massa), você vai misturar bem os componentes da receita. Quando estiverem bem agregados, faça um intervalo de 20 minutos: é para a chamada autólise, um descanso para que a farinha absorva melhor a água. Não é obrigatório, mas ajuda. A sova é o momento em que você entra em contato direto com a massa. Trabalhá-la é importante para obter uma textura homogênea e, mais ainda, para formar as cadeias de glúten. Imagine que as proteínas contidas no trigo estão difusas, desorganizadas. A sova vai colocá-las em linha, criando um tecido (alguns chamam de véu), tornando a massa mais elástica. E isso será fundamental quando o interior da massa começar a se expandir pela liberação do gás carbônico. Os movimentos de dobrar a massa sobre si mesma, por sua vez, são valiosos para colocar mais ar para dentro, o que contribuirá para a leveza do pão.

### Na tigela ou na bancada

Eu recomendo a sova na própria tigela, o que é conveniente para a quantidade de ingredientes que estamos usando. Além de ser um jeito de aproveitar o espaço, caso a sua cozinha não seja muito grande. Mas você pode preferir sovar a massa numa bancada.

O importante é trabalhar bem a massa. Gosto ainda de manter uma das mãos livres. Se estiver usando uma tigela, a mão esquerda segura o recipiente, a direita faz a força (para canhotos, vale o inverso). Uma mão limpa é útil para algum procedimento de última hora.

Por fim, também é possível sovar a massa na batedeira, desde que ela seja apropriada para esse uso e tenha o batedor em forma de gancho. Nesse caso, selecione sempre a velocidade baixa. Mas investir as energias em longas e divertidas sessões de apertos, dobras e amassos (nem tão longas: 5 ou 10 minutos) combina melhor com a fermentação natural.

## FERMENTAÇÃO

A chamada primeira fermentação é longa, e respeitá-la em sua pouca pressa, digamos, é imprescindível. É durante esse longo descanso que o pão cresce e desenvolve seus sabores. Sob efeito das chamadas fermentações lática e alcoólica, o glúten aprimora sua musculatura, a massa forma sua estrutura. A massa deve ficar sempre coberta, para evitar ressecamentos. Na maioria das nossas receitas, o tempo recomendado é entre 4 e 6 horas. Em regiões mais quentes, é provável que o processo se complete no prazo mais curto.

### Calor

Se a temperatura ambiente for de 40 °C ou mais, isso será prejudicial à ação do fermento. Procure, portanto, um canto mais ameno para o repouso da massa — aquele armário mais escondido, dentro daquele quarto onde bate menos sol... Use a criatividade. Por isso, vale se planejar para que essa etapa transcorra durante a noite, quando é mais fresco.

### Na geladeira

Já perdi a conta de quantas vezes acordei no meio da noite para observar a massa ou trabalhá-la. Ou quando tive de levantar cedo demais, para não deixar que o pão fermentasse em excesso. Até que descobri um recurso simples e precioso para quem quer dormir um pouco mais. Ou para quem simplesmente não vai ter tempo de manipular a massa no momento certo. É a geladeira.

Digamos que você comece a preparar o pão às 22h, para concluir a sova às 22h30. Isso quer dizer que você precisaria levantar às 4h30 para fazer a modelagem, certo? Teoricamente sim, mas temos uma alternativa. Deixe o pão descansar, normalmente, numa tigela, coberto por um pano. Quando for dormir, digamos à meia-noite, coloque-o na geladeira. O ritmo da fermentação diminui, mas ela acontece. Assim, você pode acordar às 7h e modelar o seu filão. Aí é só aguardar as 2 horas da segunda fermentação e assar.

Ao todo, tivemos uma primeira fermentação de 8h30, o que seria arriscado à temperatura ambiente, sob risco de esgotar o glúten (prejudicando o crescimento e a estrutura da massa) e aportando um sabor muito azedo. Mas, com a geladeira, dá para fazer.

## MODELAGEM (E FERMENTAÇÃO DE NOVO)

A etapa que sucede o longo descanso é dedicada a dar à massa a forma definitiva do pão. É o momento também de dividi-la — caso sejam feitos dois ou mais pães da mesma mistura.

O primeiro passo, contudo, é aplainar a massa, deixá-la achatada, para expelir parte do gás carbônico produzido na primeira fermentação. A partir disso, a ideia é dobrar a massa sobre ela mesma, como se estivéssemos trabalhando com papel. Comece das bordas para o meio, até que a massa se feche — as dobras e junções devem ficar bem consolidadas, para que o pão não abra durante a cocção. Este movimento é importante para oxigenar a massa.

Ao longo do livro, há várias possibilidades de modelagem. Como o batard, mais ovalado, a bola e a baguete. Alguns formatos seguem a tradição, adequando o molde à composição do pão. Outros são sugestões com base em experiências minhas. Recomendo que, no caso dos pães de fermentação natural mais clássicos, a modelagem nunca seja fina. Quanto maior a área da fatia, mais umidade o pão vai reter ao longo do tempo — e mais dias ele vai durar. Depois de trabalhado e com a forma definida, é recomendável que o pão faça o segundo descanso já na assadeira (ou numa cesta apropriada, como vimos no Arsenal).

A segunda e última fermentação vai permitir mais um período de crescimento para a massa. A manipulação e a modelagem, depois da primeira fermentação, serviram para relaxar as moléculas de glúten. O pão está pronto para aumentar de tamanho de forma mais homogênea. Esse descanso leva entre uma e duas horas.

## ANTES DE ASSAR

Vamos estabelecer um acordo entre nós: o forno estará sempre muito bem aquecido a 200 °C. Preaqueça por meia hora se ele for a gás, ou 20 minutos, se for elétrico. Sempre.

### Corte

Pouco antes de colocar o pão para assar, você vai dar a ele a sua cara definitiva. É o momento de usar mais farinha para acabamento externo, caso seja preciso, e de escolher o corte, que acaba sendo uma espécie de identificador do pão. A função da incisão (use sempre lâminas bem afiadas) não é apenas estética: ela ajuda a ordenar a saída de gases e vapores durante a cocção. Aos poucos, você se sentirá à vontade para variar os desenhos. Mas comece seguindo as instruções das receitas, que abordam cortes mais clássicos.

### Borrifada

Logo depois de fazer os cortes, e com o forno já preaquecido, vamos borrifar o pão com água. Isso ajuda inclusive a amolecer a superfície da massa, torná-la mais elástica e permitir um crescimento mais generoso do pão. O vapor também ajuda a dar brilho à crosta, criando condições para a caramelização. Você precisa de uma garrafa simples com borrifador.

## NO FORNO

Você conhece bem o seu forno? Sabe onde as temperaturas são mais altas, se há grandes diferenças de um lado para o outro? É bom começar a prestar atenção a esses detalhes que podem ser mais vagamente descobertos pela observação. Ou, mais precisamente, com um termômetro de forno. Não tenha medo de um pão bem assado. É com a crosta bem dourada, com o miolo bem cozido, que seus filões vão manifestar os seus melhores sabores. Siga o tempo indicado, de 45 minutos (no caso de pães maiores, acima dos 50 minutos).

### Umidade

Se você não tem um forno com convecção (a circulação interna de ar) ou vaporização, use alguns artifícios criativos, como uma assadeira com gelo na prateleira de baixo, para criar mais umidade. Quando o pão é colocado no forno, o processo de conversão do amido da farinha em gás carbônico atinge velocidade máxima. E o pão cresce a olhos vistos (é quando os alvéolos se formam). Poucos minutos depois, começa a caramelização da casca. E, assim que a temperatura interna chega por volta dos 70 °C, o pão para de crescer.

### Gire a assadeira

Depois de 30 minutos assando, mude a posição da assadeira dentro do forno, para que ele não fique dourado demais de um lado, e menos de outro. O fundo e a base do forno podem estar a uma temperatura muito acima do calor verificado na parte superior. Por isso, evite deixar o pão na grade mais baixa (sempre uso a mais alta). Se, ainda assim, você achar que o pão está queimando por baixo, cogite a possibilidade de usar duas assadeiras — uma dentro da outra.

### RESFRIAR

Logo depois de ser retirado do forno, quanto mais circulação de ar houver em torno do pão, melhor. Deixá-lo na assadeira ou na panela é certeza de criação de vapor, que vai amolecer a casca. Tome cuidado para não se queimar e use uma grelha para este momento final de descanso, antes de fatiá-lo. Salvo raras exceções, pão de fermentação natural não deve ser cortado quente: ele está mais sujeito a rachaduras; ainda está liberando gases (o que pode deixá-lo indigesto); seus sabores e aromas ainda não estão totalmente fixados.

# Crie o seu fermento natural

### O RESUMO

Agora, vamos começar a aventura mais interessante do livro. Vai levar alguns dias, mas vale saborear cada momento. Primeiro, vou fazer um resumo, para que você possa se familiarizar com todas as etapas da criação do fermento natural (veja ao lado). Leia com atenção, pois ele vai permitir que você se planeje. Em seguida, explico cada passo, do início ao fim. É quase o diário do levain, que é a base de quase todas as receitas de pão deste livro.

## PASSO 1
### TEMPO PREVISTO: 2 DIAS

Você vai precisar de:

⅓ DE XÍCARA (CHÁ) / 50 g ............. FARINHA DE TRIGO INTEGRAL

4 COLHERES (SOPA) / 60 ml ... SUCO DE ABACAXI

Vamos misturar farinha e suco de abacaxi, e guardar num local seguro. E esperar, até aparecerem sinais de fermentação. Falando mais claramente: temos de ver bolhas. Algo que pode acontecer entre 1 dia (se estiver calor) e 3 dias (em lugares frios).

Um detalhe: o suco de abacaxi é feito com a fruta batida no liquidificador e coada, sem a adição de água.

## PASSO 2
### TEMPO PREVISTO: 2 DIAS

Você vai precisar de:

3 COLHERES (SOPA) / 30 g ............. FARINHA DE TRIGO INTEGRAL

1 ½ COLHER (SOPA) / 20 ml ... SUCO DE ABACAXI

Depois do surgimento das primeiras bolhas, vamos alimentar nossa mistura com mais farinha e mais suco de abacaxi. Guardamos e esperamos mais 2 dias, em média (com aquelas variações de tempo/clima que mencionei).

Precisão: se quiser chegar aos 20 ml, use 1 colher (sopa) e mais 1 colher (chá) de suco de abacaxi, em vez de 1 ½ colher (sopa). Lembrando que estamos falando de colheres de medidores-padrão.

## PASSO 3
### TEMPO PREVISTO: 1 DIA

Você vai precisar de:

⅓ DE XÍCARA (CHÁ) / 50 g ............. FARINHA DE TRIGO INTEGRAL

2 COLHERES (SOPA) / 30 ml ............. ÁGUA

Se continuar fermentando, vamos alimentar de novo, com farinha integral e água. E, depois, aguardamos mais 24 horas.

## PASSO 4
### TEMPO PREVISTO: 1 DIA

Você vai precisar de:

½ XÍCARA (CHÁ) / 75 g ............. FARINHA DE TRIGO INTEGRAL

2 COLHERES (SOPA) / 30 ml ............. ÁGUA

Em tese, tudo começou há 120 horas. Se nosso projeto de fermento estiver ativo, borbulhante, vamos redobrar suas forças: jogar fora metade da mistura e alimentar com bastante farinha e água fresca. Outras 24 horas de espera.

## PASSO 5
### TEMPO PREVISTO: 4 A 8 HORAS

Você vai precisar de:

½ XÍCARA (CHÁ) E 2 COLHERES (SOPA) / 100 g ............. FERMENTO

1 ¾ DE XÍCARA E MAIS 2 COLHERES (SOPA) / 300 g ............. FARINHA DE TRIGO INTEGRAL

½ XÍCARA (CHÁ) MAIS ⅓ DE XÍCARA (CHÁ) / 200 ML ............. ÁGUA

Nosso fermento cresceu bastante e ganhou estabilidade. Vamos descartar mais uma grande parte e fazer outra superalimentação com farinha e água. Quando ele crescer de novo, estará pronto para ser usado. A partir de agora, ele vai morar na geladeira.

## PASSO 6
### TEMPO PREVISTO: 4 A 8 HORAS

Você vai precisar de:

½ XÍCARA (CHÁ) E 2 COLHERES (SOPA) / 100 g ............. FERMENTO

1 ¾ DE XÍCARA E MAIS 2 COLHERES (SOPA) / 300 g ............. FARINHA DE TRIGO INTEGRAL

½ XÍCARA (CHÁ) MAIS ⅓ DE XÍCARA (CHÁ) / 200 ML ............. ÁGUA

Um dia depois (no total, já se passou uma semana inteira), nosso levain está forte e estável. E, misturado com farinha, água e sal (comece pelo pão integral), vai produzir os primeiros pães.

## A AVENTURA COMPLETA: UM DIÁRIO DO LEVAIN

## PASSO 1

Vamos começar a fazer um levain a partir de suco de abacaxi e farinha de trigo integral. Simplesmente isso (água e, claro, mais farinha, entram em etapas futuras). O método que usaremos se inspira em dicas do escritor-padeiro americano Peter Reinhart. E é justamente ele quem nos explica o porquê do suco de abacaxi. Segundo o autor, que por sua vez se apoia numa pesquisa da cientista Debra Wink, também americana, o abacaxi funciona principalmente por inibir o desenvolvimento de bactérias indesejáveis, como as do tipo leuconostoco. Explicando um pouco melhor: estamos lidando com leveduras selvagens e micro-organismos presentes no ar, que são essenciais para a fermentação, porém, nessa festa microscópica, nem todos são bem-vindos. O tal leuconostoco é um dos que podem impedir a evolução do nosso levain. Suco nele, portanto!

1. Escolha um bom abacaxi (que, imagino, será aproveitado integralmente depois). Descasque, separe uns pedaços (não importa de que parte da fruta), bata no liquidificador e passe pela peneira. Precisaremos de apenas ¼ de xícara (chá) do líquido (60 ml), que equivale a 4 colheres (sopa), se preferir.

2. Numa tigelinha, junte o suco e ⅓ de xícara (chá) de farinha de trigo integral (50 g). É preciso misturar muito bem, tirar caroços, eliminar grumos. Gosto até de fazer uma analogia com uma cena que presenciei no Japão, em um restaurante de sobá: o cozinheiro que faz a massa à mão deve misturá-la lentamente, com calma, como se cada gotícula de água pudesse molhar cada grão de farinha. O espírito é esse.

3. Agora, vamos cobrir a tigelinha com um pano bem limpo (pode dar duas voltas) e guardá-la num armário — ou em qualquer local sem luz, sem calor, sem excesso de umidade, e bem protegido. Se você achar complicado esse enrola-desenrola, pode usar um pote com tampa, sem nenhum problema. Gosto do pano porque ele permite uma espécie de micro-oxigenação da mistura, já que o tecido é poroso. Vamos esperar longas 48 horas. Mas isso não significa que não podemos dar uma olhadinha eventual. Aliás, precisamos: é recomendável mexer a mistura duas ou três vezes por dia. Vamos deixar que os micro-organismos contidos no pote comecem a fazer seu trabalho (e iniciem o processo de fermentação).

### 24 HORAS DEPOIS...

Quem sugeriu mexidas duas ou três vezes ao dia conhece a alma humana: o que queremos, mesmo, é descobrir se alguma coisa está acontecendo. Certo, o ato de misturar é importante para aerar nosso conjunto de farinha e suco. Mas o melhor mesmo é ter um

Passo 1

motivo para aplacar a curiosidade e espiar, procurar sinais de atividade... Afinal, há vida dentro do pote. Talvez as primeiras 24 horas sejam menos emocionantes do que vocês esperavam. Mas, com sorte, já observaremos as primeiras bolhinhas. E o cheiro sob o pano será forte, agridoce. A propósito, precisaremos de mais abacaxi amanhã, quando se completarem 2 dias.

## PASSO 2

1. É normal que, digamos, paire certa tensão. Passaram-se 48 horas, precisamos ver como está a mistura. Se não tiver bolhinhas, é necessário continuar na espera. Um dia a mais, se for o caso. Pode demorar mais se estiver frio. Então, é cobrir de novo com o pano e levar de volta para o armário. (Não é incomum, nessa fase, que a operação simplesmente dê errado e nada aconteça. O que fazer? É só começar de novo, do zero.)

2. Mas se as bolhas estiverem lá, uma leve espuminha que seja, é sinal de que começou a fermentar (sim, pode suspirar de alívio; ele respira!). A textura parece mais granulosa. O aroma revela doçura, mas denuncia também acidez, é penetrante. Então, já que o bicho despertou, é hora de alimentá-lo.

3. Na tigelinha, adicione 3 colheres (sopa) de farinha de trigo integral (30 g), 1 ½ colher (sopa) suco de abacaxi coado (20 ml) e misture, com delicadeza. Cubra de novo com o pano, coloque de volta onde estava. Vamos esperar mais dois dias.

### 72 HORAS DEPOIS...

Não se esqueça de que precisamos aerar nossa mistura duas ou três vezes ao dia. Pode ser, ainda, que seja possível perceber certo descolamento entre a parte líquida e a sólida.

Não tem problema, mexa e agregue com cuidado. E pode acontecer, por fim, de o terceiro dia ser simplesmente tedioso. Mas amanhã melhora.

## PASSO 3

Estamos no quarto dia — ou 96 horas depois, não perca a conta.
Se estiver tudo bem, com mais bolhas, com a mistura apresentando crescimento, vamos alimentar de novo.

1. Desta vez, vamos usar água em vez de suco. São 2 colheres (sopa) de água (30 ml) e ⅓ de xícara (chá) de farinha de trigo integral (50 g). Misture tudo, para ficar bem integrado.

2. Podemos então fechar com o pano e guardar de novo no armário. Vamos esperar menos: só 24 horas.

## PASSO 4

Já começamos nossa mistura há 120 horas. Provavelmente é o quinto dia (falo em termos hipotéticos porque, como sempre reforço, as reações podem variar conforme a temperatura local). Se ela estiver ativa, borbulhante, faremos o seguinte.

1. Vamos simplesmente jogar fora a metade da massa. Um choque? Ficou com pena? Faz parte do método, da estratégia de dar bastante força, renovando, superalimentando o fermento. Com a metade que sobrou no pote, continuamos assim: juntamos ½ xícara (chá) de farinha de trigo integral (75 g) e 2 colheres (sopa) de água (30 ml).

2. Agora, a mistura vai ficar mais firme, mais seca. Devemos agregar tudo muito bem e modelar uma bola.

3. Vamos cobrir de novo, dando duas voltas no pano, e levar mais uma vez para o armário. Temos de aguardar mais 24 horas – talvez mais, se estiver frio. A expectativa é de que a bolinha de massa cresça bastante, fique aerada. Você não perde por esperar.

## PASSO 5

Vou dar uma boa notícia: esta brincadeira, que parecia interminável, está entrando na parte final. Hoje, vamos criar nossa massa madre, ou o fermento mãe. Traduzindo: é aquela mistura que será mantida na geladeira, para ser alimentada, cuidada, e que dará origem a nossos pães.

Nossa bola de massa preparada ontem, que parecia sólida demais, mudou de jeito e de estrutura. Na verdade, ela está mais hidratada do que pensávamos. E demonstrou um crescimento surpreendente, ficando com textura bem porosa e úmida.

1. O primeiro movimento, agora, é mudar de recipiente. Podemos usar um recipiente maior, pode ser de vidro, de inox ou até de plástico.

2. De novo, vamos descartar parte do nosso "quase fermento". Assim: separe ½ xícara (chá) do nosso levain (cerca de 100 g) e reserve. O que você vai fazer com o resto? Jogue fora, ou crie uma outra massa madre.

3. Em seguida, junte ½ xícara (chá) mais ⅓ de xícara (chá) / 200 ml de água ao fermento. E adicione 1 ¾ de xícara e mais 2 colheres (sopa) de farinha integral (300 g). Mexa tudo muito bem, primeiro com uma colher (ou espátula ou algo do tipo), até ficar homogêneo.

A propósito, você notou as equivalências? Para cada x em peso de levain vamos juntar aproximadamente 2x de água e 3x de farinha de trigo integral. Esta proporção sempre será mantida.

Isso feito, vamos dar um descanso de 5 minutos, que será especialmente importante para a boa absorção da água. E voltemos a misturar, mas dessa vez com as mãos. Temos de sovar bem por 1 minuto, como se já fosse uma massa de pão. É grudento, mas dá certo.

4. Agora, vamos cobrir de novo, dessa vez com um plástico, sem apertar, deixando mais ou menos folgado, para logo depois levar de volta ao armário. Porém as reações virão mais rápido: entre 4 e 8 horas, podendo às vezes demorar um pouco mais. O importante é que a coisa dobre de volume. Perceba, então, o que está acontecendo: nós alimentamos, o fermento reage. Ele começa a se tornar previsível. Está chegando no ponto que queremos, o da estabilidade.

5. Quando crescer bastante, faremos o seguinte. Vamos mexer, misturar bem, para que o excesso de gás escape, e passar tudo para um pote com tampa. O fermento irá para a geladeira, estabilizar por cerca de 8 horas.

## PASSO 6

Se tudo estiver acontecendo como manda o figurino, sabe o que vamos fazer? Quem disse pão, errou — teremos de aguardar um pouquinho mais. Vamos, de novo, reforçar, ou refrescar, nosso levain.

1. Repita, simplesmente, a operação anterior. Reserve apenas ½ xícara (chá) + 2 colheres (sopa) ou 100 gramas, e descarte o restante do fermento. E vamos misturar ½ xícara (chá) mais ⅓ de xícara (chá) de água (200 ml) e as 1 ¾ de xícara e mais 2 colheres (sopa) de farinha de trigo integral (300 g). Caso queira aproveitar mais do que 100 g, considere as proporções: para cada x em peso da mistura, juntar 2x de água e 3x de farinha.

2. Misture tudo, sove bem, deixe numa tigela coberto com plástico, à temperatura ambiente. Vamos, uma vez mais, esperar entre 4 e 8 horas para o crescimento.

3. Ao fim do período de 4 a 8 horas, o bicho vai estar pronto. Agora, tanto podemos fazer um pão (enfim!) como colocá-lo num pote e guardá-lo na geladeira.

Atenção: se a ideia é já meter a mão na massa, uma parte do fermento vai para o pão, a outra fica no pote, que vai para o refrigerador e deverá ser alimentada futuramente para dar origem a outras fornadas. E, por favor, não deixe de ler o "Manual do proprietário" do fermento. Ali, vai encontrar respostas para muitas coisas que você já deve estar se questionando.

REFRESCANDO O FERMENTO

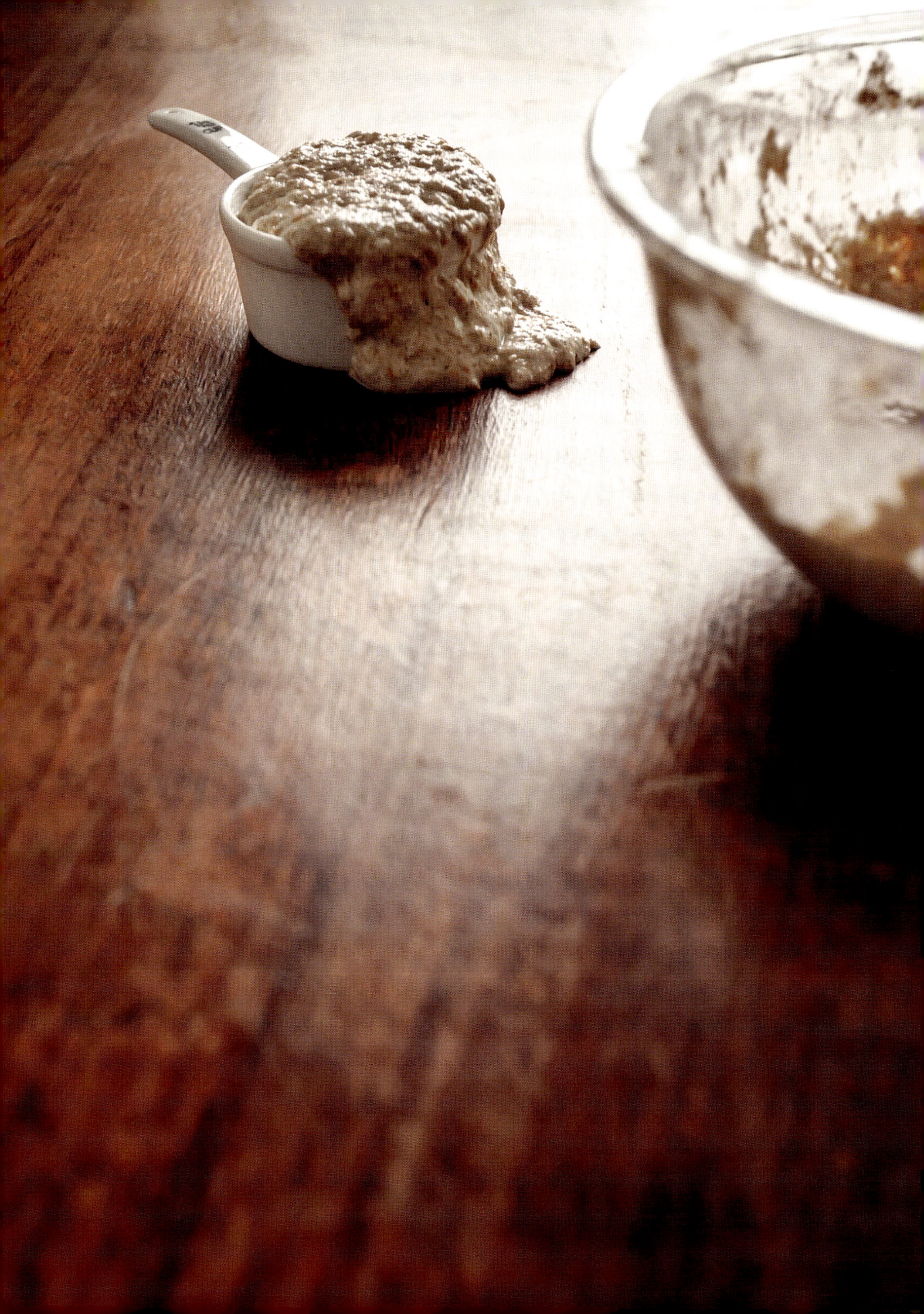

# Manual do proprietário
## Como conservar e refrescar o seu fermento

*A*gora você vai aprender a cuidar do seu fermento natural: alimentá-lo e zelar por ele, um pouco como um bicho de estimação. É bem menos complicado do que se pensa, já que o levain dispensa vacinas, tosas e passeios diários. Mas exige lá sua dose de ração, além de atenções periódicas. Cuidando bem, ele dura por tempo indeterminado. E se transforma no melhor pão que você pode produzir em casa.

## CUIDADOS DE ROTINA

Primeiro de tudo: enquanto os cuidados com o fermento não fizerem naturalmente parte do seu dia a dia, escolha dias e horários para alimentá-lo, anote o compromisso na agenda. Mantenha regularidade de procedimentos, esteja você fazendo pães ou não. O que também significa ficar de olho no estoque doméstico de farinha integral. Tenha sempre à mão.

Toda vez que você refrescar, ou ativar, o seu fermento (isto é, alimentar com farinha e água, de modo que ele cresça e fique ativo), precisa lembrar que uma parte será usada para fazer pão; e outra será guardada, para dar origem às próximas fornadas.

Se você fizer pão com frequência menor do que uma vez por semana, é melhor que o seu fermento more sempre na geladeira. Deixar fora, à temperatura ambiente, só é recomendável para quem panifica praticamente todos os dias (neste caso, o fermento precisa ser alimentado todos os dias). Dentro do refrigerador, a temperatura mais baixa torna mais lenta a ação das leveduras (e menos intensa a digestão dos açúcares da farinha). Por essa razão ele aguenta mais tempo sem precisar ser refrescado.

Conserve o fermento num pote com tampa. Um recipiente limpo, que deve ser trocado periodicamente (recomendo uma vez por mês ou até mais, caso você ache que há muitos resíduos acumulados nas paredes). Meu conselho: tenha dois iguais, vá alternando a utilização. E avise aos outros moradores da casa que aquela massa esquisita com cheiro azedo não deve ser manipulada sem a sua autorização (muito menos jogada fora).

## CONTA INICIAL PARA REFRESCAR O SEU FERMENTO

Vamos simular uma situação prática de uso, compatível com o cotidiano da maioria dos padeiros amadores:

1. Separe uma porção de 100 g do seu fermento (que você pode considerar ½ xícara).

2. Coloque numa tigela, misture com o dobro do peso de água (200 g, que equivalem a 200 ml, o que você pode arredondar para 1 xícara).

3. Junte à mistura o triplo do peso de farinha integral (300 g, o que pode ser arredondado para 2 xícaras). A propósito, com relação à farinha e à água usadas na alimentação do fermento, tenha os mesmos cuidados recomendados para fazer um pão. Não use produtos piores, mas, sim, farinha de qualidade e água filtrada (sem cloro) ou mineral.

Agora, agregue tudo muito bem, misturando com uma colher de pau. Cubra com um pano de prato e deixe crescer. Isso pode levar cerca de 4 horas, para mais ou para menos. No total, a mistura pesa 600 g.

Quando o fermento tiver aumentado de tamanho e adquirido uma textura aerada, esponjosa, ele então estará refrescado, ativado. Significa que as leveduras estão a todo vapor e é assim — sempre e somente assim — que ele será usado no pão. Não use um fermento que você acabou de tirar da geladeira diretamente na massa. Ela não vai crescer direito.

## MODO DE USO

Voltando à nossa conta inicial, temos 600 g de fermento. Separe uma parte (200 g, por exemplo) para guardar no pote e deixar na geladeira. E use o restante para fazer pães (com 400 g, você pode fazer duas unidades, entre as várias receitas do livro).

Se dentro de alguns dias você quiser fazer mais pão, já tem o fermento na geladeira. Dos 200 g, use 100 g (faça como expliquei logo acima) e descarte os outros 100 g.

Com o tempo, você vai aprender a dosar a quantidade conforme as necessidades. Quando tiver a intenção de assar mais pães, basta multiplicar o fermento: por exemplo, se começar com 100 g, logo terá 600 g, que, por sua vez, podem virar até 3,6 kg.

## REFRESCAR MESMO SEM PANIFICAR

Mesmo que você não vá fazer pães frequentemente, sempre precisará cuidar do seu fermento.

Pode ser assim:

1. Separe uma porção de 50 g (considere ¼ de xícara) e descarte todo o restante que já estava guardado na geladeira.

2. Misture com 100 ml de água (⅓ de xícara e mais 1 colher de sopa) e 150 g de farinha integral (considere 1 xícara).

3. Espere crescer e reagir (cerca de 4 horas), coberto com pano de prato, guarde de novo no pote e leve à geladeira.

Se for refrescar o fermento só na semana que vem, faça o mesmo: reserve uma porção, jogue fora o resto, agregue a água e a farinha integral.

Nutrindo o fermento com a proporção recomendada de água e farinha, ele é capaz de aguentar quinze dias na geladeira, até a próxima refeição. Mas aconselho que você faça isso só de vez em quando — por ocasião de uma viagem, por exemplo. O ideal é manter uma frequência semanal, para não desgastar o levain.

## DESPERDÍCIO?

A fórmula de alimentação do fermento prevê um alto índice de renovação de matéria-prima: descarta-se boa parte da massa antiga e adiciona-se considerável quantidade de água e farinha. Não é por desperdício, mas sim para que ele dure mais tempo bem alimentado. Uma outra recomendação é evitar manter na geladeira uma quantidade muito pequena de levain. Uma porção menor tende a demandar refrescos mais constantes. Já uma porção maior vai demorar mais para consumir os nutrientes da farinha. O que significa levar mais tempo para passar da fermentação à podridão.

De todo modo, o descarte sempre pode virar um presente para os amigos interessados na panificação natural, mas ainda sem coragem de começar o próprio fermento.

## LEVAIN "BRANCO"

Quando você precisar de um fermento mais à base de farinha branca do que integral (para o pão branco ou para a baguete), basta "converter" o seu levain. Calcule a quantidade de que vai precisar, para a massa final, e misture o seu fermento original (farinha integral) com o dobro de peso em água e o triplo em farinha branca. Deixe crescer e reagir: está pronto.

## O QUE FAZER NAS FÉRIAS?

Se a viagem demorar até quinze dias, alimente-o no dia da partida, usando as medidas recomendadas, e deixe-o na geladeira, simplesmente. Ele tem nutrientes para duas semanas. Se for uma ausência mais longa, proponho quatro alternativas.

1. Deixar sob os cuidados de uma babá de fermentos (na ausência de uma competência tão específica, parentes e amigos estão de bom tamanho), transmitindo todas as instruções.

2. Levar o fermento na viagem e cuidar dele fora de casa (porém, certifique-se antes sobre as condições locais, sobre como será o transporte, se haverá geladeira disponível etc.).

3. Congelar: acondicione o fermento num saco plástico próprio para congelamento ou num pote que possa ir ao freezer. Simples assim. Quando retornar, deixe-o descongelar por completo, à temperatura ambiente. Depois que isso acontecer, refresque-o normalmente e espere reagir — o que pode demorar um pouco mais.

4. Desidratar: alimente o levain apenas com farinha, dispensando a água. Depois que o fermento crescer (a massa estará mais seca, evidentemente), modele-o em forma de pães minúsculos, do tamanho de um pinhão ou de uma castanha. Deixe que percam a umidade à temperatura ambiente. Quando estiverem bem secos, pulverize-os, num pilão ou com um rolo de massa. Guarde os farelos num vidro com tampa. Ele pode resistir por semanas fora da geladeira. Na volta, coloque o fermento numa tigela com um pouco de água, até conseguir uma consistência semelhante à original. Espere reagir e refresque-o, normalmente.

OUTRA FORMA DE SECÁ-LO: refresque o fermento somente com farinha, espere que ele cresça. Espalhe o conteúdo pelo fundo de uma assadeira (ou mais de uma) com uma espátula, formando uma camada bem fina. Deixe secar, naturalmente. Depois raspe e guarde os fragmentos num vidro com tampa. Mas é fundamental que o fermento esteja sem umidade — do contrário, ele vai mofar.

## LENDO AS APARÊNCIAS

Com o tempo, o fermento natural vai sofrendo alterações. Ele pode adquirir características diferentes conforme a estação do ano (e a variação da flora microscópica presente no ar). E também sentir mudanças de água e principalmente de farinha. Aprenda, no entanto, a reconhecê-lo em sua melhor forma, memorize a aparência, o cheiro, até para identificar mudanças mais gritantes. Mas existem alguns sintomas clássicos que podem evidenciar que o levain está demandando mais cuidados.

PRESENÇA DE ÁGUA NA SUPERFÍCIE E CHEIRO MUITO ALCOÓLICO: provavelmente, ele deve ter sido menos refrescado do que deveria. Alimente-o com mais frequência e observe.

CRIAÇÃO DE MOFO: se for apenas uma camada, descarte-a; refresque o fermento e até repita a operação, se achar melhor. E troque para um pote limpo, antes de guardá-lo de novo na geladeira. Porém, se os fungos estiverem muito predominantes, é melhor jogar fora. E começar outro fermento.

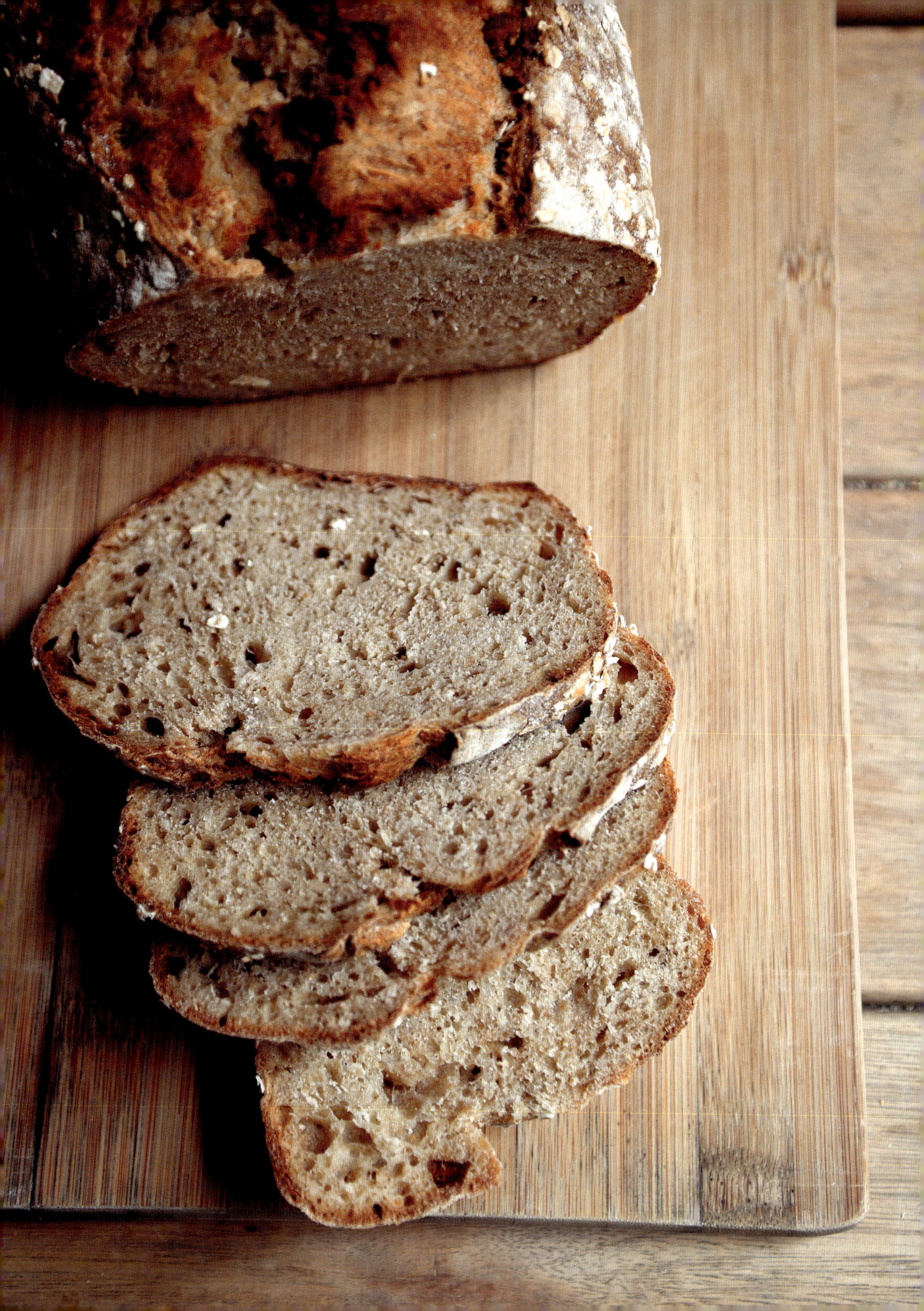

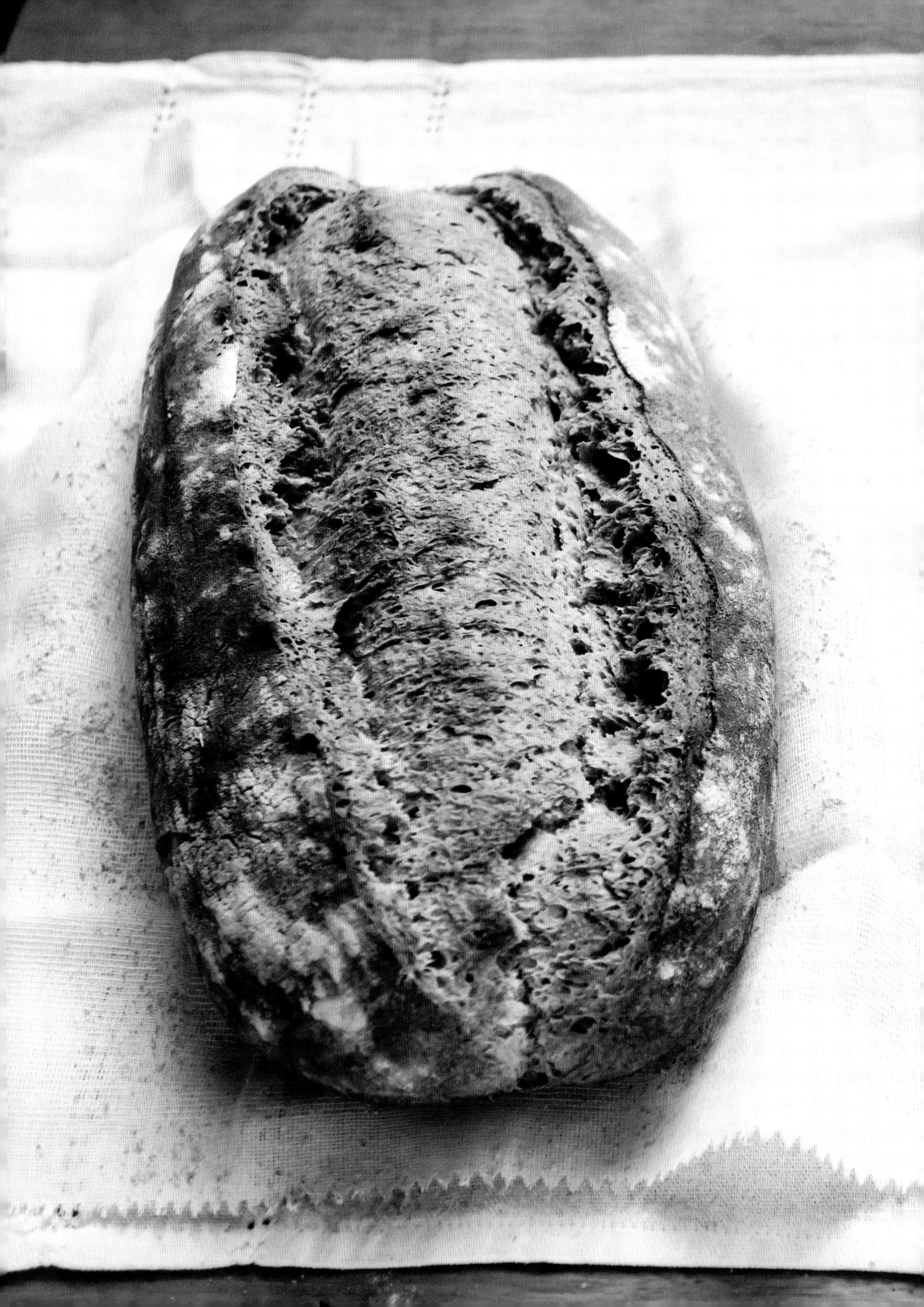

## CLÁSSICOS DA CASCA GROSSA (COM LEVAIN)

Como se descreve um bom pão de fermentação natural usando os cinco sentidos? A casca é espessa, percebe-se no toque; a cor é caramelada, e o miolo, aerado, como nenhum recurso artificial consegue reproduzir; o sabor é complexo, lembra mel, castanhas, mesmo quando eles nem fazem parte da receita; o aroma é frutado, levemente azedo; o som de uma fatia sendo cortada é o de crosta crocante, estalando de frescor. Um conjunto de sensações que é produto da ação de leveduras selvagens, que extraem o que há de melhor na farinha.

Pães como o integral, o de farinha branca, o de centeio e o multicereais, que abrem nossa lista de receitas, são uma espécie de personificação do método natural, au levain. Talvez sejam mesmo a melhor expressão das nuances desse tipo de fermentação. Um processo que envolve descansos demorados, sovas cuidadosas e cocções caprichadas.

É por essa razão que recomendo que você inicie as suas aventuras por esses clássicos cascudos. A primeira receita, em particular, de pão integral, servirá de base para muitas outras que vão surgir nas próximas páginas. Assimile os passos, conheça técnicas e truques, pratique-os bastante. Será melhor ainda se você obedecer à seguinte ordem: crie o seu levain, deixe seu fermento bem nutrido, no ponto. E faça um belo pão integral.

### NESTE CAPÍTULO

| | |
|---|---|
| Pão integral | 44 |
| Pão branco | 47 |
|     Manteiga caseira | 50 |
|     *O pão ensina…* | 53 |
| Pão de centeio | 54 |
| Pão multicereais | 57 |
|     Tartine de cogumelos | 59 |
|     Ragu de linguiça | 60 |
|     Pici fresco | 62 |

## Pão integral

Rende 1 pão de cerca de 1 kg

*Esta receita vai ser a base para o nosso pão de fermentação natural. Muitos dos passos descritos aqui vão se repetir em outros tipos de pão. É uma fórmula geral. Note, também, que mantivemos aquelas mesmas proporções usadas para alimentar o levain: considerando uma quantidade x de fermento (em peso), teremos 2x de água e 3x de farinha, sem esquecer do sal (que equivale a 2% do peso da farinha). Conhecendo esta fórmula, podemos adaptá-la para qualquer quantidade, desde que as relações entre os ingredientes sejam mantidas.*

30 MINUTOS PARA A MANIPULAÇÃO • 4 A 6 HORAS PARA O LEVAIN, O NOSSO FERMENTO NATURAL
6 A 8 HORAS PARA A FERMENTAÇÃO • 45 MINUTOS PARA ASSAR

### Ingredientes

- 3 xícaras (chá) / 420 g .................... FARINHA DE TRIGO
- 1 xícara (chá) e 2 colheres (sopa) / 180 g ......... FARINHA DE TRIGO INTEGRAL
- 1 2/3 de xícara (chá) / 400 ml ................... ÁGUA
- 3/4 de xícara (chá) / 200 g ....... NOSSO FERMENTO NATURAL (LEVAIN) REFRESCADO
- 2 colheres (chá) / 12 g ................................ SAL

### Modo de preparo

1. Numa tigela grande, vamos misturar todos os ingredientes, menos o sal. Primeiro, coloque o fermento natural e a água, aproveitando para amolecer e dissolver um pouco o fermento, mexendo com uma colher de pau. Em seguida, vá juntando a farinha aos poucos.

2. Quando terminar de colocar a farinha, deixe de lado a colher e comece a sovar à mão. Acrescente o sal gradualmente, enquanto trabalha a massa, em pitadas bem espalhadas, até o fim. Se quiser, use principalmente a mão direita (enquanto a esquerda segura a tigela; para canhotos, o inverso), apertando a massa, achatando-a e depois dobrando-a sobre ela mesma. Nessa quantidade de farinha, prefiro trabalhar na própria tigela. Se você achar mais fácil manipular a massa numa bancada (na sua pia, numa mesa...), pode transferi-la, sem esquecer de, antes, espalhar um pouco de farinha. Na tigela ou na bancada, o importante é manter uma certa regularidade nos movimentos. Afunde a mão, revire a massa, raspando os pedaços que grudaram no fundo da tigela, agregue, afunde de novo. Use o peso do corpo e vá experimentando os movimentos, até conseguir um ritmo constante. Não precisa exagerar na força, mas faça uma sova vigorosa. Isso vai deixar a massa mais homogênea e é importante para que o pão fique bem macio. Essa ginástica ajuda na formação do glúten, essencial para dar estrutura à nossa receita. Fora que é divertido e serve como exercício (não vou dizer que você vai gastar as calorias que vai consumir comendo o pão; mas que dá para transpirar, isso dá).

3. A massa vai grudar um pouco no começo. Resista à tentação de acrescentar mais farinha, para deixá-la mais seca. Um pão bem hidratado pode ser mais complicado de amassar, mas será mais leve e mais aerado. Não tenha preguiça, sove por, pelo menos, 5 minutos, observando se a massa vai ficando mais elástica, mas fácil de manipular, mais lisa e uniforme. Se conseguir manter a sova por 10 minutos, será melhor ainda.

4. Tire os excessos de farinha que grudaram na tigela, modele a massa em forma de bola, salpique-a com uma finíssima camada de farinha branca. Cubra com um pano e deixe ali, na tigela, dentro do forno apagado, ou num armário, longe do sol e do vento.

## SOBRE MODELAGEM E CORTE

Você vai ver que o formato oval/alongado que vamos usar, o batard (um meio-termo entre a "bola" e os filões mais compridos), será recomendado com frequência por aqui. Vou dizer por que razão. Ele costuma ser dos mais estáveis, mais resistente a rachaduras (que acontecem, vez por outra), é simples de moldar e rende fatias de tamanho equilibrado. O corte único, central, de ponta a ponta, costuma também funcionar sem grandes sustos. Mas é claro que é possível variar. Porém — e segue aqui uma visão bem particular —, à maneira do que acontece na combinação entre tipos de massa e molhos na cozinha italiana, acho que alguns formatos de pão se prestam melhor a determinadas receitas. Falarei disso ao longo do livro e apresentarei variações redondas, longas e afiladas, além de cortes diversificados, que vão deixar seus pães com uma cara bem atraente.

## Primeira fermentação

Se o clima da sua cidade for quente, é provável que a massa cresça em 4 horas, quase dobrando de tamanho. Se a temperatura local for mais amena, espere entre 5 e 6 horas. E, se estiver frio, pode ser que demore até um pouco mais. Dar uma olhadinha de vez em quando, pode, mas é importante obedecer ao tempo e não pular etapas.

1. Passado o tempo da primeira fermentação, você vai manipular a massa numa superfície limpa e lisa, como uma pedra de pia, uma mesa, uma bancada, uma tábua de trabalho... Coloque um pouco de farinha, para grudar menos (agora pode, mas só um pouquinho), e despeje a nossa bola, que vai estar maior e com uma textura interna bem aerada. Aperte-a e espalhe-a sobre a superfície, para que fique achatada, mais como um retângulo (você vai sentir os gases escapando, quando fizer pressão com as mãos).

2. Agora, você vai modelar o pão — para mim, um dos passos mais divertidos. Nosso objetivo é deixar a massa com um belo formato alongado, mais para oval. Comece enrolando as bordas, na direção do centro, como se estivéssemos fazendo dobraduras de papel. Faça primeiro do lado que está mais perto de você, depois rebata do lado oposto. Repita os movimentos, até que as duas partes se encontrem no meio. Assim que as bordas se tocarem, junte-as com capricho, inclusive nas extremidades, fechando todas as aberturas. Vire a massa, para que a emenda fique na parte de baixo. Dê ao pão o formato definitivo, comprido e com as pontas levemente arredondadas — o que os franceses chamam de batard.

3. Se você estiver usando uma fôrma antiaderente, melhor. Mas, se não estiver, polvilhe a assadeira com uma boa camada de farinha, para que não grude na hora de assar — não precisa untar com manteiga. Posicione o pão no centro da fôrma, pois ele vai crescer um pouco mais, e cubra-o com aquele mesmo pano que estava sendo usado.

## Segunda fermentação

Deixe num lugar seguro para que ele cresça por 1h30, ou até 2 horas (se estiver calor, 1 hora).

1. Preaqueça o forno a 220 °C (temperatura alta), quando faltar meia hora para terminar o tempo dessa segunda fermentação.

2. Com o forno bem aquecido, faça a preparação final. Não precisa correr, mas também não demore: essa fase exige gestos rápidos, ágeis. Com uma faca afiada ou uma navalha, faça um corte (que tenha pelo menos 0,5 cm de profundidade) de ponta a ponta.

3. Salpique com umas pitadas de farinha bem espalhadas e, imediatamente antes de colocar para assar, borrife com água (é só uma nuvem, nada de gotas grandes), o que ajuda a casca a ficar mais crocante. Outro truque para criar umidade no fogão doméstico: colocar uma assadeira com cubos de gelo na parte mais baixa do forno.

4. Leve ao forno para assar por pelo menos 45 minutos, até que fique bem dourado — nunca se esqueça de que um pão bem assado apresenta sabores mais complexos. Como a temperatura dentro do forno doméstico nunca é igual em todos os lados, vire a assadeira depois de meia hora. Se achar que o pão precisa assar um pouco mais, deixe uns minutos extras — mas aí, fique de olho para não queimar.

5. Retire do forno e deixe sobre uma grade (ou grelha) para que esfrie bem. É o último instante de paciência que eu recomendo: pão quentinho é bom; mas cortar um pão de fermentação natural que acabou de sair do forno não é o ideal. Isso porque é mais difícil de fatiar, o miolo fica úmido e parece embatumado e, por ainda estar liberando gases, pode até atrapalhar a digestão.

# Pão branco

Rende 1 pão de cerca de 1 kg

*O nome que estamos usando aqui, pão branco, é simplesmente para fazer um contraponto com o pão integral. Seu interior é menos denso e bem mais claro, a casca é bastante crocante. Por essas características, e também pelos toques sutilmente azedinhos gerados pela fermentação, não será incomum se alguém mencionar algum parentesco entre ele e o chamado pão italiano. Ainda que funcione muito bem com azeite, é irresistível não associá-lo a uma boa manteiga. E, por que não, a sua própria manteiga!* Veja a receita da pág. 50.

30 minutos para a manipulação • 4 a 6 horas para o levain, o nosso fermento natural
6 a 8 horas para a fermentação • 45 minutos para assar

## Ingredientes

| | |
|---|---|
| 4 ¼ de xícara (chá) / 600 g | FARINHA DE TRIGO |
| 1 ⅔ de xícara (chá) / 400 ml | ÁGUA |
| ¾ de xícara (chá) / 200 g | NOSSO FERMENTO NATURAL (LEVAIN) REFRESCADO |
| 2 colheres (chá) / 12 g | SAL |

## Modo de preparo

1. Junte todos os ingredientes numa tigela grande, menos o sal. Siga uma ordem: primeiro o fermento natural, depois a água (aproveite para amolecer e dissolver um pouco o fermento). Em seguida, vá juntando a farinha aos poucos, mexendo com uma colher de pau.

2. Você vai começar a sovar assim que terminar de colocar a farinha. Use as mãos mesmo. Acrescente o sal em pitadas bem espalhadas, enquanto trabalha a massa. Use o peso do corpo, busque seu próprio ritmo, sempre com vigor (mas não a ponto de se machucar). Isso vai deixar a massa mais homogênea e é importante para que o pão fique bem macio. Essa ginástica ajuda na formação do glúten, essencial para dar estrutura à nossa receita. Para que a farinha absorva bem a água, deixe a mistura descansar por 10 minutos. Aí, vamos à sova pra valer.

3. Mesmo sentindo a massa grudenta, evite acrescentar farinha. Isso vai deixar o pão mais pesado. No pior dos casos, faça assim: guarde um pouquinho da farinha prevista na receita, para adicioná-la justamente nesses momentos, na hora de manipular. Sove por, pelo menos, 5 minutos, observando se a massa vai ficando mais elástica, mais macia e homogênea. O ideal, mesmo, é conseguir manter a sova por 10 minutos.

4. Não desperdice farinha: tire os excessos que grudaram na tigela, aproveite tudo. Faça uma bola com a massa, salpique com uma finíssima camada de farinha branca. Cubra com um pano e deixe num lugar tranquilo. É hora de repousar.

## Primeira fermentação

Em dias de calor, talvez a massa cresça em 4 horas, quase dobrando de tamanho. Se a temperatura local for mais amena, vamos ter de esperar mais, entre 5 e 6 horas. No inverno, pode ser que demore até um pouco mais. Dar uma olhadinha de vez em quando, claro, é permitido.

1. Transcorrida a primeira fermentação, você vai manipular a massa numa superfície limpa e lisa — pia, pedra, mesa... Espalhe um pouco de farinha, para grudar menos (agora pode, mas só um pouco), e despeje a nossa bola, que vai estar maior e com uma textura interna bem aerada. Estique-a, achate-a, para que fique aplainada (você vai sentir os gases escapando, quando fizer pressão com as mãos).

2. Vamos modelar a massa. Comece dobrando das bordas para o centro, primeiro um lado, depois o outro, até que as duas partes se encontrem no meio. Junte-as com capricho, de modo a ficar tudo bem fechado, e vire a massa para a emenda ficar na parte de baixo. Faça um formato alongado. Lembra os filões de pão italiano? Vamos, entretanto, dar um toque especial: enrolar bem as extremidades, para que a pontinha fique bem aguda.

3. Forrar bem a assadeira é um passo essencial, jamais menospreze-o. Se você estiver usando uma fôrma antiaderente, ótimo. Se não estiver, polvilhe uma boa camada de farinha no fundo da assadeira. Acomode o pão no centro da fôrma, pois ele vai crescer um pouco mais, e cubra-o com o pano novamente.

## Segunda fermentação

Agora, vamos esperar que nosso pão cresça, o que vai levar entre 1h30 e 2 horas (se estiver calor, 1 hora).

1. Preaqueça o forno a 220 ºC (temperatura alta), quando faltar meia hora para terminar o tempo dessa segunda fermentação.

2. Partimos agora para os procedimentos finais. Não precisa se afobar, mas também não demore, seja objetivo. Com uma faca afiada ou uma navalha, vamos fazer três cortes no pão (com 6 ou 7 cm e com pelo menos 0,5 cm de profundidade), levemente inclinados em relação ao eixo principal, um em cada extremidade e outro no meio. Se tiver escolhido o formato redondo, faça um corte grande no meio.

3. Para ficar mais bonito, salpique com umas pitadas de farinha, bem espalhadas e, imediatamente antes de colocar para assar, borrife com água (é só uma nuvem, nada de gotas grandes), o que ajuda a casca a ficar mais crocante.

4. Deixe assar por pelo menos 45 minutos, até que fique bem dourado — pães pálidos, eu garanto, são menos saborosos. Depois de meia hora no forno, vire a assadeira, mude de posição, pois o forno doméstico não distribui a temperatura por igual. A propósito, se você tiver um termômetro próprio para isso, faça um teste e descubra onde é mais e onde é menos quente.

5. Tire do forno e deixe sobre uma grade (ou grelha) para que esfrie bem. Lembre-se do que eu falei: pão muito quente é mais difícil de cortar e é bem menos digestivo. Outra coisa: sabe o que vai dar até briga? A ponta do pão. Com esse tipo de massa, ela fica crocante, deliciosa — vem daí a minha sugestão de fazê-la bem pontuda. Certamente vai ser muito disputada.

## TRUQUE DE COCÇÃO

Aqui vai um recurso simples que pode dar um toque de qualidade no seu pão: assá-lo dentro da panela de ferro, de preferência, esmaltada. (Mais para a frente, tratarei de receitas feitas totalmente dentro da panela. Porém, ela pode ser usada em outras situações.) O truque permite que se crie um ambiente mais úmido para o pão, o que ajuda a deixar a casca mais crocante. Sem contar que a massa fica com um formato bem definido. Para isso, preaqueça a panela no forno por 30 minutos na temperatura indicada na receita; com cuidado, transfira o pão modelado para a panela, tampe e deixe assar por 20 minutos; retire a tampa (se a panela ficar fechada o tempo todo, será mais difícil formar a crosta) e deixe assar o restante do tempo; se preciso, tire o pão da panela e termine a cocção numa assadeira. Atenção: a panela, se não for antiaderente, precisa estar bem protegida com papel próprio para assar ou com óleo pincelado ou, ainda, polvilhada com bastante farinha, para não grudar.

## Manteiga caseira

Rende 150 g

*O rendimento, comparando o peso inicial do creme de leite fresco com o da manteiga, pode não parecer muito animador. Sem contar que pode ser tentadoramente mais fácil comprar manteiga no mercado. Mas este livro é justamente sobre não ter preguiça e gostar de provar receitas caseiras, feitas por você com exclusividade, certo? Sem contar que a manteiga caseira é mais gostosa — e você salga (ou até condimenta) do jeito que quiser.*

15 minutos

### Ingredientes

| | |
|---|---|
| 2 xícaras (chá) / 500 ml | CREME DE LEITE FRESCO |
| UMA PITADA | FLOR DE SAL (OPCIONAL) |

### Modo de preparo

1. Use uma garrafinha de creme de leite fresco (não estou falando nem do creme em lata, nem do em caixinha, preste atenção). A ideia é simplesmente bater, continuamente, até que se transforme em manteiga. Para isso, você pode usar batedeira, mixer, liquidificador. No caso deste último, a vantagem é fazer menos sujeira na cozinha. A desvantagem é uma dificuldade na hora de tirar a manteiga do copo.

2. Comece batendo em velocidade alta. Levará alguns minutos. Primeiro, o creme vai virar chantili. Logo, logo, ficará mais denso, até se tornar manteiga.

3. Depois de 5 minutos batendo (pode demorar mais, dependendo das características do produto), você vai notar que algo diferente acontecerá. O creme vai ficar mais duro, mais amarelado. E um líquido se desprenderá, ficando no fundo do recipiente. Se estiver usando a batedeira, tome cuidado, pois pode espirrar.

4. Ao perceber que a massa se consolidou, pare de bater. Tire a manteiga, passe-a para uma peneira e pressione com uma espátula para que saia todo o líquido. Um bom truque para separar os resíduos é modelar uma bola com a parte sólida e mergulhá-la num recipiente com água gelada. A respeito do processo, o que aconteceu, no fim das contas? O ato de bater agregou os glóbulos de gordura do creme, formando uma massa sólida. E o líquido que se desprendeu, conhecido como leitelho (o famoso *buttermilk*), poderá ser usado para outras receitas — como panquecas doces e biscoitos.

5. Seque a manteiga e envolva-a em papel-manteiga, para dar forma e protegê-la. Ou coloque-a numa manteigueira. Adicione um pouco de sal, se quiser. Está pronta para ser consumida.

MANTEIGA CASEIRA: BASTA BATER O CREME DE LEITE FRESCO E TEMPERAR.

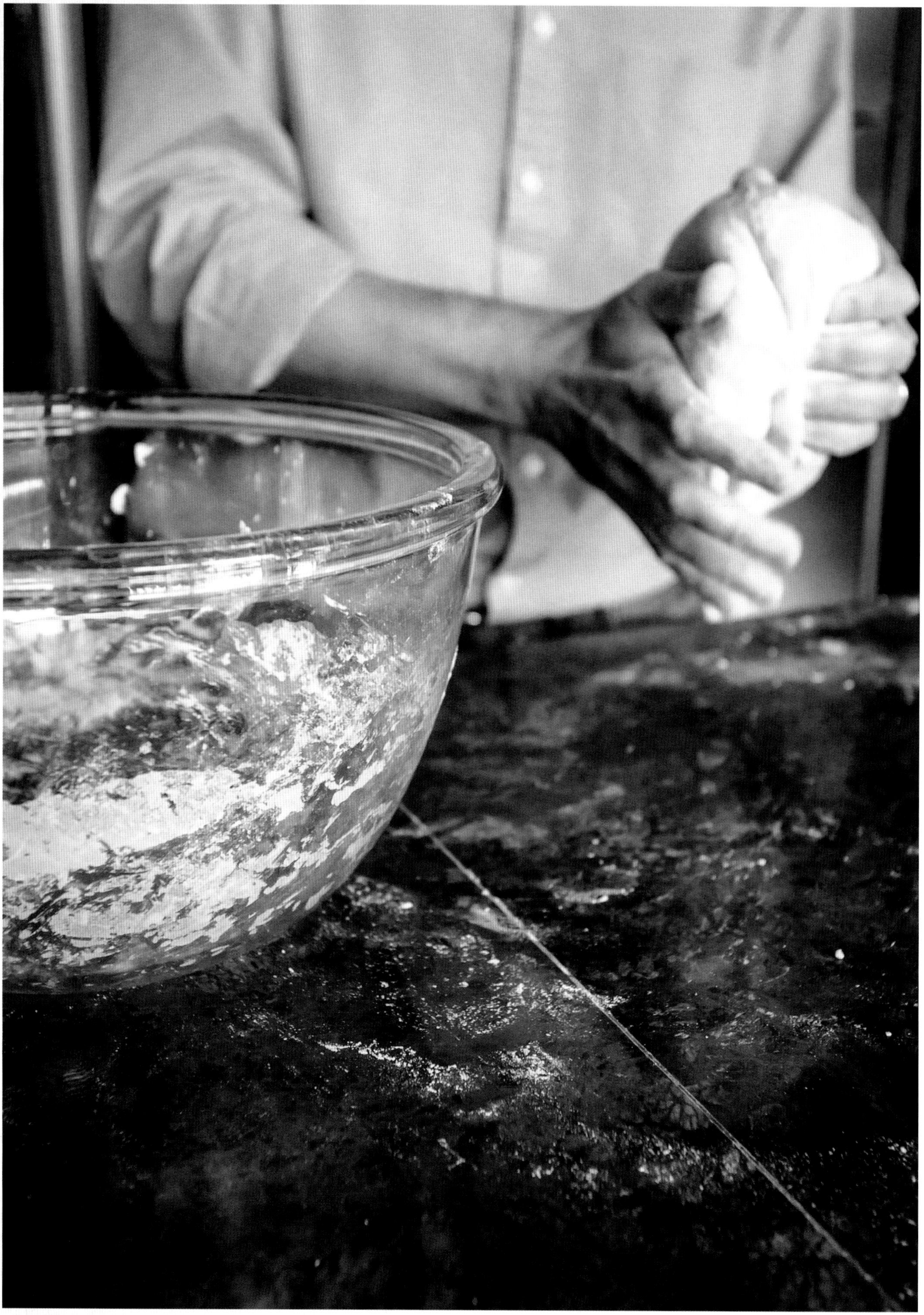

# O pão ensina

Sempre que eu saio da linha, o pão me alerta. E me mostra que, na vida, posso controlar algumas (bem poucas) coisas só até certo ponto. Que posso ser apressado apenas até um determinado limite. De resto, a natureza é soberana. No fundo, não somos nós que aprendemos a fazer o pão de fermentação natural. É o pão que nos ensina.

O pain au levain é meu método de autoajuda. É meu manual de desenvolvimento pessoal. E, no fim, eu ainda posso devorá-lo.

Se você topou embarcar na aventura do levain e criar pães a partir dele, saiba que existem etapas, existem tempos. E não respeitá-los tem um preço: não chegar ao tão ambicionado resultado. Não tirar do forno um pãozinho absolutamente perfeito — em toda a sua rusticidade, em toda a sua imperfeição. Você até conduz o processo. Mas, em última instância, não é você quem manda.

Imagine uma trufa ou outra iguaria radicalmente sazonal e caprichosa em suas relações com o ambiente. Ela não surge pela nossa simples vontade. Não brota porque simplesmente queremos. Mas sim quando todas as condições convergem para isso. O que fazer, senão esperar?

Quando eu ainda apenas ensaiava o meu flerte com a fermentação natural, várias vezes quis testar as fronteiras entre o que era realmente necessário e o que era mero ritualismo. Queria transgredir, submeter o ritmo da natureza à minha ansiedade. Tentei truques, por assim dizer, aceleradores. Já tive pressa num ou noutro passo da receita. O que ganhei em troca? Massas pesadonas, compactas, filões fracassados, intragáveis. Pois pain au levain é, em essência, tempo.

Eu me recordo de um dia em que, encafifado com a performance de um velho fogão, resolvi mexer no forno. Tirei a chapa do fundo para observar a chama. Acendi, aqueci e, pelo termômetro, vi que a temperatura estava consideravelmente mais alta. Parecia óbvio, então, que ele assaria bem mais rápido. O que eu consegui, no fim? Só uma frustração. Em lugar dos 45 ou 50 minutos regulamentares a 220 ºC, só fiz queimar o filão por fora, e sem obter um crescimento satisfatório — por dentro, a massa ficou encruada.

Lembro ainda que, não poucas vezes, quis roubar no jogo. Numa fermentação de 6 horas, o que aconteceria se eu ganhasse uns 60 minutinhos? Nada, provavelmente. E não foi bem assim. Considerando um ciclo normal, num dia de temperatura ambiente amena, eu simplesmente... cortei o crescimento na sua reta final. Desafiei os poderes do tempo, a fúria da natureza. Como resposta, levei um tranco (e fiquei sem pão).

Mas é bom que aconteça isso de vez em quando. Funciona como aquele beliscão de alerta, aquela sacudida. Relembro que tenho de respeitar os prazos, os processos. Caso contrário, só me resta recorrer à padaria.

O pain au levain, dessa forma, me coloca em meu devido lugar, aplaca minha ansiedade, me restaura dos surtos de onipotência. Não há como ligar no modo "velocidade máxima" uma fermentação que precisa de todo um ciclo. Não há como tirar do forno em meia hora um pão que deve ser assado em 45 minutos. Não há como obter, num estalar de dedos, enfim, aquilo que é o produto de um complexo processo que envolve clima, micro-organismos, técnicas...

Quando eu cumpro todo o ritual e respeito as leveduras e seus tempos, ganho em troca uma fornada deliciosa (considerando, claro, que não cometi nenhum deslize grave na execução ou nos ingredientes). E, ao provar a primeira fatia, humildemente reconheço: "Sim, senhor pão, é assim que se faz". E quando saio do prumo, o pão me avisa.

## Pão de centeio

### Rende 1 pão de cerca de 1 kg

*Mal comparando, se com apenas sete notas musicais foi (e tem sido) possível criar uma infinidade de melodias, com o pão não é tão diferente. Mudando poucos elementos, obtemos tipos e possibilidades completamente diversos. No caso das receitas com centeio, eu diria que sua textura e seus aromas são dos mais surpreendentes. Não é um pão fácil, ao estilo molinho, branco e fofo. Talvez seja mais apropriado a um paladar adulto. Mas poucos são capazes de proporcionar tanta saciedade — tal qual o trigo, é bom lembrar, o centeio também contém glúten. Esta receita usa ainda farinha de trigo branca e integral, numa medida que torna o pão um pouco mais leve, mas preservando a cor mais escura e as notas típicas do centeio. Em outras fórmulas, vamos trabalhar também com proporções mais altas de centeio, gerando filões mais densos, quase carnudos.*

30 MINUTOS PARA A MANIPULAÇÃO • 4 A 6 HORAS PARA O LEVAIN, O NOSSO FERMENTO NATURAL
6 A 8 HORAS PARA A FERMENTAÇÃO • 45 MINUTOS PARA ASSAR

### Ingredientes

- 1 ²⁄₃ DE XÍCARA (CHÁ) / 240 g ............ FARINHA DE TRIGO
- 1 XÍCARA (CHÁ) E 2 COLHERES (SOPA) / 180 g ............ FARINHA DE TRIGO INTEGRAL
- 1 ½ XÍCARA (CHÁ) / 180 g ............ FARINHA DE CENTEIO
- 1 ²⁄₃ DE XÍCARA (CHÁ) / 400 ml ............ ÁGUA
- ¾ DE XÍCARA (CHÁ) / 200 g ............ NOSSO FERMENTO NATURAL (LEVAIN) REFRESCADO
- 2 COLHERES (CHÁ) / 12 g ............ SAL

### Modo de preparo

1. Junte as três farinhas numa tigela, de modo que fiquem bem misturadas. Num outro recipiente, maior, adicione todos os ingredientes, menos o sal, pela ordem: primeiro o fermento natural, depois a água (aproveitando para amolecer e dissolver um pouco o fermento). Aí, vá agregando a farinha aos poucos, mexendo com uma colher de pau.

2. Com a farinha toda já incorporada, coloque as mãos para trabalhar com a massa. Acrescente o sal gradualmente, em pitadas bem espalhadas, até o fim, misturando-o bem. Se quiser, use principalmente a mão direita (canhotos, claro, fazem o inverso), dobrando-a sobre ela mesma, achatando e revirando a massa, raspando os pedaços que grudaram no fundo. Encontre a sua própria dinâmica de movimentos, com vigor. Sovar a massa ajuda na formação do glúten, importante para que tenhamos um pão bem estruturado e macio.

3. A massa está grudenta? Lembre-se do meu conselho e não acrescente mais farinha. Se, por um lado, isso dificulta a manipulação, por outro gera um pão mais leve e aerado. Trabalhe-a por, pelo menos, 5 minutos. Se aguentar por 10 minutos, a massa vai ficar ainda mais lisa e uniforme.

4. Raspe bem a tigela, aproveite os excessos e incorpore-os à massa. Quando estiver tudo bem amalgamado, modele em forma de bola e salpique com uma finíssima camada de farinha branca. Cubra com um pano e deixe descansar, dentro da própria tigela, em local sem vento nem fontes de calor.

## Primeira fermentação

Se você vive num lugar de clima quente, é provável que a massa cresça em 4 horas. Caso a temperatura local seja mais amena, a massa só vai dobrar de tamanho em 5 ou 6 horas. Tenha paciência e, se não resistir à curiosidade, dê aquela levantada no pano e simplesmente... espie. Ou vá passear, trabalhar. Quem sabe até dormir, se o preparo da massa começou tarde da noite.

1. Agora que terminou a primeira fermentação, você vai manipular a massa numa superfície limpa e lisa. Salpique um pouco de farinha, para grudar menos, e vire a massa delicadamente. Apalpe-a, aperte-a, para que fique achatada, como um retângulo.

2. Para modelar, já com a massa aplanada, comece a dobrar as bordas na direção do centro. Primeiro de um lado, depois do outro, até que as laterais se encontrem no meio. Junte-as cuidadosamente para fechar bem a emenda. Vire a massa, de forma a deixar a emenda para baixo, e modele um formato oval, porém quase redondo. Ele vai permitir que as fatias sejam fartas, de miolo generoso.

3. Está usando uma assadeira antiaderente? Se não estiver, polvilhe generosamente com uma boa camada de farinha; eu, sinceramente, torço para que você não veja o seu pão grudar no fundo da fôrma. Posicione-o no centro da assadeira, pois ele vai crescer um pouco mais. Cubra-o de novo com o pano.

## Segunda fermentação

Vamos aguardar mais uma etapa de crescimento, de 1h30 ou até 2 horas (se estiver calor, 1 hora).

1. Pode ligar o forno a 220 °C (temperatura alta). Ele deve estar preaquecido por meia hora.

2. Forno já quente? Lâmina na mão? Faça um corte no pão (que tenha pelo menos 0,5 cm de profundidade), de ponta a ponta.

3. Já contei na receita anterior sobre alguns truques finais, mas vale repassar. Se quiser dar um charme a mais no acabamento, salpique umas pitadas de farinha, bem espalhadas. Para deixar mais crocante, borrife com água imediatamente antes de colocar para assar. Ou, ainda com o propósito de aumentar a umidade, use o recurso do gelo: coloque uma assadeira com cubos na parte mais baixa do forno.

4. Leve para assar por 45 minutos, pelo menos, até dourar. Este pão, em especial, adquire notas muito particulares quando bem assado. Lembre-se, depois de meia hora, de dar aquela virada na assadeira, para conseguir aproveitar melhor a difusão de calor dentro do forno (as temperaturas internas, já comentamos, variam conforme o ponto em que estão).

5. Tire do forno e deixe esfriar sobre uma grade (ou grelha). Aguente firme e evite cortar o pão muito quente. Será mais difícil e, no caso do miolo com centeio, ficará a sensação de massa embatumada. Mais tarde, capriche no corte, extraia uma generosa fatia e divirta-se com os aromas e sabores desta receita.

## TRUQUES DO PADEIRO

Um filão bem assado se percebe, também, pela audição. Os padeiros costumam dar uma batida no fundo do pão. Se fizer um barulho oco, é sinal de que a cocção foi boa. Agora, tome cuidado se for fazer isso com o pão ainda muito quente: use um pano para não se queimar.

Uma outra dica é escovar o fundo do pão, caso esteja com muita farinha da assadeira. O acabamento fica bem melhor.

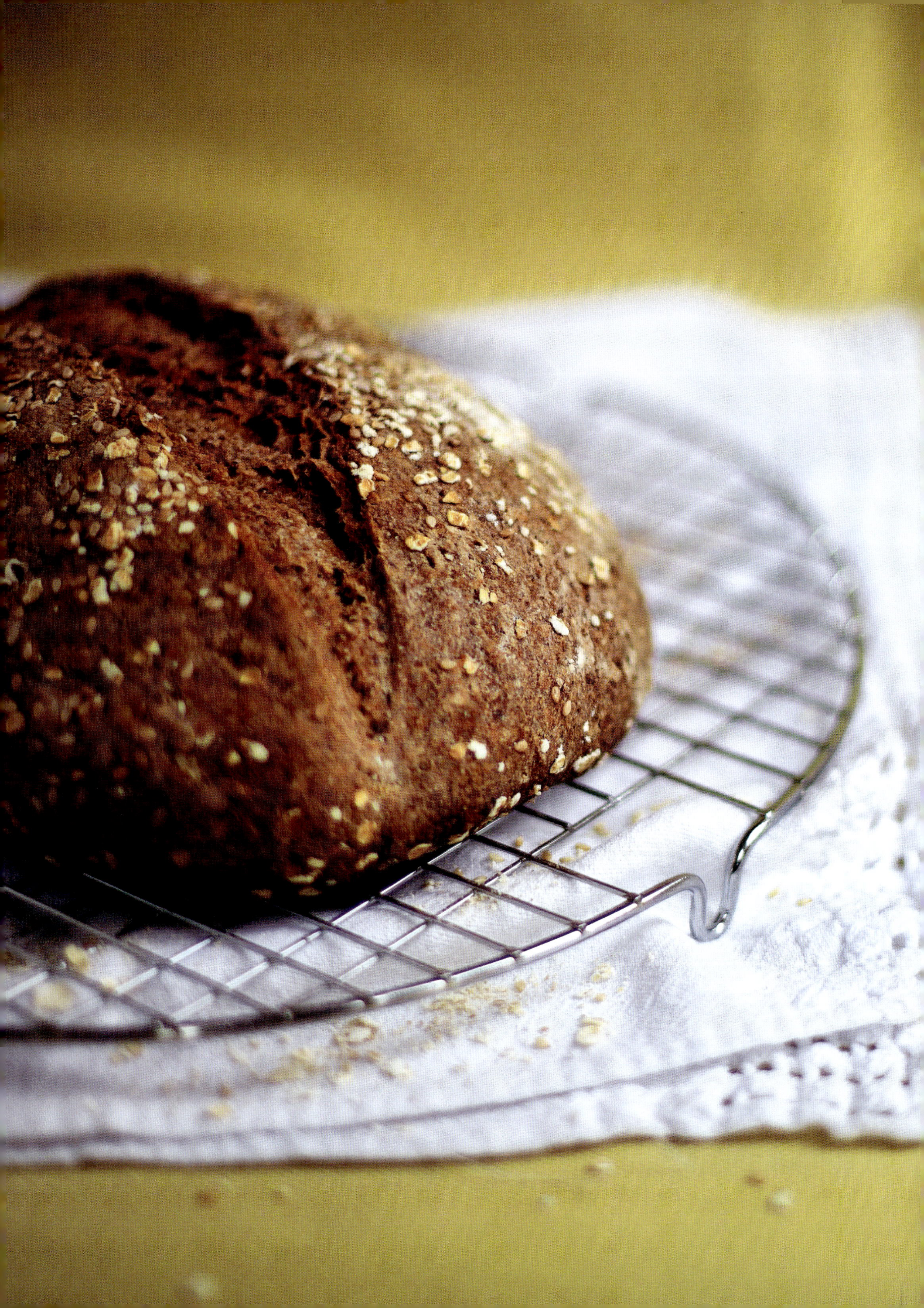

## Pão multicereais
### Rende 1 pão de cerca de 1 kg

*E*is aqui uma receita apetitosa e com alta dosagem de fibras. Esta proposta multicereais rende pães mais escuros, com sabores e texturas bem variados e uma inegável "cara de saúde". Ainda que sua base seja bem definida, com farinhas de trigo e centeio, responsáveis pela estrutura da massa, gosto de pensar neste pão como a chance de exercer a criatividade: na hora de adicionar os grãos e afins, guie-se pelo seu gosto pessoal. Eu, de minha parte, sugeri a composição a seguir, com aveia, quinoa, linhaça, gergelim e gérmen de trigo, por razões nutricionais e por variantes de sabor. Experimente do jeito que estou propondo, ao menos para a primeira tentativa. Depois, sinta-se livre. Invente seu próprio mix.

30 MINUTOS PARA A MANIPULAÇÃO • 4 A 6 HORAS PARA O LEVAIN, O NOSSO FERMENTO NATURAL
6 A 8 HORAS PARA A FERMENTAÇÃO • 45 MINUTOS PARA ASSAR

### Ingredientes

| | |
|---|---|
| 1 ²/₃ DE XÍCARA (CHÁ) / 240 g | FARINHA DE TRIGO |
| ²/₃ DE XÍCARA (CHÁ) E 1 COLHER (SOPA) / 120 g | FARINHA DE TRIGO INTEGRAL |
| 1 XÍCARA (CHÁ) / 120 g | CENTEIO |
| 1 XÍCARA (CHÁ) / 120 g | CEREAIS E AFINS VARIADOS: FARINHA DE LINHAÇA, GÉRMEN DE TRIGO, AVEIA, SEMENTE DE LINHAÇA, GERGELIM, QUINOA E OUTROS |
| ½ XÍCARA (CHÁ) / 60 g | CEREAIS VARIADOS, PARA O ACABAMENTO |
| 1 ²/₃ DE XÍCARA (CHÁ) / 400 g | ÁGUA |
| ¾ DE XÍCARA (CHÁ) / 200 g | NOSSO FERMENTO NATURAL (LEVAIN) REFRESCADO |
| 2 COLHERES (CHÁ) / 12 g | SAL |

### Modo de preparo

1. Temos, desta vez, uma grande variedade de farinhas e farelos. Misture-os num recipiente à parte. Em outra tigela, comece a agregar todos os ingredientes, menos o sal, na seguinte ordem: primeiro o fermento natural, depois a água. Vá juntando o mix de farinha e grãos aos poucos, mexendo com uma colher de pau.

2. Comece a sovar à mão. Acrescente o sal gradualmente, enquanto trabalha a massa. Use a mão direita, apertando a massa, achatando-a e depois dobrando-a sobre ela mesma. Afunde a mão, revire, raspando os pedaços que grudaram no fundo, agregue, afunde de novo. A sova constante, com vigor, vai ajudar na formação do glúten. Note que, desta vez, diferentemente das outras massas, a textura não é a mesma: mais granulosa, um pouco mais seca.

3. Não adicione farinha extra, por mais que a mistura grude um pouquinho. Se grudar muito, faça como já mencionei: guarde um pouco do montante de farinha usado no início da receita para acrescentar aos bocados nesse momento. Não tenha preguiça; sove por, pelo menos, 5 minutos, observando se a massa vai ficando mais elástica, mais fácil de manipular, mais lisa e uniforme. E 10 minutos, você consegue? Vale a pena.

4. Não deixe que grãos e farelos se percam pela tigela. Aproveite tudo. Modele a massa em formato de bola, salpique-a com uma finíssima camada de farinha branca. Agora, ela vai ser coberta e permanecerá um longo tempo descansando.

## Primeira fermentação

Se o clima da sua cidade for quente, é provável que a massa cresça em 4 horas. Se for frio, vai demorar mais.

1. Com a primeira fermentação concluída, você vai manipular a massa numa superfície limpa e lisa, como uma pedra de pia, uma mesa, uma bancada, uma tábua de trabalho. Pegue um pouco de farinha e um pouco do mix de grãos. Vamos usá-los para que a massa não grude na hora da modelagem.

2. Achate a massa e espalhe-a pela superfície. Aí, você vai modelar o seu futuro pão. E vou propor um corte diferente, que vai ficar muito charmoso com nossa receita. Comece dobrando das bordas para o meio. Junte as dobras no centro, deixando bem fechado. Agora, vamos dar à massa um formato arredondado — quase como uma bola, mas levemente mais alongado.

3. Voltemos aos nossos grãos variados. Vamos então usar a mistura para envolver nosso futuro pão. Por cima, por baixo, dos lados, cubra a superfície externa com seu mix, pressionando levemente. Pense ainda que vamos borrifar água sobre o pão antes de colocá-lo no forno, e a umidade vai ajudar na adesão — embora muitos grãos e farelos se desprendam assim que tirarmos o filão do forno e mais ainda na hora de cortar.

4. É hora de preparar a assadeira. Se não for antiaderente, você deve forrá-la com uma boa camada de farinha. Posicione o pão no centro da fôrma, considerando que ele ainda vai ganhar tamanho. É hora de descansar, mais uma vez.

## Segunda fermentação

Cubra-o com um pano e deixe num lugar protegido do sol e do vento, para que ele cresça entre 1h30 e 2 horas (em dias quentes, pode ser por 1 hora).

1. Preaqueça o forno a 220 °C (temperatura alta), meia hora antes de terminar o tempo dessa segunda fermentação.

2. Chegamos ao momento de colocar o pão no forno e, como você já viu, os procedimentos finais exigem agilidade — o que é diferente de afobação. Com uma faca afiada ou uma navalha, faça uma incisão de, pelo menos 0,5 cm de profundidade, de ponta a ponta, no sentido do comprimento.

3. Borrife com água (é só uma nuvem, nada de gotas grandes), o que ajuda a casca a ficar mais crocante. Desta vez, a água vai ajudar também a fixar os grãos.

4. Marque pelo menos 45 minutos, até que os pães ganhem uma bela cor. Como a temperatura dentro do forno doméstico nunca é igual em todos os lados, vire a assadeira depois de meia hora.

5. Retire do forno e deixe sobre uma grade (ou grelha) para que esfrie bem. Na hora de cortar, não apenas as migalhas vão se desprender, mas também muitos grãos. A sujeira, no bom sentido, faz parte da brincadeira.

### RESFRIAMENTO PERFEITO

Afinal, qual o porquê de recomendar que os pães fiquem numa grelha ou numa grade, logo depois de ficarem prontos? É para que não amoleçam por baixo. Ao sair do forno, o pão ainda está eliminando vapores. Se permanecer sobre a assadeira, ele pode criar gotículas de água. Já sobre uma superfície vazada, ele esfria como se deve: sendo ventilado por todos os lados.

## Tartine de cogumelos

Rende 6 porções

*Não há jeito mais fácil de aproveitar o pão que sobrou. Embora o nosso pão de fermentação natural seja capaz de se manter macio e saboroso por vários dias, uma hora é preciso traçá-lo de vez. Este petisco não tem erro: tartine, para os franceses, ou bruschetta, para os italianos. Uma fatia de pão tostado, proteína, vegetais, condimentos... As possibilidades são amplas. Ainda que o preparo seja simples, há algumas dicas que vão torná-lo mais equilibrado. Tostar o pão, por exemplo, não é apenas para deixá-lo crocante. É para desenvolver as notas de sabor típicas desse processo. E, principalmente, para dar mais firmeza à fatia: mais selada, corre menos risco de amolecer e se desmanchar, caso seja coberta por molho. Outro ponto importante é não exagerar na medida. Nada de cortes muito grossos, nem de coberturas gigantes. Dito isso, faça da sua tartine um exercício de criatividade. E não tenha medo de recorrer aos clássicos tomate picado e manjericão, com um bom azeite extravirgem; presunto cru; ou, para variar, queijo da Serra da Canastra, derretido no forno. Comece treinando com esta receita, um mix de cogumelos de preparo rápido.*

15 MINUTOS

### Ingredientes

| | |
|---|---|
| 3 xícaras (chá) / 400 g | COGUMELOS VARIADOS, PICADOS (PARIS, PORTOBELO, SHIITAKE, SHIMEJI) |
| 2 colheres (sopa) / 30 ml | AZEITE |
| 1 colher (sopa) / 12 g | MANTEIGA |
| 1 dente | ALHO |
| ¼ de xícara (chá) / 60 ml | VINHO TINTO |
| A gosto | SAL E PIMENTA-DO-REINO |

### Modo de preparo

1. Corte 6 fatias de pão com, no máximo, 1 cm de espessura. Toste-as numa chapa ou frigideira, até ficarem douradas, dos dois lados. Reserve, tomando o cuidado de deixar esfriar sobre uma grelha, para não criar vapor d'água.

2. Não lave os cogumelos, para evitar que amoleçam. Limpe-os com um pano úmido, de modo a tirar a terra. Corte-os em fatias finas (menos no caso do shimeji, basta rasgá-los, rusticamente).

3. Aqueça a manteiga e o azeite numa frigideira grande e doure o alho. Se preferir, pode até removê-lo depois: a ideia é apenas aportar um pouco de sabor e aroma. Refogue os cogumelos em fogo alto. Quando começarem a perder volume e a desprender água, acrescente o vinho. Deixe reduzir o líquido à metade.

4. Salgar cogumelos às vezes pode ser complicado. A superfície dos fungos não retém o sal, o que pode levar à impressão de que é preciso adicionar mais do que o necessário. Eu prefiro aplicá-lo na hora de montar as tartines. Idem para pimenta-do-reino, moída na hora.

5. Ajeite as fatias de pão sobre uma travessa. Coloque uma porção de cogumelos sobre cada uma, tomando cuidado para não despejar muito do líquido, o que pode amolecer o pão. Deixe o molho apenas para cobrir levemente os cogumelos. Tempere com pimenta-do-reino e sal — de preferência uma flor de sal, para dar uma textura crocante. Sirva, se quiser, com lascas de um bom parmesão.

## Ragu de linguiça
### Serve 6 pessoas

*Uma vez que estamos nos aventurando por pães de preparação lenta e cuidadosa, um ragu com "apenas" 3 horas de cocção é quase um fast-food, não? Brincadeiras à parte, esta receita se presta, no mínimo, a dois ótimos usos: para molhar o pão, simplesmente; ou acompanhando uma massa fresca (que tal um pici?). O cozimento sem pressa, nesse caso, vai ajudar a deixar a linguiça bem macia e a transformar a mistura de vinho e tomate num apetitoso e denso sumo. Uma dica: na hora de extrair a carne da linguiça das tripas, desmanche a carne com capricho, com o garfo ou até com as mãos. A textura do ragu (uma variante de molho que tem mais sólido do que líquido) vai ficar bem mais fina.*

30 MINUTOS PARA PREPARAR • 3 HORAS PARA COZINHAR

### Ingredientes

| | |
|---|---|
| 600 g | LINGUIÇA SUÍNA FRESCA (DE PREFERÊNCIA, DE LOMBO OU PERNIL), SEM PIMENTA |
| 5 UNIDADES | TOMATES MADUROS |
| 1 UNIDADE | CEBOLA MÉDIA |
| 1 UNIDADE | CENOURA |
| 1 TALO | SALSÃO |
| 1 XÍCARA (CHÁ) / 240 ml | VINHO TINTO |
| 1/3 DE XÍCARA (CHÁ) / 80 ml | AZEITE |
| 1 COLHER (SOPA) / 12 g | MANTEIGA |

### Modo de preparo

1. Passe a cebola, a cenoura e o salsão num processador. Ou, ao menos, rale-os — não queremos pedaços grandes.

2. Aqueça o azeite e a manteiga numa panela grande. Refogue a cebola, a cenoura e o salsão, em fogo bem baixo, por 15 minutos.

3. Tire a carne da linguiça das tripas (basta cortar a pontinha e espremer), e desfaça-a, para que fique bem solta, com o garfo ou com as mãos. Acrescente à panela, mexendo bem, para desmanchar os pedaços maiores. Regue com o vinho, misture e deixe reduzir à metade.

4. Vamos agora cuidar dos tomates. Primeiro, tire a pele. Talvez você já tenha os seus métodos, mas vou contar como costumo fazer. Lave os tomates e, com uma faca bem afiada, faça incisões em X nas extremidades. Só na pele, mesmo. Coloque em água fervendo por 30 segundos, tire e mergulhe em água gelada, ou água fria corrente. A pele sairá com facilidade. Pique os tomates, em seguida, junte à panela e mexa bem. Com o tempo, eles vão se desfazer. Espere levantar fervura e abaixe o fogo, o máximo que puder. Serão 3 horas de cozimento, mas não se esqueça de mexer, periodicamente.

5. Como a linguiça é salgada, a adição de sal (e algum toque de pimenta) fica a critério do cozinheiro. Eu acho que não precisa. Mantenha o olho no ragu. No total você vai precisar adicionar cerca de 1 litro de água. Mas vá acrescentando aos poucos, de xícara em xícara. No final, devemos ter mais carne — bem tenra — do que líquido.

6. Leve-o à mesa para comer com pão ou sirva com a sua massa favorita (como o delicioso pici que apresento a seguir).

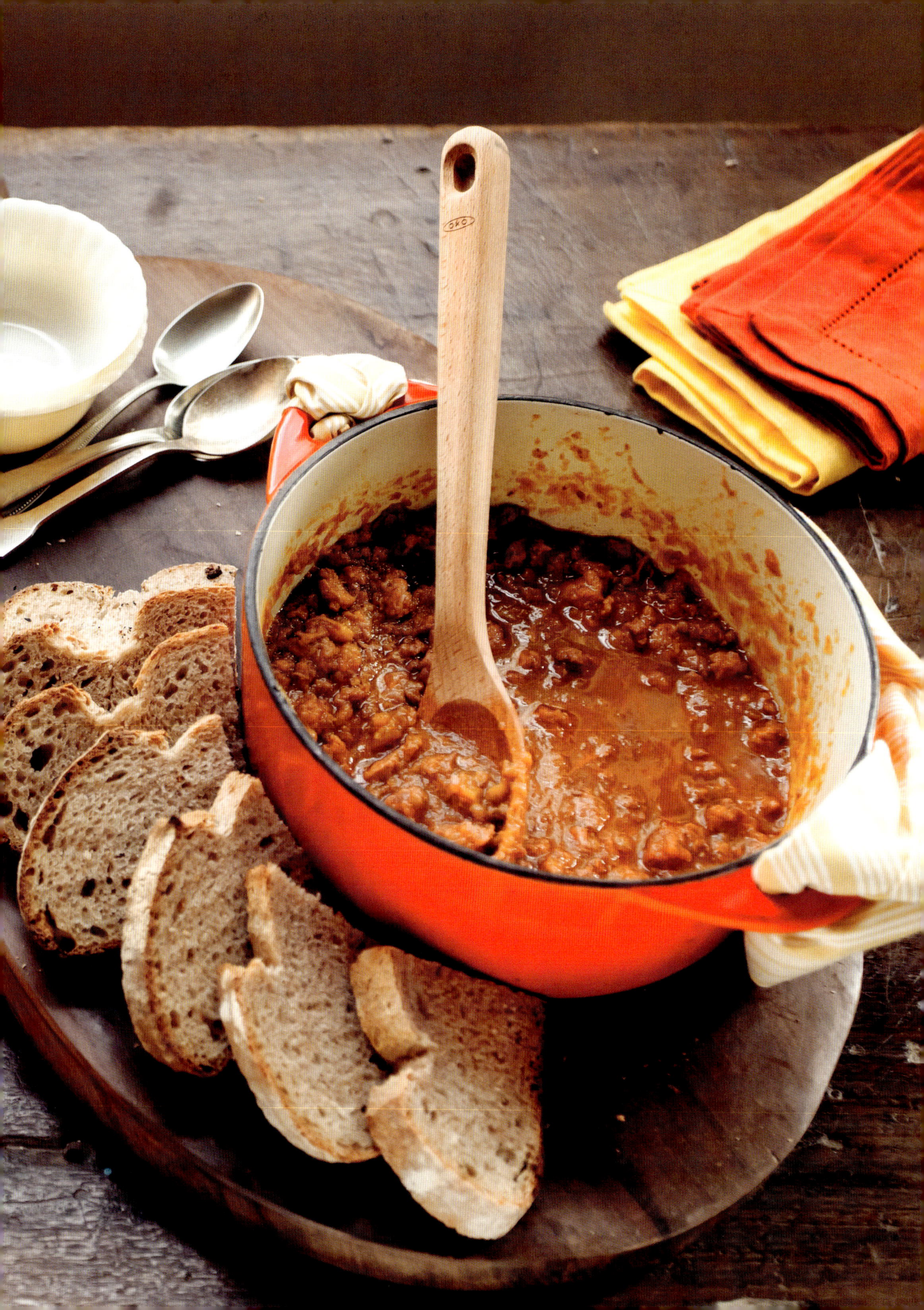

## Pici fresco
#### Rende 4 porções

*Já que temos aqui uma receita de ragu para molhar o pão, vamos aproveitar o seu entusiasmo com o artesanal – e com a farinha – e sugerir uma receita de massa fresca. É o pici, uma massa alongada, roliça, muito comum na Toscana. E que combina tanto com molhos encorpados como com preparações mais delicadas. É o tipo de pasta que exige muita manipulação por parte do cozinheiro, gerando aquele velho paradoxo: horas para fazer, poucos minutos para cozinhar, um minuto para comer. Mas vale o esforço. Já me meti a modelar sozinho grandes quantidades e devo admitir que deu para cansar. Lembro, particularmente, de um belo dia no campo. A tarde avançava, e eu fazendo pici; a temperatura caía sutilmente, e eu ainda ali; quando vi o sol se pondo pela janela da cozinha, notei, então, que o jantar corria riscos. E chamei os presentes para ajudar. Convencione, então, você também: pici fatti a mano é criação coletiva!*

30 MINUTOS PARA FAZER A MASSA • 30 MINUTOS PARA DESCANSAR
30 A 45 MINUTOS PARA MODELAR • 10 MINUTOS PARA COZINHAR

#### Ingredientes

| | |
|---|---|
| 2 ½ XÍCARAS (CHÁ) / 360 g | FARINHA DE TRIGO |
| ⅔ DE XÍCARA (CHÁ) / 120 g | FARINHA DE TRIGO DE GRANO DURO (SEMOLINA DE GRANO DURO) |
| 1 XÍCARA (CHÁ) / 240 ml | ÁGUA |
| 1 UNIDADE | OVO |
| ½ COLHER (CHÁ) / 3 g | SAL |

## Modo de preparo

1. Coloque a farinha (os dois tipos) numa tigela. Adicione o sal, mescle tudo rapidamente. Abra um buraco no meio da farinha e acrescente o ovo. Use um garfo para misturar e vá juntando a água aos poucos.

2. Quando tudo estiver bem agregado, comece a sovar com as mãos. Recolha os excessos de farinha que ficaram no fundo da tigela, amasse, estique, enrole. A massa ficará firme, porém maleável. E ainda um tanto grudenta.

3. Numa superfície de trabalho enfarinhada, manipule a massa, esticando-a, recolhendo-a. O objetivo é fazer com que todo o líquido seja bem absorvido e a textura fique lisa, e bem macia. Eu sei que cansa. Mas 15 minutos de sova vão dar um ótimo resultado.

4. Faça uma bola com a massa. Cubra com um pano e deixe descansar por meia hora.

## Modelando a massa

Vou sugerir duas técnicas diferentes para, enfim, fazer o pici. Numa delas, a ideia é abrir a massa, cortá-la e enrolar o macarrão. Na outra, a proposta é pegar um bocado da massa e enrolá-lo diretamente (prefiro esta; mas, dependendo da quantidade, convoque alguns ajudantes, pois costuma demorar).

### Com o rolo

1. Com um rolo, abra a massa numa superfície de trabalho (uma bancada de madeira ou mesmo uma tábua de cozinha grande podem facilitar). Deixe-a com, no máximo, 0,5 cm de espessura.

2. Com um faca afiada, corte a massa em tiras, como se fosse para preparar fios grossos de espaguete. Salpique farinha, para que eles não grudem entre si.

3. Pegue cada uma das tiras e enrole-as na bancada. Use as palmas das duas mãos, até que as tiras fiquem roliças, deixando-as com menos de 0,5 cm de diâmetro. Veja se prefere os pici mais longos, como espaguete, ou se prefere cortá-los. Salpique com farinha e reserve, cuidando para que não grudem. Faça esse procedimento com todas as tiras, uma a uma.

### Diretamente com as mãos

1. Pegue uma pequena porção da massa. Uma bolinha, mais ou menos do tamanho de uma almôndega. Comece a afilá-la com as mãos, esfregando-as. Depois, enrole a massa na bancada, de modo a formar um cordão roliço, fino e comprido. Procure passar as mãos ao longo de toda massa, para que os pici não fiquem com espessuras irregulares. Quanto mais homogêneos, melhor, tanto pela cocção (com menos risco de a ponta ficar al dente e o meio mais cru, por exemplo) quanto pela apresentação.

2. Enrole porção por porção. Se preferir, corte os pici em dois ou três pedaços, fazendo cordões mais curtos — eu, particularmente, prefiro-os menos longos, embora muita gente aprecie um comprimento quase de espaguete.

## Para cozinhar

Leve uma panela com 5 litros de água e 2 colheres (sopa) de sal ao fogo alto. Quando ferver, coloque apenas 2 ou 3 fios de massa, para verificar o tempo de cozimento — vá provando e testando. Dependendo da espessura dos pici, leva entre 5 e 10 minutos. Retire com uma escumadeira e leve a massa toda para cozinhar pelo tempo apurado. Escorra a água.

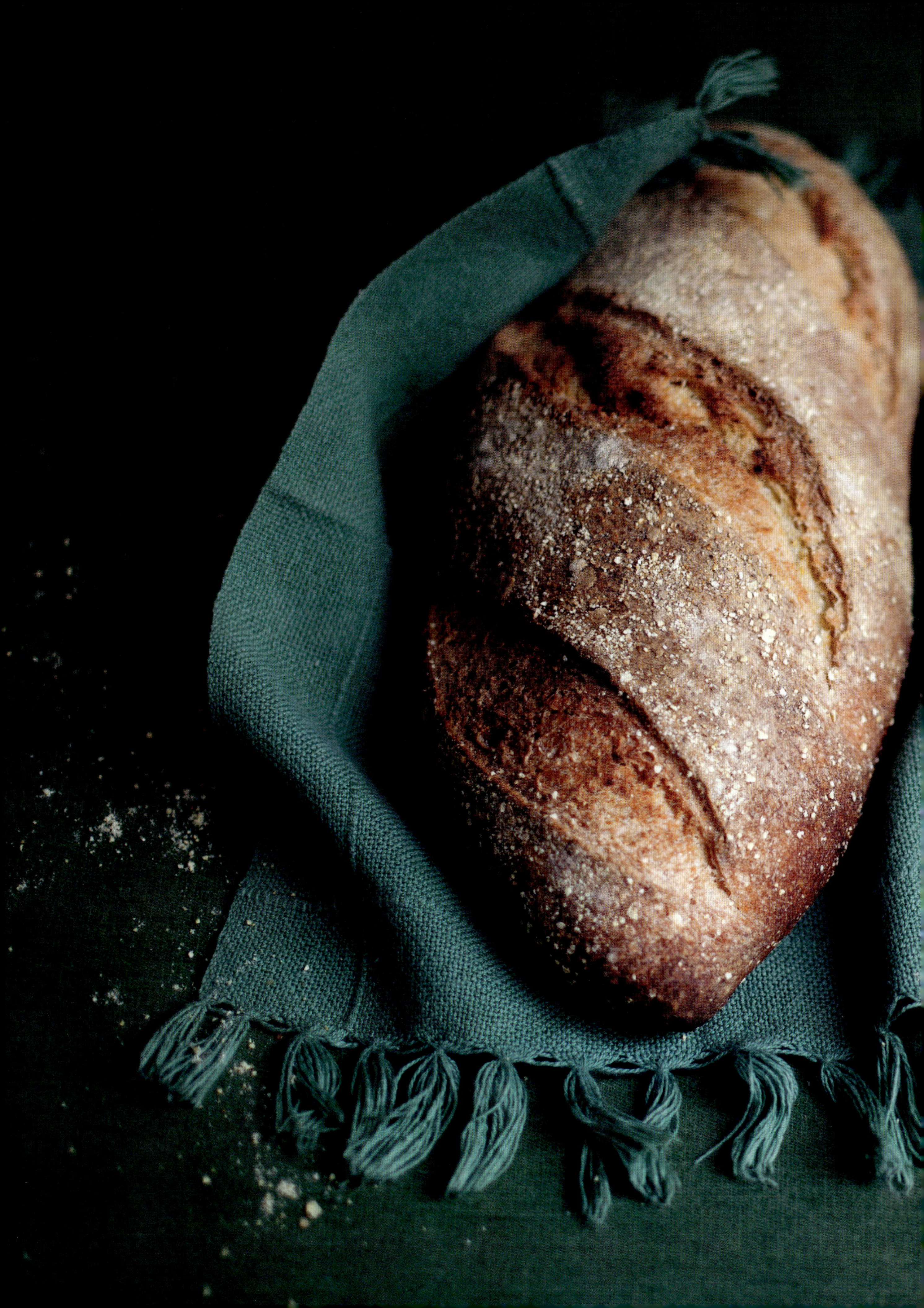

## OUTRAS FARINHAS

Como anda seu francês? Pân ô levân? Bulângerrí? É verdade que fica difícil dissociar esses termos da vertente francesa da panificação. E que, de fato, fermentação natural nos traz uma lembrança meio imediata de fornos de tijolos aquecidos com lenha, em meio aos ares da Campagne. Mas isso não significa que não possamos brincar com as fronteiras da gastronomia.

Nas próximas páginas, o trigo comum, obviamente, continua sendo base da maioria das receitas que vou propor. Mas por que não adaptar a nossa fórmula básica para uma alternativa mais à italiana? Vem daí, então, o pão feito de semolina de grão duro — matéria-prima do melhor macarrão (de pasta seca, principalmente).

Por outro lado, minha ideia é buscar também uma abordagem mais brasileira para uma prática tão europeia. Que tal usar a técnica tradicional com farinha de trigo, é verdade, mas incorporar sabores tão familiares aos nossos hábitos, como os da mandioca e do milho. Funcionam? Muito bem. Especialmente se acompanhados por outras opções cheias de brasilidade, como a pasta de castanha--do-Brasil e a geleia de jabuticaba.

NESTE CAPÍTULO

Pão de milho .................................................. 66
    Geleia de jabuticaba ........................... 69
Pão de mandioca ........................................... 70
    *Mais água* ............................................. 75
    Pasta doce de castanha-do-Brasil ...... 76
Pão de semolina ............................................ 78

## Pão de milho

Rende 1 pão de cerca de 1 kg

*Nem broa, nem bolo de fubá. Ainda que este nosso pão use o milho como ingrediente definidor de sua linha principal de sabor, acho mais divertido pensar nele como um pão de fermentação natural ao estilo tradicional, mas com um toque abrasileirado. Se você quiser usar fubá, também pode, mas o resultado é um pouco diferente. Alguns motivos nos levam à opção dos flocos pré-cozidos. Sua granulometria é mais grossa que a do fubá, o que dá uma textura interessante ao pão. E, uma vez que já houve um primeiro cozimento, a absorção de água é um pouco menor, o que deixa a massa mais hidratada e mais leve. Fora que os grãos com mais corpo ficam muito bem no acabamento externo do pão, tornando a mordida mais agradável e potencializando as notas tostadas. Mas vou deixar que você experimente isso na prática, testando com os flocos, com o fubá e com outros subprodutos do milho.*

30 MINUTOS PARA A MANIPULAÇÃO • 4 A 6 HORAS PARA O LEVAIN, O NOSSO FERMENTO NATURAL
6 A 8 HORAS PARA A FERMENTAÇÃO • 45 MINUTOS PARA ASSAR

### Ingredientes

| | |
|---|---|
| 3 XÍCARAS (CHÁ) / 420 g | FARINHA DE TRIGO |
| 1 XÍCARA (CHÁ) E 2 COLHERES (SOPA) / 180 g | FLOCOS DE MILHO PRÉ-COZIDO (DO TIPO MILHARINA) E MAIS UM POUCO PARA DECORAR O PÃO |
| 1 ⅔ DE XÍCARA (CHÁ) / 400 g | ÁGUA |
| ¾ DE XÍCARA (CHÁ) / 200 g | NOSSO FERMENTO NATURAL (LEVAIN) REFRESCADO |
| 2 COLHERES (CHÁ) / 12 g | SAL |

### Modo de preparo

1. Misture a farinha e os flocos de milho num recipiente à parte. Em outra tigela, comece a agregar todos os ingredientes, menos o sal. Comece pelo fermento e pela água. Vá misturando a farinha e os flocos, mexendo com uma colher de pau.

2. Quando tudo estiver bem misturado, dispense a colher: é hora de usar as mãos. Junte o sal aos poucos, enquanto trabalha a massa. Recolha, aperte, afunde, dobre-a sobre ela mesma, em movimentos contínuos. Recolha os fragmentos desgarrados, não desperdice nada. Se preferir sovar numa bancada, em vez de na própria tigela, fique à vontade. Faça como for mais conveniente para você no seu espaço.

3. A textura do milho atenua um pouco a sensação de massa excessivamente grudenta. Mas, mesmo que você a considere pegajosa, não ponha mais farinha. Seu pão ficará mais leve e desenvolverá belos alvéolos — os buracos do miolo — se estiver com uma boa hidratação. Agora, vamos à sova. Aproveite para se exercitar, fazer ginástica, já que temos cinco minutos (melhor ainda se forem dez) de manipulação intensa. O nosso objetivo é chegar a uma massa lisa, bem macia, de aparência homogênea.

4. Quando estiver satisfeito com a sova (seja exigente!), modele a massa em forma de bola. Cubra-a com uma leve camada de farinha, proteja-a com o pano e deixe descansar.

## É PÃO PARA A SEMANA INTEIRA

O pão de fermentação natural dura mais do que um pão de produção industrial. Um filão como o da maioria das nossas receitas, de 1 kg, pode manter a qualidade por até uma semana, se for bem conservado. Isso, graças ao processo lento de levedação, à ação do fermento sobre o glúten e outros fatores. Mas nunca o deixe totalmente fechado, em recipientes com tampa, pois ele pode embolorar. Conserve o pão enrolado num pano limpo, que vai permitir a manutenção da umidade e, ao mesmo tempo, possibilitar que o pão respire. Claro que ele não vai guardar as mesmas características do dia em que foi assado. Mas continuará delicioso — corte uma fatia, toste-a numa chapa de ferro e veja se eu não tenho razão. Um último conselho: atenção para que os panos utilizados sejam lavados sem uso de produtos muito perfumados. Comer pão com cheiro de amaciante, convenhamos, não dá...

## Primeira fermentação

Está fazendo calor? Então, quem sabe a massa dobre de tamanho em 4 horas. Caso contrário, o mais normal é que ela demore 5 ou 6. E não esqueça: você não tem alternativa, a não ser esperar. Bisbilhotar de vez quando, por outro lado, claro que é permitido.

1. Completada a primeira fermentação, polvilhe com farinha uma superfície lisa, como uma pia ou uma bancada. É nela que você vai trabalhar. Pegue a massa, veja como ela está maior e bem mais aerada. Pode apertá-la, achatá-la, espalhá-la, até formar um retângulo. Vamos agora dobrar a massa.

2. Para modelar o pão, o sentido das dobras é sempre da borda para o centro. Um lado, depois o outro, até que eles se juntem no meio. Vamos propor um pão de formato bem longo. Lembrando uma baguete, porém bem mais grossa, e com extremidades pontiagudas. Role a massa, já dobrada, com as mãos, para torná-la mais comprida — e faça isso mais intensamente nas pontas, para que fiquem um pouco mais agudas.

3. Vamos usar os flocos de milho extras para envolver a massa. Cubra toda a superfície, pressionando levemente, por cima e pelos lados. Isso vai deixar o pão bonito e ainda emprestar à receita umas notas interessantes — vindas do milho tostado.

4. Escolha uma assadeira grande, mais adequada para o tipo de modelagem que vamos utilizar (e verifique, claro, se ela cabe no forno). Se não for antiaderente, polvilhe com uma boa camada de farinha. Acomode o pão no centro da assadeira e cubra com um pano. Ele vai crescer novamente.

## Segunda fermentação

Leve o pão para um lugar tranquilo. Ele vai descansar por 1h30, até 2 horas (no calor, cresce em 1 hora).

1. Preaqueça o forno a 220 °C (temperatura alta) quando faltar meia hora para terminar o tempo dessa segunda fermentação.

2. Vamos para a preparação final. Com uma faca afiada ou com uma navalha, faça três cortes de cerca de 0,5 cm de profundidade na diagonal.

3. Imediatamente antes de colocar para assar, borrife com água (é só uma nuvem), para que a casca fique mais crocante e para que o milho consiga aderir melhor à crosta.

4. Deixe assar por pelo menos 45 minutos. Repare que, por conta dos flocos, o pão vai ganhar um belo tom amarelado. Mas não se esqueça de que ele tem de assar como se deve, até a crosta ficar bem dourada.

5. Tire do forno e deixe esfriar sobre uma grade (ou grelha). Aguarde para cortá-lo. Explico o porquê: o pão de fermentação natural revela melhor seus sabores quando frio; sem contar que será mais fácil de fatiar — e de digerir, já que o pão muito quente expele vapores.

## Geleia de jabuticaba

Rende 1 pote de geleia de 350 g

*Por mais urbano que tenha se tornado o nosso dia a dia, por mais longe que estejamos do campo, algumas coisas — para nós, brasileiros — parecem ancestrais, atávicas. Como, por exemplo, o encantamento diante de uma jabuticabeira carregada. Dá para resistir? O interessante é que, cada vez mais, tem gente cultivando mudas (e árvores) em quintais, praças, jardins, mesmo dentro da grande cidade. Tendo você o privilégio de dispor da fruta ao alcance do braço, ou precisando comprá-la na feira, use esta receita como uma forma de celebração da sazonalidade. Espere a época da fruta (entre o fim do inverno e o meio da primavera), compre uma boa quantidade e capriche na geleia, um pequeno milagre feito de três ingredientes.*

1 HORA E 20 MINUTOS

### Ingredientes

| | |
|---|---|
| 500 g | JABUTICABA |
| 1 XÍCARA (CHÁ) / 240 ml | ÁGUA |
| ½ XÍCARA (CHÁ) / 100 g | AÇÚCAR CRISTAL |

### Modo de preparo

1. Lave bem as jabuticabas, passando por água corrente.

2. Numa panela de fundo grosso, coloque as jabuticabas, adicione a água e leve ao fogo baixo. Deixe cozinhar por cerca de 30 minutos e, com uma espátula, vá pressionando a fruta contra as bordas da panela (durante o cozimento).

3. Passe o conteúdo da panela pela peneira e reserve o líquido. Use a espátula para extrair o máximo do caldo. Descarte a parte sólida que sobrar na peneira. Usando a mesma panela, retorne o caldo de jabuticaba coado e acrescente o açúcar. Misture para dissolver um pouco e volte ao fogo baixo, por mais 20 minutos.

4. Retire a geleia do fogo ainda líquida e transfira para um pote esterilizado imediatamente. Tampe a geleia quente. Quando o vidro esfriar um pouco, leve à geladeira.

## Pão de mandioca
### Rende 1 pão de cerca de 1 kg

*D*e Norte a Sul do país, acredito que não exista brasileiro que não reconheça o sabor da mandioca, um ingrediente presente em todas as regiões. Nesta proposta de receita, a fórmula tradicional (e de origem europeia) do pão de fermentação natural ganha um pouco dos aromas e da textura da nossa mais famosa farinha — usada principalmente na farofa e em outras preparações e não tão conhecida na panificação. Optei pelo tipo torrado fino, mais fácil de encontrar e com grãos que se misturam muito bem com o trigo. Quer acentuar ainda mais o sotaque brasileiro do seu pão? Dá para usar outros tipos de farinha, mais granulosos. Ou até trabalhar com mandioca cozida e amassada — o que deixa o pão mais denso, um pouco pesado, até. Antes de experimentar as variações, porém, comece por esta receita. Note que a proporção de farinha de mandioca é de mais ou menos 30% do peso total das farinhas, uma medida que permite o aporte de sabor, sem comprometer a estrutura do pão.
No acabamento externo, claro, a farinha de mandioca também vai muito bem.

30 MINUTOS PARA A MANIPULAÇÃO • 4 A 6 HORAS PARA O LEVAIN, O NOSSO FERMENTO NATURAL
6 A 8 HORAS PARA A FERMENTAÇÃO • 45 MINUTOS PARA ASSAR

### Ingredientes

| | |
|---|---|
| 3 xícaras (chá) / 420 g | FARINHA DE TRIGO |
| 1 xícara (chá) / 180 g | FARINHA DE MANDIOCA TORRADA FINA |
| 1 2/3 de xícara (chá) / 400 g | ÁGUA |
| 3/4 de xícara (chá) / 200 g | NOSSO FERMENTO NATURAL (LEVAIN) REFRESCADO |
| 2 colheres (chá) / 12 g | SAL |

### Modo de preparo

1. Junte o duo de farinhas num recipiente à parte, só para que fiquem bem misturadas. Em outra tigela, vamos começar a somar todos os ingredientes, menos o sal, na seguinte ordem: primeiro o fermento natural, depois a água (aproveitando para dissolver um pouco o fermento); então, comece a agregar as farinhas, mexendo com uma colher de pau.

2. Quando terminar de acrescentar as farinhas, sempre misturando com a colher, é hora de adicionar o sal e trabalhar com as mãos. Junte as 2 colheres (chá) aos poucos, enquanto manipula a massa. Use especialmente a mão direita. Você precisa apertar, afundar, dobrar a massa sobre si mesma. Passe a mão pelo fundo da tigela, para recolher a farinha que não se incorporou. Monte a sua sequência de gestos e repita-os, regularmente — se preferir, faça isso numa bancada, devidamente coberta por farinha. Não precisa exagerar na força, mas não economize vigor. Aos poucos, você vai ver que a massa se tornará mais macia, mais lisa — e, por isso mesmo, evite colocar farinha extra. Uma massa bem trabalhada é mais gostosa e mais bem estruturada.

3. Note que a farinha de mandioca acaba deixando a massa um pouco mais grudenta, o que vai exigir movimentos ágeis na hora da sova. Não se incomode com isso e trabalhe bem a massa por pelo menos 5 minutos. Com 10 minutos, fica melhor ainda.

4. Com a massa já bem sovada, modele-a em forma de bola, salpique-a com uma finíssima camada de farinha branca. Cubra com um pano e deixe na tigela, em local protegido do sol e do vento.

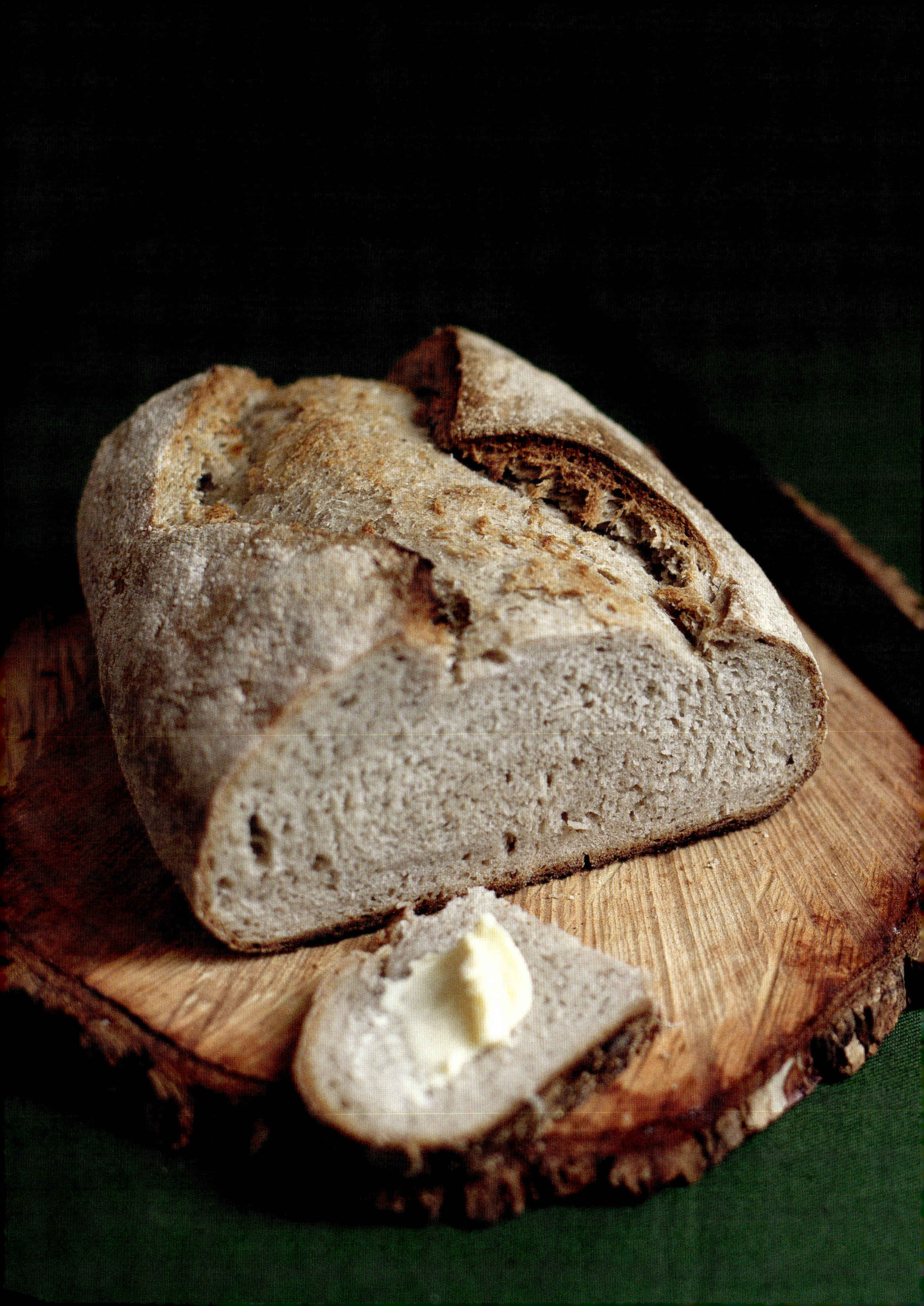

## Primeira fermentação

O tempo médio para que nossa massa cresça é entre 5 e 6 horas. Pode até acontecer de ela dobrar de tamanho antes, caso o dia esteja muito quente (ou caso você more em regiões de muito calor). No frio, pode demorar mais.

1. Você foi paciente (o que fez? Trabalhou? Dormiu?) e esperou as horas regulamentares? Então, vamos manipular a massa numa pia, numa bancada — numa superfície adequada, coberta por farinha. Use não apenas a farinha de trigo, mas também um pouco da farinha de mandioca, para o acabamento externo. Comprima a massa, espalhe-a, para que fique achatada, no formato de um retângulo.

2. Aí, você vai modelar o seu futuro pão. Vai fazer dobras na massa. Comece das bordas para o centro. Primeiro um lado, depois rebata do outro, até que as duas partes se encontrem no meio. Preste especial atenção ao fechamento da emenda, para que o pão não abra por baixo. Dê à massa um formato alongado, mais para o oval.

3. Pegue uma porção extra de farinha de mandioca. Vamos então usá-la para envolver a massa, por todos os lados. Isso dará um bom acabamento, além de realçar as notas típicas da mandioca.

4. Vamos deixar o pão repousar, mais uma vez, já na assadeira. Se você estiver usando uma antiaderente, fica mais fácil. Mas, se não estiver, forre a assadeira com uma camada generosa de farinha, para que não grude no fundo. Ajeite o pão e cubra-o com aquele mesmo pano que estava sendo usado.

## Segunda fermentação

Agora o pão precisa apenas de um lugar tranquilo, para se desenvolver por 1h30, ou até 2 horas (se estiver calor, por 1 hora).

1. Preaqueça o forno a 220 °C (temperatura alta), meia hora antes de assar o pão.

2. Quando o forno estiver bem quente mesmo, vamos para os últimos procedimentos. Polvilhe o pão, na parte de cima, com um pouco mais de farinha. Com uma faca afiada ou uma navalha, marque um movimento de zigue-zague ao longo do pão. Se quiser, pode tentar fazer o mesmo desenho com uma tesoura, limpa e afiada: faça os picotes descrevendo o mesmo desenho. Vai ficar bonito.

3. Nosso objetivo é obter uma casca bem crocante. Um bom truque é borrifar uma nuvem de água antes de introduzir a assadeira no forno, ou usar outro recurso: colocar uma assadeira com cubos de gelo na parte mais baixa do forno.

4. Conte pelo menos 45 minutos, até que o pão ganhe uma bela cor dourada. É importante lembrar que a farinha de mandioca deixa o interior do pão um pouco úmido. Fique atento e, se precisar, deixe mais tempo no forno.

5. Retire do forno e coloque sobre uma grade (ou grelha) para que esfrie bem.

## COM OU SEM SERRA?

Um pão de fermentação natural, se bem cascudo, se bem assado, não é tão simples de cortar. Exige uma faca boa e longa para fatiar com precisão a crosta crocante e o miolo denso. Eu mesmo já destruí muitas facas ao longo dos anos — várias delas simplesmente não aguentaram o tranco, se desmontaram. Alguns padeiros franceses defendem que o mais elegante, por assim dizer, é cortar esse tipo de pão com facas sem serra, de açougueiro, ou mesmo de cozinheiro. A vantagem, segundo eles, é não produzir os atritos que rachariam a casca e comprometeriam a estrutura do pão. A afirmação tem lá o seu sentido e talvez seja interessante tentar. Caso contrário, vá de faca com serra. Mas, lembre: reforçada.

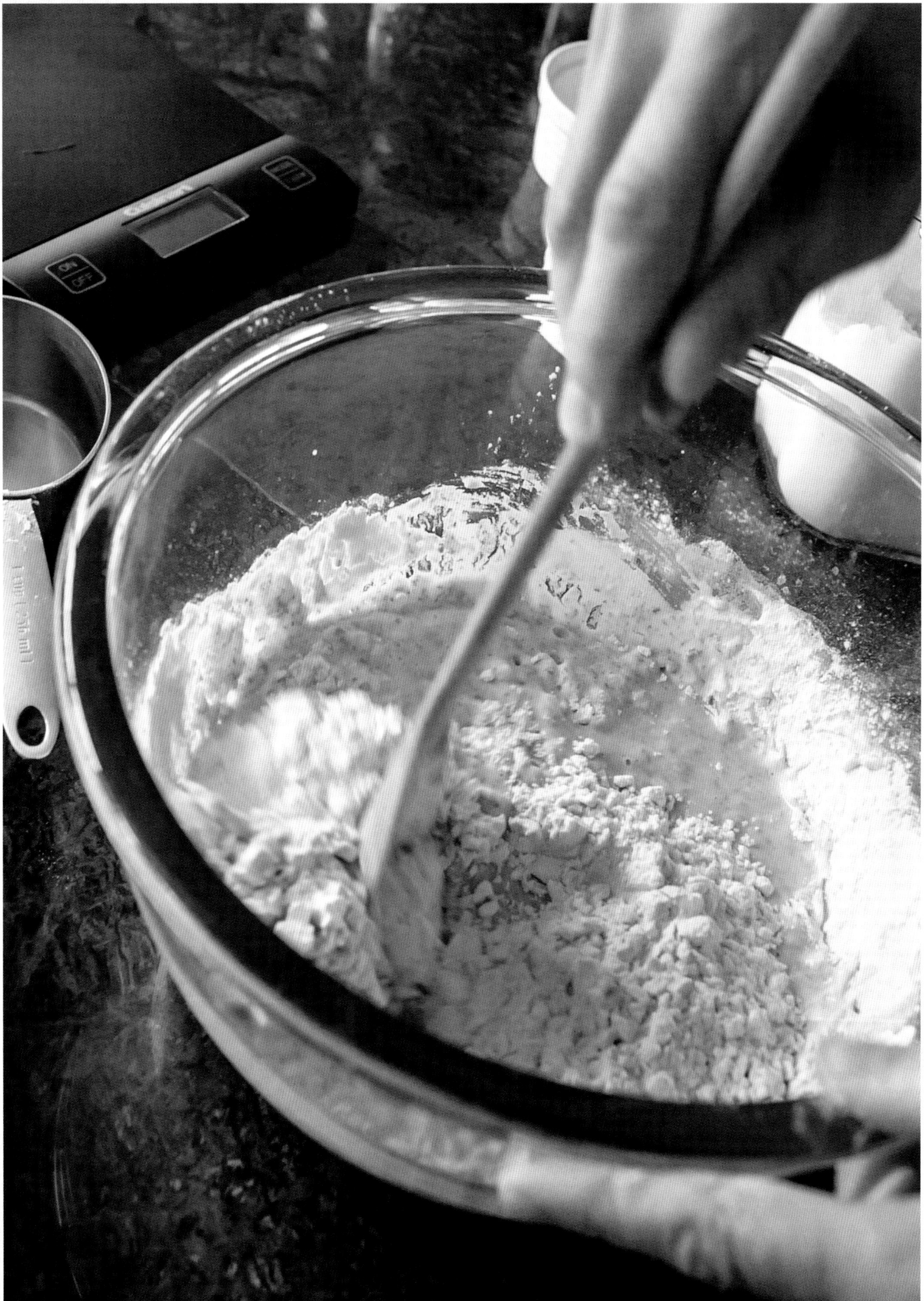

# Mais água

Eu tentava, mas os resultados não eram como eu queria. No início da década passada, eu fazia pães usando fermento biológico fresco. Variava receitas, me esmerava na sova, investigava truques para potencializar meu forno. Mas os filões eram apenas razoáveis – a família gostava, é verdade, mas eu me sentia insatisfeito. Eu queria casca que fizesse barulho, alvéolos de verdade, complexidade. Era ótimo pesquisar, sovar, sonhar. Porém, logo ao tirar a assadeira do forno, tinha certeza de que ainda não era aquilo. Estava se desenvolvendo, entre mim e os pães, uma relação que parecia fadada a ser uma eterna frustração de expectativas.

Eu sabia remotamente sobre o processo natural, ouvia histórias sobre levains ditos antiquíssimos; provava pães excelentes em eventuais viagens; lia algumas coisas. Até que vi a possibilidade de fazer em casa o tal do fermento vivo. Não teria ido adiante e começado uma pesquisa para valer se não fosse por um texto do escritor americano Jeffrey Steingarten, crítico da *Vogue*. O ensaio se chamava "O pão primevo", e fazia parte do livro *O homem que comeu de tudo*. Era o que eu queria fazer: investigar, testar, provar, chegar à perfeição. Havia ali uma sugestão de método. E um caminho para fazer meu próprio levain. Steingarten se tornou um ídolo — e, naquela época, eu ainda não sabia que acabaria escrevendo sobre comida.

Um bom tempo depois, em 2009, já trabalhando como um jornalista da área gastronômica, pude ser um dos anfitriões de Steingarten no evento Paladar — Cozinha do Brasil. Ele veio para assistir às aulas dos chefs brasileiros, conhecer produtos locais e restaurantes. Estava ali, hospedado no Grand Hyatt, e eu tive a cara de pau de preparar um pão e levar para ele.

Anos antes, eu tinha conseguido fazer alguns pains au levain seguindo os passos de "O pão primevo". O fermento nascia e morria... Até que, em 2007, eu acertei a mão em meu próprio levain, baseado num método francês bastante prático (muitos dos princípios, eu uso nas receitas deste livro). Bem ou mal, eu já tinha um histórico mínimo de panificação. E queria mostrar minha gratidão.

Executei minha receita mais usual, com levain, água, sal e farinha (naquela época, eu usava metade branca, metade integral, o que não faço mais, como vocês vão ver). Fiz uns dois ou três, até que chegasse a um mais bonito, mais bem levedado. Embrulhei em papel e pedi no hotel para que entregassem no quarto dele. No dia seguinte, conversamos por telefone. Falamos algumas coisas sobre restaurantes, sobre como seria o último dia dele em São Paulo. Nenhuma menção. Até que eu não resisti: "Você recebeu meu pão?". "Recebi. Obrigado". E foi só, ele não comentou mais nada. Voltou para Nova York e a vida seguiu. Esqueci do assunto.

Meses depois, reencontrei Jeffrey Steingarten no Maní. Ele havia voltado e estava fazendo um perfil sobre a chef Helena Rizzo. Conversamos, falamos de comida e, depois, de mais comida, e por aí fomos. Até que perguntei, sem muitos preâmbulos: "Sabe aquele pão que eu deixei para você? O que você achou?". Ele demorou alguns segundos para responder, provavelmente tentando lembrar do que se tratava. Mas não se esquivou. "Gostei do sabor. Mas você deve colocar mais água. E fazê-lo maior, mais alto. Quanto de água está usando?" Expliquei que mantinha entre 50% e 60% da quantidade de farinha. Para 1 kg de trigo, portanto, entre 500 ml e 600 ml do líquido. "Use mais água, então". E passamos a falar de ingredientes, restaurantes...

Levou mais de quatro meses para que eu recebesse a resposta, mas valeu a pena. Era um conselho tão bom quanto — só hoje eu vejo — elementar. Passei então a trabalhar com uma massa mais hidratada, perto dos 70%. Fui testando, adaptando. As receitas de pain au levain deste livro têm como base 67% de água. Ficaram bem melhores. Posso dizer, anos depois de ter começado, que são as mais satisfatórias que já fiz. Obrigado, Jeffrey.

## Pasta doce de castanha-do-Brasil

Rende 1 pote de geleia de 350 ml

*A castanha-do-Brasil é praticamente uma unanimidade. Pelo sabor personalíssimo, pela versatilidade, pelas propriedades nutricionais (dá-lhe selênio!)... Algo quase inversamente proporcional às controvérsias que envolvem seu nome. Muitos ainda a chamam "do Pará"; na região Norte, tem gente que se refere a ela como "do Acre". Já peruanos e bolivianos, que também compartilham da Amazônia, ficam injuriados com a denominação internacional vigente, brazilian nut. Polêmicas à parte, e aproveitando o potencial globalizante do ingrediente, por que não se inspirar nas avelãs (alguém aí pensou em Nutella?) e preparar uma pasta doce, leve e rústica? Sirva-a com pão de mandioca e geleia de jabuticaba, passe um cafezinho (servido na caneca) e aproveite os sabores do país.*

40 minutos

### Ingredientes

| | |
|---|---|
| 1 xícara (chá) / 150 g | castanha-do-Brasil |
| 1 colher (sopa) / 16 ml | óleo vegetal (como canola ou milho) |
| 2 colheres (sopa) / 30 ml | mel |
| 1 pitada | sal |

### Modo de preparo

1. Preaqueça o forno a 180 °C (temperatura média) por 15 minutos.

2. Numa assadeira média, espalhe bem as castanhas e leve ao forno até que fiquem torradas (cerca de 10 minutos). Retire do forno e da assadeira (você pode espalhá-las sobre uma bancada previamente limpa, por exemplo, ou sobre um tabuleiro) para não queimar e deixe esfriar.

3. Coloque as castanhas em um pilão e soque-as, até formar uma pasta seca. Junte o óleo, o mel, a pitada de sal e macere um pouco mais. Se preferir, bata todos os ingredientes no processador de alimentos.

4. Transfira a pasta para um pote de vidro esterilizado e com tampa e sirva como acompanhamento para pães.

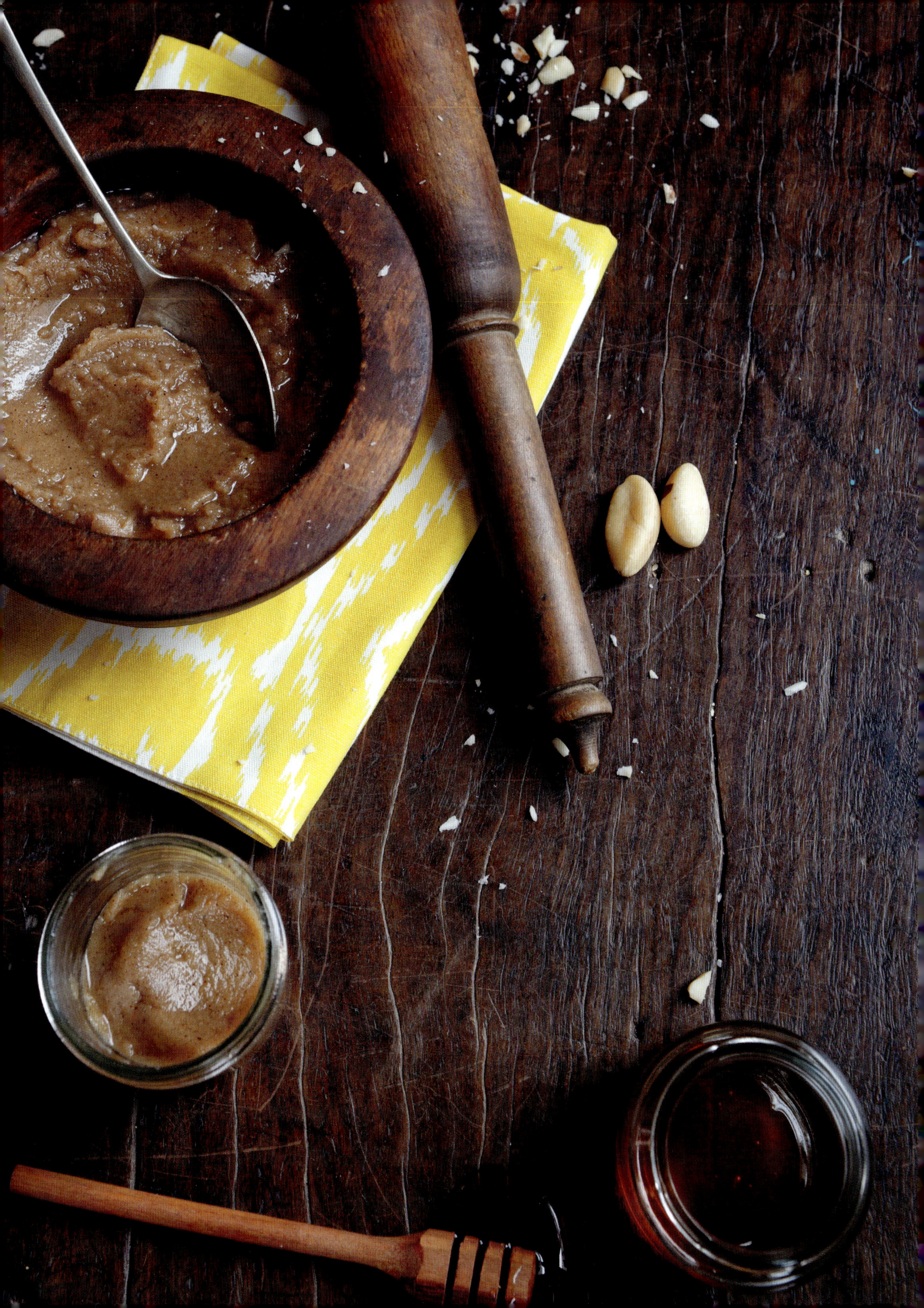

## Pão de Semolina
### Rende 1 pão de cerca de 1 kg

*Mais comum e abundante na Itália, o trigo de grão duro é um ingrediente essencial para muitas massas (as secas, especialmente) e vários outros itens da panificação e da doçaria daquele país. Mas é também a base de um pão muito gostoso, cuja fórmula eu adaptei para o nosso fermento. Diferente na granulometria, na cor (mais amarelada) e no teor mais alto de glúten, a farinha de grão duro produz um pão de interior denso, mas sem ser pesado, e bastante perfumado. É um pão para quem gosta de miolo, digamos assim, e que clama naturalmente por uma bela porção de manteiga.*

30 MINUTOS PARA A MANIPULAÇÃO • 4 A 6 HORAS PARA O LEVAIN, O NOSSO FERMENTO NATURAL
6 A 8 HORAS PARA A FERMENTAÇÃO • 45 MINUTOS PARA ASSAR

### Ingredientes

| | |
|---|---|
| 3 1/3 DE XÍCARA (CHÁ) / 600 g | FARINHA DE TRIGO DE GRÃO DURO (SEMOLINA DE GRANO DURO) |
| 1 2/3 DE XÍCARA (CHÁ) / 400 ml | ÁGUA |
| 3/4 DE XÍCARA (CHÁ) / 200 g | NOSSO FERMENTO NATURAL (LEVAIN) REFRESCADO |
| 2 COLHERES (CHÁ) / 12 g | SAL |

### Modo de preparo

1. Vamos juntar todos os ingredientes numa tigela, mas mantendo aquela conhecida ordem: primeiro colocamos o fermento natural, depois a água e, em seguida, a farinha, aos poucos. Vá mexendo com uma colher de pau. O sal? Já vai entrar.

2. Assim que toda a farinha estiver distribuída, comece a adicionar o sal em pitadas. Continue misturando. Agora, passe a trabalhar a massa com as mãos. Se preferir, faça essa etapa numa bancada (eu, particularmente, gosto de sovar na tigela). Afunde, recolha, aperte, dobre a massa sobre ela mesma. Crie um padrão de movimento. Não desperdice os pedaços de farinha e fermento que estiverem soltos: agregue-os à massa. A sova vigorosa, além de ser um exercício que, digamos, abre o apetite, também é fundamental para obtermos uma massa macia e homogênea. É essa energia que colocamos que atua na formação do glúten, que confere a estrutura ao pão.

3. Note que a farinha de grão duro parece grudar menos. De fato, ela deixa a massa aparentemente mais seca. Não ponha mais água e evite jogar mais farinha. Um pão bem hidratado pode ser mais complicado de amassar, mas será mais leve e mais aerado. Mantenha o ritmo da sova por, pelo menos, 5 minutos. Se conseguir mais tempo, tanto melhor.

4. Modele a massa em forma de bola, salpique-a com uma finíssima camada de farinha branca. Deixe-a crescer por algumas horas. Volte à tigela; caso esteja trabalhando na bancada, cubra com um pano e coloque num local reservado.

### Primeira fermentação

O processo é lento, e é assim que deve ser. Num dia de muito calor, a massa pode crescer em 4 horas. Mas o tempo mais provável é de 6 horas. No inverno, pode demorar um pouco mais. Aguarde: o fermento sabe o que faz.

1. Depois da primeira fermentação, é hora de preparar uma superfície de trabalho. Uma bancada, uma mesa... Polvilhe farinha, para não grudar, e despeje a massa. Você vai apalpá-la, aplainá-la, vai sentir que sua textura interna parece — e está mesmo — aerada. Aperte-a, formando uma espécie de retângulo.

2. Para modelar o seu pão, comece das bordas para o centro. Dobre de um lado, depois do outro. Repita isso duas ou três vezes, até que as duas laterais se encontrem no centro. A emenda deve ficar muito bem vedada (é a parte que ficará na base do pão). Modele a massa, de modo que fique alongada, mas num formato ovalado.

3. Pegue uma porção extra de farinha de grão duro. Vamos então usá-la para envolver a massa. Vai ficar bonito e vai dar uma textura interessante na hora da mordida.

4. Agora é a assadeira que precisa ser preparada. A propósito, ela é antiaderente? Se não for, forre-a polvilhando com uma boa camada de farinha, para que não grude na hora de assar. Acomode o pão no centro da assadeira, ele vai crescer mais um pouco. Cubra com um pano.

## Segunda fermentação

Para crescer, o pão precisa de 1h30, ou até 2 horas. Num dia quente, 1 hora basta.

1. Preaqueça o forno a 220 °C (temperatura alta) por 30 minutos antes de colocar para assar.

2. Com o forno bem aquecido, faça a preparação final. Vou propor um corte diferente, que ficará bonito com o pão de semolina. Em francês, ele é conhecido como *feuille* (folha), com ranhuras dos dois lados. Primeiro, polvilhe farinha na parte de cima do pão, uma camada fina, mas bem distribuída. Com uma faca afiada ou uma navalha, faça incisões em uma das laterais do pão. Uns oito talhos paralelos de cerca de 5 cm, na diagonal. Agora, faça a mesma coisa na outra lateral. Repare que uma faixa central, por cima do pão, ficará preservada, sem corte.

3. Para melhorar a umidade dentro do forno, o que deixa a casca mais crocante, borrife um pouco de água sobre o pão. Ou coloque cubos de gelo numa outra assadeira, acomodando-a na grade mais baixa do forno.

4. Coloque para assar, deixe por pelo menos 45 minutos, até que fique bem dourado. Como já sabemos, a temperatura dentro do forno doméstico nunca é igual em todos os lados. Então, vire a assadeira depois de 30 minutos.

5. Quando tirar do forno, deixe pelo menos 1 hora, ou mais, sobre uma grade (ou grelha) para que esfrie bem. Se a sua "folha" ficou bonita, vai dar até pena de cortar (que nada: tire uma foto, devore-a e faça outro pão).

## OXIGÊNIO É BOM E O PÃO GOSTA

Nos movimentos de sova, um dos gestos mais importantes é o de dobrar a massa sobre ela mesma. Tem uma razão de ser: além da criação das cadeias de glúten pela ação mecânica, permite incorporar o ar para dentro da massa, que ajuda no processo de oxigenação do pão. Isso auxilia a desenvolver uma massa bem estruturada, capaz de produzir um interior leve e aerado.

NESTE CAPÍTULO

| | |
|---|---|
| **Pão de figos e damascos secos** ........................... | 82 |
| **Pão de nozes** ............................................................ | 84 |
| **Rillettes** ................................................................. | 87 |
| **Pão de azeitonas** .................................................... | 89 |
| *As mãos sujas* ........................................................... | 93 |

## PÃES ENRIQUECIDOS

Vamos entrar num outro território. Não no que diz respeito a fermentação, tempo e modelagem. Os princípios, basicamente, são os mesmos que temos usado até agora. Mas vamos trabalhar com outras possibilidades de textura e com outros aportes de sabor. São pães que vão além das farinhas. Defini-los como recheados talvez não seja muito preciso. Então, prefiro chamá-los de enriquecidos.

Temos aqui receitas bem diferentes, das quais eu gosto muito. São boas de morder, fartas, complexas. São quase, por si só, uma refeição completa, mas que principalmente combinam muito bem tanto com a rillette artesanal como com uma bela seleção de queijos.

Com o tempo, com a experiência, você vai poder pensar em outras opções para enriquecer o seu pão, conforme o seu gosto pessoal e o seu apetite por aventuras culinárias. Ainda que eu sempre recomende liberdade criativa, lembre-se de que nem tudo combina com tudo. E que um conhecimento básico de ingredientes e, principalmente, de proporção, também são importantes. Assim, não esqueça: pães de recheio ralinho, quase rarefeito, não são bons; por outro lado, quando a fartura é excessiva, também não funciona.

## Pão de figos e damascos secos

Rende 1 pão de cerca de 1 kg

*A*o longo deste livro, tenho feito toda uma pregação sobre paciência, respeito ao tempo, força de vontade — inclusive para esperar o pão esfriar antes de tirar a primeira fatia. Mas confesso que tenho dificuldade em me conter no caso desta receita: cortá-la ainda quente, com os figos e damascos quase derretendo, como uma compota, é uma experiência maravilhosa. Pela doçura característica, em contraponto com a casca espessa e bem tostada do pão de fermentação natural, é um dos meu preferidos para comer com café, com chá e outras infusões.

30 MINUTOS PARA A MANIPULAÇÃO • 4 A 6 HORAS PARA O LEVAIN, O NOSSO FERMENTO NATURAL
6 A 8 HORAS PARA A FERMENTAÇÃO • 40 MINUTOS PARA ASSAR

### Ingredientes

| | |
|---|---|
| 3 xícaras (chá) / 420 g | FARINHA DE TRIGO |
| 1 xícara (chá) e 2 colheres (sopa) / 180 g | FARINHA INTEGRAL |
| 1 ²⁄₃ de xícara (chá) / 400 g | ÁGUA |
| ¾ de xícara (chá) / 200 g | NOSSO FERMENTO NATURAL (LEVAIN) REFRESCADO |
| 2 colheres (chá) / 12 g | SAL |
| 4 ou 5 / 50 g | FIGOS SECOS |
| 6 ou 7 / 50 g | DAMASCOS |

### Modo de preparo

1. Num recipiente à parte, junte as farinhas, só para que fiquem bem misturadas. Em outra tigela, comece a agregar todos os ingredientes, menos o sal e as frutas secas, começando pelo fermento natural, depois a água. Adicione as farinhas, sempre mexendo com uma colher de pau.

2. Comece a sovar à mão. Acrescente o sal em pitadas, enquanto segue trabalhando a massa. Valha-se do formato da tigela a seu favor: afunde a mão, incorpore a farinha e os fragmentos que estão no fundo, agregue, aperte, dobre a massa sobre si mesma. Use o peso do corpo, tomando cuidado com a empolgação. Sovar de forma vigorosa cansa, mas é fundamental para a formação do glúten, responsável pela estrutura do pão.

3. Se você preferir, faça a sova na bancada, fora da tigela. Mas evite colocar muita farinha. Quanto mais hidratada ela estiver, melhor será para a qualidade do pão, especialmente no quesito leveza. Polvilhe apenas para a massa não grudar na bancada. Dentro ou fora da tigela, dedique-se à sova por, pelo menos, 5 minutos, observando as transformações na massa — é o momento em você, digamos, dialoga com o seu futuro pão. Com 10 minutos, fica melhor ainda.

4. Modele a massa em forma de bola, cubra-a com um pouco de farinha branca. Proteja com um pano limpo e acomode na tigela num local tranquilo. A espera será longa. Sobre as frutas secas: elas vão entrar na hora da modelagem. Será melhor que não fermentem junto com a massa, desde o início.

## Primeira fermentação

Num dia de verão, talvez a massa cresça em 4 horas (o mais usual é entre 5 e 6 horas). E lembre que você está livre nesse período, a menos que queira ficar vigiando a sua massa.

1. Antes de começar a trabalhar a massa, separe os figos e os damascos. Gosto de parti-los em tiras grossas, como um dedo, e distribuí-los pela massa, aleatoriamente, para que cada pedaço, cada mordida, tenha sabor e texturas diferentes.

2. Você vai manipular a massa numa superfície limpa e lisa, como uma pedra de pia, uma mesa, uma bancada, uma tábua de trabalho… Coloque um pouco de farinha, para grudar menos. Achate a massa, num formato quase de retângulo. Nesse ponto, você vai começar a inserir as frutas, enquanto modela a massa. A ideia é ir dobrando as duas laterais, até que elas se encontrem no centro. E, à medida que você vai dobrando, vai polvilhando as frutas secas. Faça primeiro de um lado, rebata do outro, acrescente os figos e os damascos, pouco a pouco, até que as duas bandas da massa se encontrem no meio. Tenha atenção com a distribuição das frutas, para deixar o pão mais equilibrado.

3. Feche bem essa emenda central que se formou. Vire a massa para que a emenda fique na parte de baixo do pão. Modele a massa num formato alongado, mas mais para o oval.

4. Polvilhe uma assadeira antiaderente com um pouco de farinha. Ajeite o pão bem no centro, pois ele precisa de mais espaço para crescer. Cubra com aquele mesmo pano e aguarde mais um pouco.

## Segunda fermentação

Marque no relógio: a massa vai crescer por 1h30 (se estiver calor, por 1 hora).

1. Ligue o forno a 220 ºC (temperatura alta), 30 minutos antes do segundo descanso terminar.

2. Com o forno bem quente, prepare o pão para entrar no forno. Proponho um corte em zigue-zague. Com uma faca afiada ou uma navalha, faça uns 6 ou 7 talhos com cerca de 4 cm, de ponta a ponta. Ou use uma tesoura: basta dar os picotes descrevendo o mesmo desenho.

3. Borrife com uma leve nuvem d'água ou coloque uma assadeira com cubos de gelo na parte mais baixa do forno.

4. Vamos assar por pelo menos 45 minutos, para que o pão pegue uma bela coloração e fique crocante. O calor dentro do forno doméstico nunca é igual em todos os lados: mude a posição da assadeira depois de meia hora.

5. Ao tirar do forno, transfira o pão para esfriar sobre uma grade (ou grelha). Mas desta vez, como já comentei no início da receita, eu vou me contradizer. Vale a pena provar esse pão ainda levemente quente…

### UMIDADE NO FORNO

Como já falamos aqui, o vapor d'água ajuda na formação da casca do pão, deixando-a mais viçosa, mais crocante. O vapor também contribui para o crescimento final do pão: o exterior fica um pouco mais flexível, ajudando a expansão dentro do forno. Se não temos um forno a lenha com nicho especial para inserir um balde — como os franceses tradicionais — nem um moderno forno combinado, com controle de nebulização, o melhor é tentar ser criativo. Posso afirmar, no entanto, que, das alternativas domésticas, a melhor é usar o borrifador de água, ainda que a assadeira com gelo também funcione bem.

## PÃO DE NOZES

Rende 2 pães de cerca de 500 g (ou 1 pão de 1 kg)

*P*or algum motivo especial, uma das perguntas que eu mais ouço, sempre que comento minha dedicação aos pães artesanais, é: "E pão de nozes, você faz?". A explicação, imagino, vem por um lado pelo fato de esta receita ser de agrado geral. Mas também por muita gente imaginar que se trata de algo difícil. E prepará-lo não tem muito segredo. O pão de nozes é um clássico que, a meu ver, funciona bem na quantidade sugerida aqui: com nozes entre ¹⁄₆ e ¹⁄₅ do peso total em farinha. E, em vez de produzir um pão só, mais graúdo, faremos dois, menores. Imagino que você deva estar com uma pergunta na ponta da língua, e eu já respondo: sim, pode fazer um pão só, de cerca de 1 kg. Mas vamos começar produzindo dois. Fica simpático, garanto. O pão de nozes até melhora no dia seguinte, fatiado e tostado, quando suas notas típicas ficam ainda mais destacadas. Não importa o tamanho do filão: em geral, não sobra nada.

30 MINUTOS PARA A MANIPULAÇÃO • 4 A 6 HORAS PARA O LEVAIN, O NOSSO FERMENTO NATURAL
6 A 8 HORAS PARA A FERMENTAÇÃO • 40 MINUTOS PARA ASSAR

### Ingredientes para a biga

| | |
|---|---|
| 3 xícaras (chá) / 420 g | FARINHA DE TRIGO |
| 1 xícara (chá) e 2 colheres (sopa) / 180 g | FARINHA DE TRIGO INTEGRAL |
| 1 ²⁄₃ de xícara (chá) / 400 ml | ÁGUA |
| ¾ de xícara (chá) / 200 g | NOSSO FERMENTO NATURAL (LEVAIN) REFRESCADO |
| 2 colheres (chá) / 12 g | SAL |
| 1 ¹⁄₃ de xícara (chá) / 120 g | NOZES (SEM CASCA) |

### Modo de preparo

1. Misture as farinhas numa tigela. Em outra, maior, comece a agregar todos os ingredientes, menos o sal e as nozes. Ou seja, junte o fermento natural, a água e as farinhas — vá mexendo, com uma colher de pau.

2. Terminando de colocar a farinha, comece a trabalhar com as mãos — a esquerda segura a tigela, a direita amassa. Junte o sal gradualmente, em pitadas. Você tem treinado a sova? Já pegou o jeito, calibrou a força? Comece apertando a massa, achatando-a e depois dobrando-a sobre ela mesma. Depois, afunde a mão e revire a massa, criando um padrão de movimentos.

3. Essa massa pode ficar um tanto pegajosa, incomoda, então faça o seguinte: guarde um pouquinho da farinha prevista na receita só para o momento de manipular. Adicione aos poucos, para grudar menos. Mas não coloque farinha extra. Quanto mais hidratado for o pão, mais leve ele será. Outro passo importante é a sova: não tenha preguiça, se quiser uma massa lisa, uniforme. Trabalhe por 5 minutos, pelo menos; se forem 10, melhor ainda.

4. Depois de trabalhar bem a massa, modele-a em forma de bola. Cubra sua superfície com uma camada de farinha, proteja com um pano e deixe num local tranquilo, onde ela possa levedar. Ah, sim, e as nozes? Calma, elas não foram esquecidas. Vão entrar no momento da modelagem. Na minha opinião, agregá-las no início, logo na primeira fermentação, pode aumentar o amargor da massa.

## FERMENTAÇÃO NA GELADEIRA

O processo de fermentação natural é lento e pode ser complicado conciliar a produção de padeiro amador com nossos horários normais - de trabalho, de sono etc. Eu mesmo já me peguei (e me pego...) acordando de madrugada várias vezes, para modelar o pão ou fazer outras coisas. Há um recurso que pode ser muito útil em certas ocasiões. Por exemplo: num dia de calor, você preparou a massa às 23h, para assar no dia seguinte. Sabe, porém, que ela crescerá mais rapidamente, quem sabe dentro de 4 horas, e talvez não seja bom deixar a modelagem para as 7 horas da manhã. O que se pode fazer? Cobrir a tigela com um pano e, antes de dormir, colocá-la na geladeira. A temperatura mais baixa vai desacelerar a fermentação, impedindo que ela passe do ponto. Aí, você acorda cedo (não tem jeito; mas é melhor do que no meio da noite), deixa a massa voltar à temperatura ambiente e realiza a modelagem. Experimente.

## Primeira fermentação

Vamos aguardar 5 ou 6 horas para que a massa cresça. Menos tempo que isso, só se estiver muito calor — em contrapartida, no inverno, pode demorar um pouco mais. Na ansiedade da espera, resta arrumar alguma coisa para fazer. E, vez por outra, simplesmente dar uma espiadinha.

1. Antes de começar a trabalhar a massa, separe as nozes. Mantenha alguns pedaços mais graúdos, quebre outros em fragmentos menores e divida o total em duas porções, pois faremos dois pães. Vamos espalhá-los de forma mais ou menos equânime.

2. Pegue a massa já crescida e fermentada, e divida-a em dois pedaços iguais (nessas horas, ter balança ajuda). Você vai trabalhar as duas porções numa superfície limpa e lisa, apenas polvilhada com farinha para não grudar. Molde um pedaço de cada vez, apertando e espalhando sobre a superfície. Simultaneamente, enquanto abre a massa, você vai adicionar uma porção das nozes. Uma metade para cada pedaço de massa.

3. Para modelar o pão, depois de abrir um retângulo com as mãos, comece a fazer pequenas dobras em duas laterais, um pouco de cada vez, até que elas se encontrem no centro. Feche bem a emenda e vire o pão para deixá-la na parte de baixo. Se achar interessante colocar alguns pedaços de nozes para que fiquem rusticamente encaixados no exterior do pão, espete-os para que não se soltem. Deixe a massa num formato oval, porém mais longo, que vai combinar com um corte que vários padeiros franceses gostam de usar: o zigue-zague. O nome já sugere o desenho, não? Mais para frente na receita eu explico a técnica. Repita a mesma operação com a outra metade da massa (e das nozes).

4. Prepare uma assadeira grande, de preferência antiaderente, polvilhando com uma boa camada de farinha, para que o pão não grude na hora de assar. Se a sua assadeira não for grande, use duas para não correr o risco de uma massa grudar na outra, já que ainda vão crescer mais um pouco. Cubra com um pano.

## Segunda fermentação

Deixe num lugar seguro para que ele cresça por 1h30, até 2 horas (se estiver calor, por 1 hora).

1. Ligue o forno na temperatura alta, a 220 ºC. Preaqueça por meia hora.

2. Com o forno bem quente, é hora de dar o acabamento. Com uma faca afiada ou uma navalha, marque um movimento de zigue-zague ao longo do pão. Dúvidas? Então, trace mentalmente o corte, antes de tentar as primeiras incisões (cada uma, com 4 cm ou 5 cm). Se quiser, pode tentar obter esse efeito com uma tesoura, limpa e afiada: é só fazer os picotes descrevendo o mesmo desenho. Vai ficar bonito. O da foto, por exemplo, eu fiz com tesoura: os talhos ficam mais curtos e profundos.

3. Antes de levar para assar, borrife com água, para deixar a casca mais crocante.

4. Leve ao forno para assar por 35 a 40 minutos, até que fique bem dourado — como convém a um bom pão. É um desperdício, principalmente no caso desta receita, tirá-lo ainda clarinho, sem as notas tostadas que são tão agradáveis. No entanto, como estamos assando duas porções menores, cuidado para não queimar. Para pães de 1 kg, como você já viu, o tempo recomendado é de 45 minutos.

5. Retire do forno e deixe sobre uma grade (ou grelha) para que esfrie bem.

# Rillettes

### Serve 12 porções

*Chame do que quiser, entrada, antepasto, repasto. O fato é que a rillette suína é um dos pratos mais generosos da cozinha rústica francesa, uma louvação às cocções lentas e à paciência de esperar pelo momento certo de comer. Imagine só: você deixa um monte de carne de porco cozinhando por um longo tempo, até que ela se desfaça. Depois, armazena na geladeira por dias, até que todo o sabor se concentre. Já que a receita demanda horas de panela (e alguns dias de espera), comece num fim de semana, para servir só no sábado seguinte.*

4 A 5 HORAS ENTRE MANIPULAR E COZINHAR • 72 HORAS NA GELADEIRA

## Ingredientes

| | |
|---|---|
| 1 ½ kg | CARNES VARIADAS DE PORCO: PERNIL, LOMBO, BARRIGA, PALETA |
| 6 XÍCARAS (CHÁ) / 1,5 LITRO | ÁGUA |
| 1 UNIDADE | BUQUÊ GARNI: LOURO, TOMILHO, SALSA |
| 2 COLHERES (CHÁ) | SAL |
| 1 COLHER (CHÁ) | PIMENTA-DO-REINO MOÍDA NA HORA |
| 250 g | BACON DEFUMADO FATIADO (TIRAS LONGAS E DE ESPESSURA FINA) |

## Modo de preparo

1. Corte as carnes em cubos grandes de cerca de 4 cm. Transfira para uma tigela e tempere com sal e pimenta-do-reino, misturando bem.

2. Prepare um buquê garni: amarre a folha de louro e os ramos de salsa e tomilho com um barbante (ele será retirado no final da cocção).

3. Numa panela grande, coloque a água, a carne de porco e o buquê garni. Leve ao fogo e, quando ferver, abaixe. Você tem coisas para ler, tarefas para fazer? Aproveite. Temos de 3 a 5 horas de cozimento pela frente.

4. Mexa de vez em quando, revire os pedaços. A partir da terceira ou quarta hora, os pedaços de porco vão começar a desmanchar. A partir daí, use o garfo, desfaça os cubos no sentido das fibras. Essas "ranhurinhas" de carne são as tais rillettes.

5. Se achar que está secando muito rápido, vá acrescentando água quente, aos pouquinhos. Tenha em mente que, depois de 3 (ou até 5) horas no fogo, a panela deve estar com pouco líquido, e a carne chegando à textura de um patê. Desligue antes de secar, com um fundinho de caldo, e deixe esfriar.

6. Escolha o recipiente onde vai acomodar a rillette: uma terrine, uma fôrma de bolo inglês ou um outro refratário estreito e alto. Mas, antes, forre o fundo com as tiras de bacon. Em seguida, preencha com a carne, até o topo. Por último, acomode mais tiras de bacon por cima, cobrindo por completo. Feche com filme plástico, leve à geladeira e simplesmente... espere.

7. Claro que já dá para comer no dia seguinte. Mas ficará melhor com o passar dos dias: os sabores vão ficando mais concentrados. Em quatro dias, já estará excelente. Em uma semana, perfeito!

8. Não fique provando e salgando a carne na panela: enquanto houver água, ficará a falsa impressão de que está insípido. Deixe para acertar no final.

9. Leve à mesa com *cornichons*, pepininhos em conserva, e fatias de pão torrado – fica ótimo com o pão de nozes e, em especial, com o de figos e damascos secos.

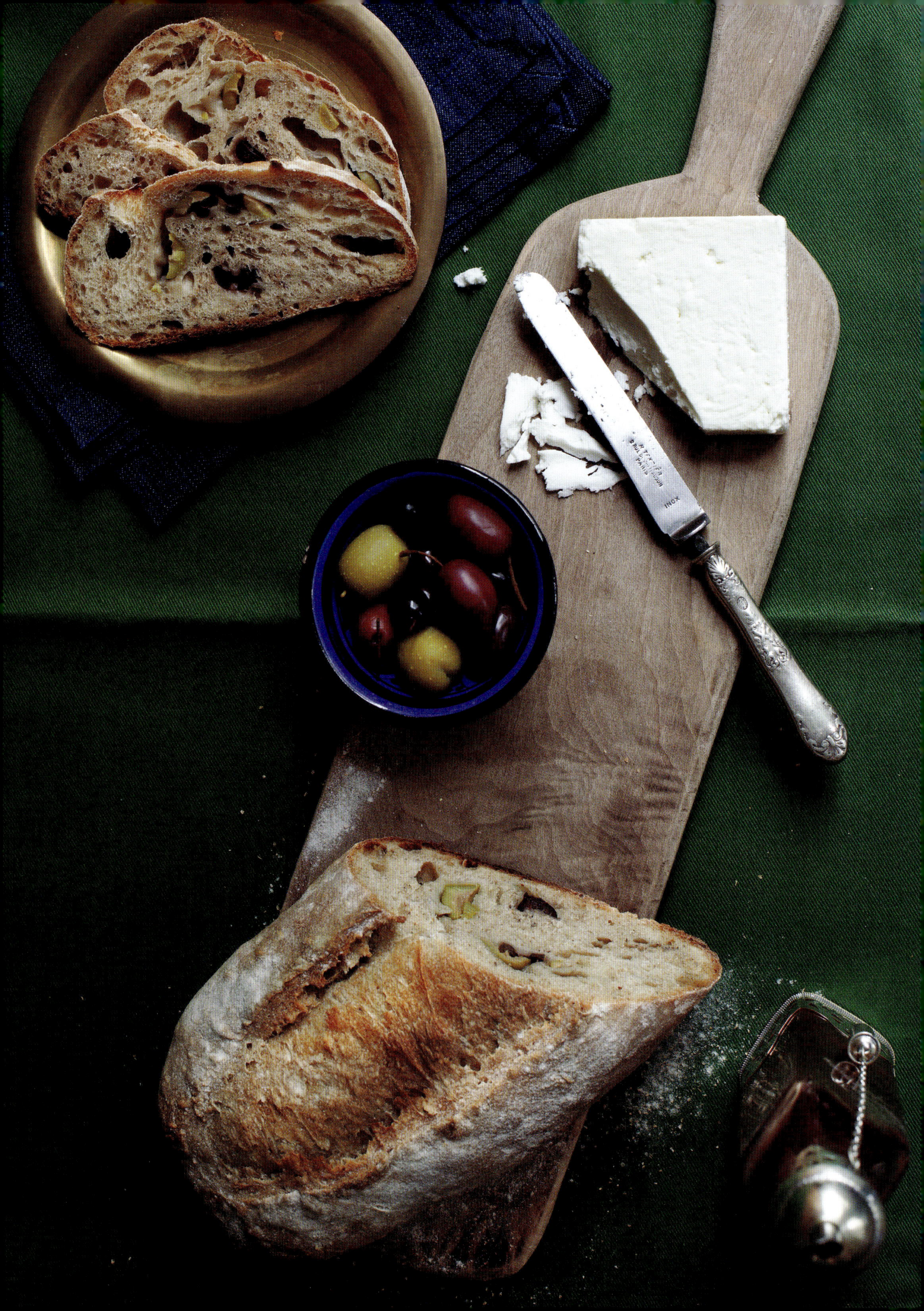

# Pão de azeitonas

### Rende 2 pães de cerca de 500 g (ou 1 pão de 1 kg)

*A* primeira coisa que se deve reparar, nesta receita, é na quantidade de sal. Note que estamos usando bem menos do que o padrão. Pelo simples motivo de que as azeitonas já são um pouco salgadas. Outro aspecto importante: vamos acrescentar as azeitonas só na hora da modelagem final (seu sabor ficaria muito predominante na massa se elas fosse adicionadas já na primeira fermentação). Não esqueça também de se certificar de que todos os caroços foram tirados (nem brinque com isso...), pique em pedaços graúdos. Gosto de usar azeitonas pretas porque elas têm um sabor mais presente, além de mais acidez e amargor, o que faz um belo contraponto com o pão. Mas também incluo as verdes. Sinta-se à vontade para experimentar com outras variedades e misturar tipos diferentes. Cuidado apenas com exageros e invencionices – azeitonas recheadas de anchova, olive ascolane... Lembre: na panificação, é legal ser criativo, mas com equilíbrio e bom senso.

30 minutos para a manipulação • 4 a 6 horas para o levain, o nosso fermento natural
6 a 8 horas para a fermentação • 40 minutos para assar

## Ingredientes

| | |
|---|---|
| 4 ¼ de xícara (chá) / 600 g | FARINHA DE TRIGO |
| 1 ⅔ de xícara (chá) / 400 g | ÁGUA |
| ¾ de xícara (chá) / 200 g | NOSSO FERMENTO NATURAL (LEVAIN) REFRESCADO |
| ½ xícara (chá) / 60 g | AZEITONAS PRETAS SEM CAROÇO |
| ½ xícara (chá) / 60 g | AZEITONAS VERDES SEM CAROÇO |
| 1 colher (chá) / 6 g | SAL |

## Modo de preparo

1. Numa tigela, agregue todos os ingredientes, menos o sal e as azeitonas. Comece com o fermento natural, depois a água (aproveitando para amolecer e dissolver um pouco o fermento). Junte as farinhas, mexendo com uma colher de pau.

2. Quando terminar de colocar a farinha, comece a sovar à mão. Acrescente o sal aos poucos, em pitadas bem espalhadas. Trabalhe a massa apertando-a, achatando-a e depois dobrando-a sobre ela mesma. Experimente os movimentos, até conseguir um ritmo constante. Faça uma sova vigorosa. Isso vai deixar a massa mais homogênea e é importante para que o pão fique bem macio.

3. Não acrescente farinha extra, mesmo se achar a massa muito pegajosa. Isso vai deixar seu pão mais pesado. Encha-se de disposição e sove por, pelo menos, 5, quem sabe 10 minutos. Repare nas transformações da massa: ela vai ficando mais lisa, mais elástica, mais homogênea. A sova pode ser feita dentro ou fora da tigela, na bancada ou na mesa.

4. Raspe os excessos de farinha que grudaram na tigela ou na bancada, agregue tudo muito bem. Faça uma bola, deixe-a na tigela e salpique com farinha branca. Cubra com um pano e deixe descansar, longe do vento e de fontes de calor.

Vamos ver se você estava mesmo prestando atenção: e as azeitonas? Elas vão ser incorporadas na hora da modelagem, para não aportar à massa nem sal, nem amargor em excesso.

## Primeira fermentação

Vamos esperar entre 5 e 6 horas, não tem jeito. Você pode, por exemplo, preparar a massa antes de dormir e retomar os trabalhos de manhã (bem cedo, claro). Em regiões quentes, esse prazo é menor.

1. Antes de mexer na massa, prepare as azeitonas. Lave-as, seque-as, corte-as; podemos ter pedaços menores, outros maiores. E até preservar algumas inteiras, o que dará uma certa dose de surpresa ao recheio. Tem certeza de que não escapou nenhum caroço? Por fim, misture bem e divida as azeitonas em duas porções iguais. Faremos uma dupla de pães. (Se quiser, claro que pode fazer um só, de cerca de 1 kg. Mas comece pelos dois menores, conforme a nossa receita.)

2. Divida a massa, já crescida e fermentada em duas partes iguais. Você vai trabalhá-las, uma de cada vez, numa superfície limpa e lisa. Salpique um pouco de farinha, para que não grude, trabalhe a primeira metade: achate-a, estique-a, formando quase um retângulo. Comece a enrolar, da borda para o centro. Primeiro de um lado, depois de outro, como se estivesse fazendo uma dobradura de papel. Simultaneamente, vá inserindo as azeitonas aos poucos, até usar uma porção. Feche muito bem a emenda e vire o pão para que ela fique na parte de baixo. Deixe a massa num formato alongado, mais para oval. Faça o mesmo com a segunda leva de massa e de azeitonas.

3. Vamos preparar a assadeira? Se for antiaderente, polvilhe com um pouco de farinha. Caso contrário, forre com uma boa camada. Atenção: se você acha que os dois pães cabem com folga dentro dessa assadeira (eles ainda vão crescer), tanto melhor; mas se estiver na dúvida, use duas. Cubra com um pano e deixe descansar.

## Segunda fermentação

Deixe num lugar seguro para que ele cresça, entre 1h30 e 2 horas (se estiver calor, bastará 1 hora).

1. Vamos precisar do forno preaquecido a 220 °C (temperatura alta). Ligue o forno quando faltar meia hora para o fim da segunda fermentação.

2. É a hora de dar a cara final do pão, ou melhor, dos pães. Mais uma vez, vamos variar o corte. Com uma faca afiada ou uma navalha, faça um corte sobre os pães, de ponta a ponta. Eles vão abrir, ficar com um jeito bem rústico — e algumas azeitonas podem ficar bem evidentes.

3. No instante de colocar para assar, borrife com água (é só uma nuvem), o que vai ajudar na formação de uma casca mais crocante.

4. Deixe assar por 35, talvez 40 minutos, até que fiquem bem dourados — não esqueça, estamos trabalhando com dois pães menores, e a cocção é mais rápida (o maior levaria 45 minutos). Como a temperatura dentro do forno doméstico nunca é igual em todos os lados, vire a assadeira depois de meia hora.

5. Retire do forno e deixe sobre uma grade (ou grelha) para que esfriem bem.

## COMBINANDO PÃES E QUEIJOS

Não me considero um radical da cultura das harmonizações, desses que acham que combinação é dogma. Acho que é preciso haver liberdade e respeito à diversidade — já que, no fundo, o que interessa mesmo é promover o casamento dos melhores produtos, sejam eles comidas ou bebidas. É interessante, porém, atentar para a possibilidade de harmonizar pães e queijos, algo que desperta a atenção de alguns experts, especialmente na França. Por exemplo: pães com muitos cereais, multitexturizados, são indicados para queijos frescos, como muçarela de búfala e cottage. Pão de passas, para queijos do tipo azul, como roquefort e gorgonzola. Já pão de azeitonas vai com queijo de cabra. E pães de nozes e de centeio, com exemplares de mais personalidade, como Pont-L'Évêque e Munster. E o brasileiríssimo Serra da Canastra, com qual iria? Vou arriscar uma sugestão: o nosso pão de milho.

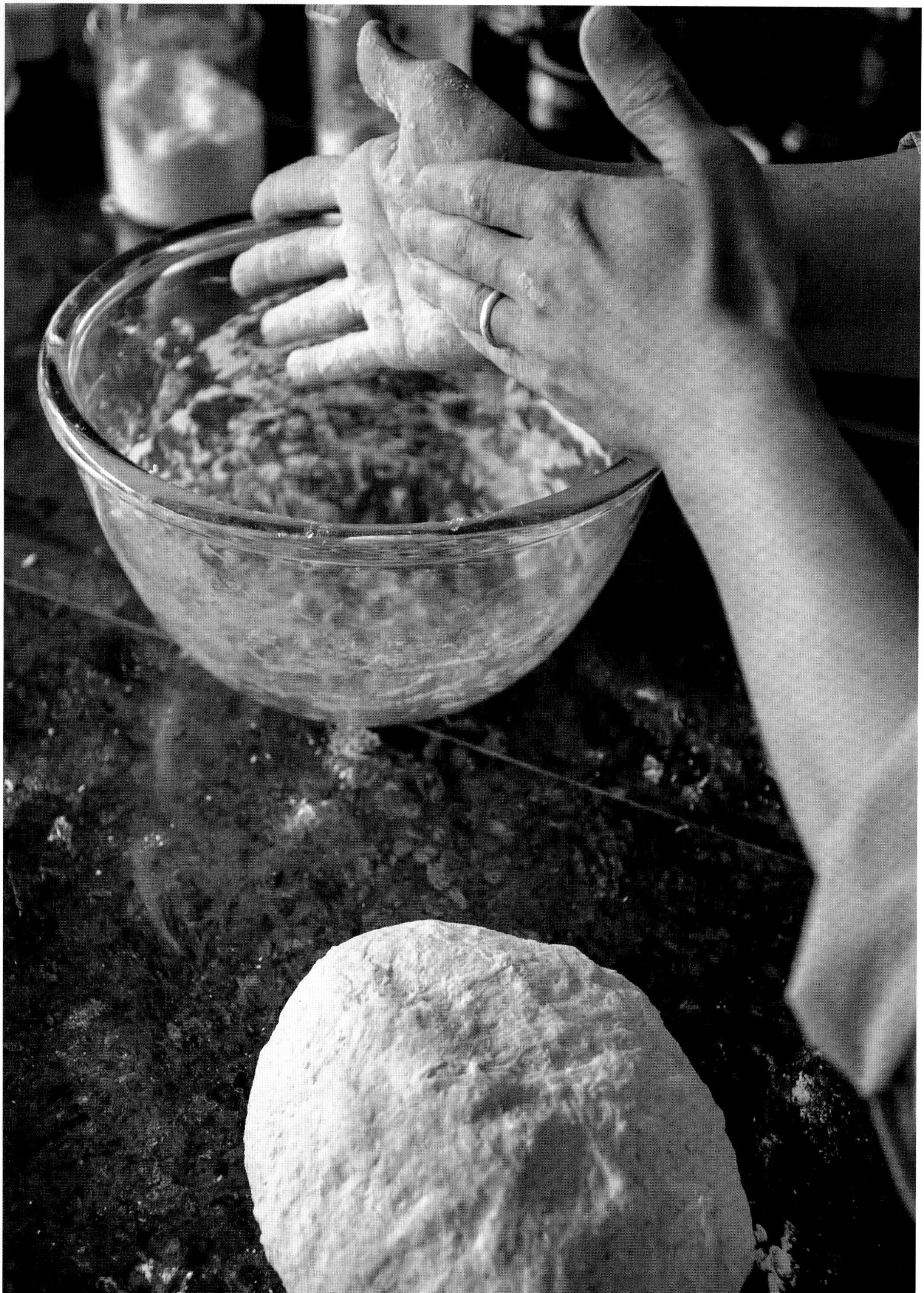

# As mãos sujas

Nos tempos de faculdade, eu nutria um certo fascínio pelo existencialismo — algo bem ao feitio do século XX, e que eu peguei com umas décadas de atraso. Encontrava, ali, alguns alentos para as angústias juvenis, por um lado; e a possibilidade de garantir um discurso com certo charme intelectual, por outro. O tipo de coisa para ser vivida, acredito eu, na idade certa (depois, a gente muda de fase). Eu me interessava por Jean-Paul Sartre, de quem li algumas coisas, ora com mais cuidado, ora sem tanta dedicação. E apreciava principalmente o nome de suas obras. *O muro*, *A idade da razão*, *Entre quatro paredes*, *A náusea*, *O ser e o nada*, *As mãos sujas*. Pareciam importantes, soavam bem.

Do credo existencialista, me entusiasmavam as ideias do tipo "viver o tempo presente" e "moldar o próprio destino". Gostava mais do lado filosófico do que do político — embora os mais radicais não dissociassem muito as duas coisas. E eis que, muito tempo depois, enquanto trabalho neste livro, me pego aqui moldando não a minha história (ao menos, não a com H maiúsculo), mas simplesmente pães. E, vejam só, com as mãos sujas, a maior parte do tempo — de farinha, água e fermento.

O pão de fermentação natural tornou-se o meu existencialismo de mesa de bar, ou melhor, de bancada de cozinha.

Se o mundo é sem sentido e absurdo, resta dar a ele uma forma. Que assim seja: baguette, bola ou batard? Se o futuro não existe, o que nos cabe é construí-lo: eu preparo o fermento na noite de hoje, mexo com a massa amanhã de manhã, para assá-la só à tarde. E sempre pensando na próxima fornada.

Mas eu também gostava daquela história meio complicada de que a existência precedia a essência. Mais ou menos desse jeito: as pessoas estavam livres para ser e fazer o que quisessem. Afinal, não havia essência, isto é, não havia modelo preestabelecido — de Deus, da humanidade, de tudo — que superasse a vida real e concreta. Parecia interessante pensar assim. Por outro lado, eu me sentia um tanto intrigado, pois ser livre, a partir disso, tinha virado um dever. E o que fazer, se tudo era permitido, se nada estava escrito? O mundo, afinal, seria uma degustação às cegas ou um menu que eu mesmo escolheria?

Ficou um pouco menos confuso quando me deparei com outra sutileza conceitual, que eu entendi também do meu jeito. Ser livre não significava sair à solta por aí, sem lista de ingredientes nem modo de preparo. Para ser livre, era necessário assumir um compromisso consigo mesmo — e, por tabela, com todos à sua volta. Era preciso escolher uma responsabilidade. E eu, que podia ter optado entre tantos hobbies, tomei o caminho do pão. De minha espontânea vontade, resolvi me tornar o responsável por meus fermentos. Cuidar deles disciplinadamente, para que eles retribuíssem me rendendo boas fornadas.

Fazer o pão e cultivar o levain, enfim, tornaram-se o meu compromisso sartreano. A versão palpável, sovável e mordível da minha ideia de liberdade existencialista. Essência? Talvez de baunilha. Embora a fava, a coisa real, seja bem melhor.

### Neste capítulo

Pão de aveia e mel .................................................................. 97
    Pudim de pão inglês .................................................... 101
Pão de passas ........................................................................... 102
Pão andino ............................................................................... 105
    *No teatro, como no pão* .............................................. 109
    Geleia de mexerica-rio da tia Ercília ........ 110

## USANDO A FÔRMA

Desta vez, vou recomendar o uso de um acessório que, até aqui, não tinha entrado em nossas fornadas: uma fôrma de bolo inglês — ou de pão de fôrma, se preferir. Se for antiaderente, melhor, lembrando que as de silicone também cumprem bem a função.

Além de ficar bonito, padronizado, já que a fôrma deixa as laterais do pão bem regulares, eu realmente acho que o formato quase quadrado combina com as receitas escolhidas para este capítulo — pelo tipo de massa e sua diversidade de texturas; por facilitar o corte, rendendo fatias mais regulares; e por ajudar na fixação de flocos, sementes e outras coisas que porventura fizerem parte da receita e que sejam importantes no acabamento externo.

O pão na fôrma fica levemente mais macio dos lados, não chega a formar uma crosta tão espessa. Na parte de cima, por outro lado, ele fica cascudão, o que condiz com o pão de fermentação natural que temos exercitado aqui, sistematicamente. Com o tempo, você vai perceber que brincar com formatos, com a modelagem, é uma das partes mais divertidas desse nosso hobby.

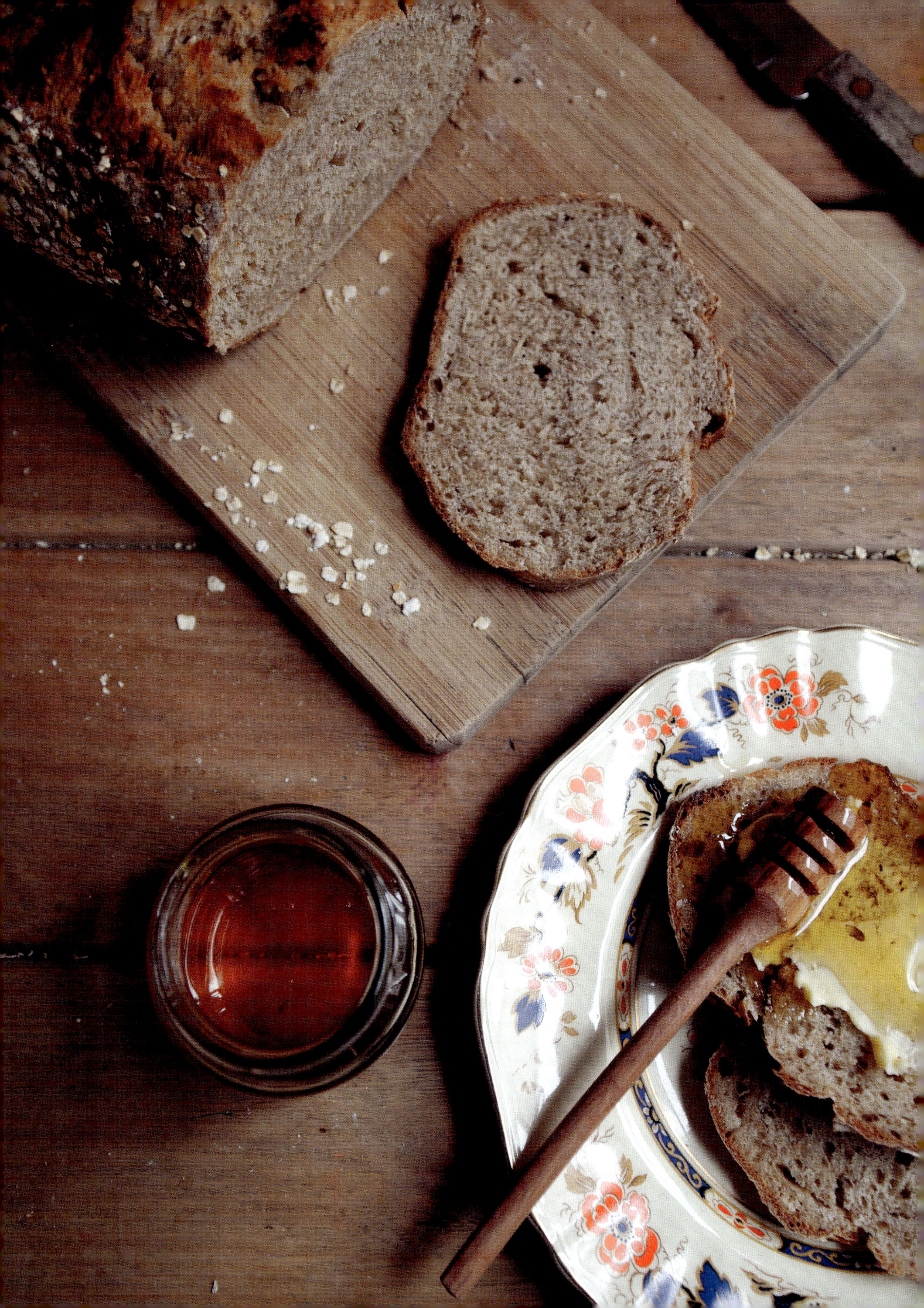

# Pão de aveia e mel

### Rende 1 pão de cerca de 1 kg

*Não sei se deu para perceber, já que depende muito do tipo (e da qualidade) da farinha, mas nosso processo de fermentação natural tende a desenvolver no pão algumas notas muito particulares de sabor. Uma delas lembra a família das castanhas. Outra, creio que mais frequente, evoca o mel. Muita gente até duvida quando eu afirmo que essa vaga doçura aparece naturalmente – já que, na maioria das vezes, o pão leva apenas farinha(s), água, fermento e sal. Nesta receita específica, porém, temos, sim, uma adição de mel. Combiná-lo com a aveia talvez seja mais do que um casamento clássico – quem sabe tenha até se tornado um clichê – mas a verdade é que funciona e, usando a fôrma de bolo inglês, parece que se cria uma harmonia ainda maior entre a forma e o conteúdo. Sem contar que é um pão vistoso e pródigo em qualidades nutricionais, quase com cara de comercial de margarina (embora a gente prefira manteiga, combinado?).*

30 MINUTOS PARA A MANIPULAÇÃO • 4 A 6 HORAS PARA O LEVAIN, O NOSSO FERMENTO NATURAL
6 A 8 HORAS PARA A FERMENTAÇÃO • 40 MINUTOS PARA ASSAR

## Ingredientes

- 2 ½ XÍCARAS (CHÁ) / 360 g .................... FARINHA DE TRIGO
- ¾ DE XÍCARA (CHÁ) E 2 COLHERES (SOPA) / 120 g ..... FARINHA DE TRIGO INTEGRAL
- 1 ½ XÍCARA (CHÁ) / 120 g .......... FLOCOS DE AVEIA (FINOS OU GROSSOS) E MAIS UM POUCO PARA DECORAR
- 1 ⅔ DE XÍCARA (CHÁ) / 400 ml .................... ÁGUA
- ¾ DE XÍCARA (CHÁ) / 200 g ....... NOSSO FERMENTO NATURAL (LEVAIN) REFRESCADO
- 2 COLHERES (CHÁ) / 12 g .................... SAL
- 2 COLHERES (SOPA) / 30 ml .................... MEL

## Modo de preparo

1. Num recipiente à parte, junte as duas farinhas e a aveia, de modo que fiquem bem amalgamadas. Numa outra tigela, maior, agregue todos os ingredientes, menos o sal. Comece adicionando o fermento natural, depois a água, em seguida o mel e mexa bem. Coloque as farinhas misturando com uma colher de pau.

2. Já terminou de colocar a farinha? Dê uma última mexida com a colher, só para recolher os excessos, e comece a usar as mãos. Sove usando a própria tigela como apoio, apertando a massa, achatando-a e depois dobrando-a sobre ela mesma. Se preferir, pode trabalhar numa bancada, levemente enfarinhada. Use o peso do corpo, mas não vá provocar uma contusão no ombro, o.k.? Pense que um pão bem estruturado, macio, é a recompensa pela energia que você está dispendendo na sova.

3. Sentiu a massa grudando? Isso é porque ela está bem hidratada. Com movimentos ágeis você atenua esse efeito. Por mais que você queira deixá-la mais seca, o ideal é não adicionar mais farinha. Resista à tentação. Um pão bem hidratado pode ser mais complicado de amassar, mas será mais leve e mais aerado. Não tenha preguiça: sove por, pelo menos, 5 minutos, observando se a massa vai ficando mais elástica, mas fácil de manipular, mais lisa e uniforme. Com 10 minutos de sova, fica melhor ainda.

4. Modele a massa em forma de bola, salpique-a com uma finíssima camada de farinha branca. Cubra com um pano e deixe ali, na tigela, dentro do forno apagado, ou num armário, longe do sol e do vento.

## Primeira fermentação

Se o clima da sua cidade for quente, é provável que a massa cresça em 4 horas, quase dobrando de tamanho. Se a temperatura local for mais amena, espere entre 5 e 6 horas. E, se estiver frio, pode ser que demore até um pouco mais. Dar uma espiada de vez em quando, é claro que pode. Mas obedeça ao tempo e não pule etapas.

1. Passado o tempo da primeira fermentação, você vai manipular a massa numa superfície limpa e lisa, como uma pedra de pia, uma mesa, uma bancada ou uma tábua de trabalho. Coloque um pouco de farinha e de flocos de aveia, para grudar menos e para ajudar no acabamento externo. Despeje a nossa bola, que vai estar maior e com uma textura interna bem aerada. Aperte-a, espalhe-a pela superfície, para que fique achatada, formando quase um retângulo (você vai sentir os gases escapando, quando fizer pressão com as mãos).

2. Para modelar a massa, comece das bordas (das laterais maiores do retângulo) para o centro. Como se estivesse fazendo dobraduras. Primeiro um lado, depois o outro, até que as duas bandas se encontrem no centro. Junte-as com capricho, para ficar tudo bem fechado. Vire a massa: a emenda das laterais agora ficará na parte de baixo. Modele-a num formato mais retangular (adequado à fôrma).

3. Imagino que você ainda tenha flocos de aveia. Cubra a massa com eles, para ficar mais bonito e também para dar uma textura diferente, que será agradável na hora da mordida. Comprima-os com delicadeza, para que fiquem bem fixados (se bem que vários deles cairão depois que o pão estiver assado, o que é normal).

4. Coloque o pão numa fôrma de bolo inglês antiaderente de cerca de 12 x 30 cm. Não precisa se preocupar em ajustar a massa à assadeira. O importante é que ela caiba — até porque, a massa vai crescer e se adequar aos limites da fôrma. Cubra com aquele mesmo pano que estava sendo usado.

## Segunda fermentação

Deixe num lugar seguro para que o pão cresça por 1h30, ou até 2 horas (se estiver calor, espere 1 hora).

1. Preaqueça o forno a 220 °C (temperatura alta), quando faltar meia hora para o tempo dessa segunda fermentação terminar.

2. Com o forno bem aquecido, faça a preparação final. Com uma faca afiada ou uma navalha, faça um corte (que tenha pelo menos 0,5 cm de profundidade) de ponta a ponta. Ou, para variar, faça três ou quatro pequenos cortes, num ângulo de 45°.

3. Imediatamente antes de colocar para assar, borrife com água (é só uma nuvem, nada de gotas grandes), o que ajuda a casca a ficar mais crocante. Outro truque para gerar umidade usando fogão doméstico: colocar uma outra assadeira com cubos de gelo na parte mais baixa do forno.

4. Leve ao forno para assar por pelo menos 45 minutos, até que fique bem dourado — nunca esqueça que um pão bem assado desenvolve sabores mais complexos. Como a temperatura dentro do forno doméstico nunca é igual em todos os lados, vire a assadeira depois de meia hora. Se achar que o pão precisa assar um pouco mais, deixe uns minutos extras — mas aí, fique de olho para não queimar.

5. Quando estiver pronto, retire o pão da fôrma, para que ele não crie umidade. Para isso, use uma pinça (considerando que ele vai estar bem solto, claro), ou duas facas, ou faça-o deslizar delicadamente sobre uma superfície de trabalho. Ache a sua maneira de fazer isso, mas cuidado para não se queimar. Deixe sobre uma grade (ou grelha) para que esfrie bem.

## COLORINDO O SEU PÃO

Já comentei que, num forno doméstico, é difícil conseguir regularidade de temperatura. A distribuição interna de calor é oscilante, imprecisa, varia conforme o lado, o canto — o que é possível atestar com um termômetro próprio para forno. Por isso, enquanto assamos o pão, é importante girá-lo, deslocá-lo. Depois de 25 ou 30 minutos de forno, vale a pena abrir a porta e mudar sua posição, para que ele asse com um pouco mais de uniformidade. Basta inverter. Você já viu um bom pizzaiolo trabalhando? Reparou que, com aquela pá comprida, ele roda a pizza em meio às chamas, em busca de condições diferentes? É um recurso que, poeticamente, podemos chamar de "colorir a pizza", para que ela doure por igual. Inspire-se e, mesmo sem pá nem lenha, cuide da cor do seu pão.

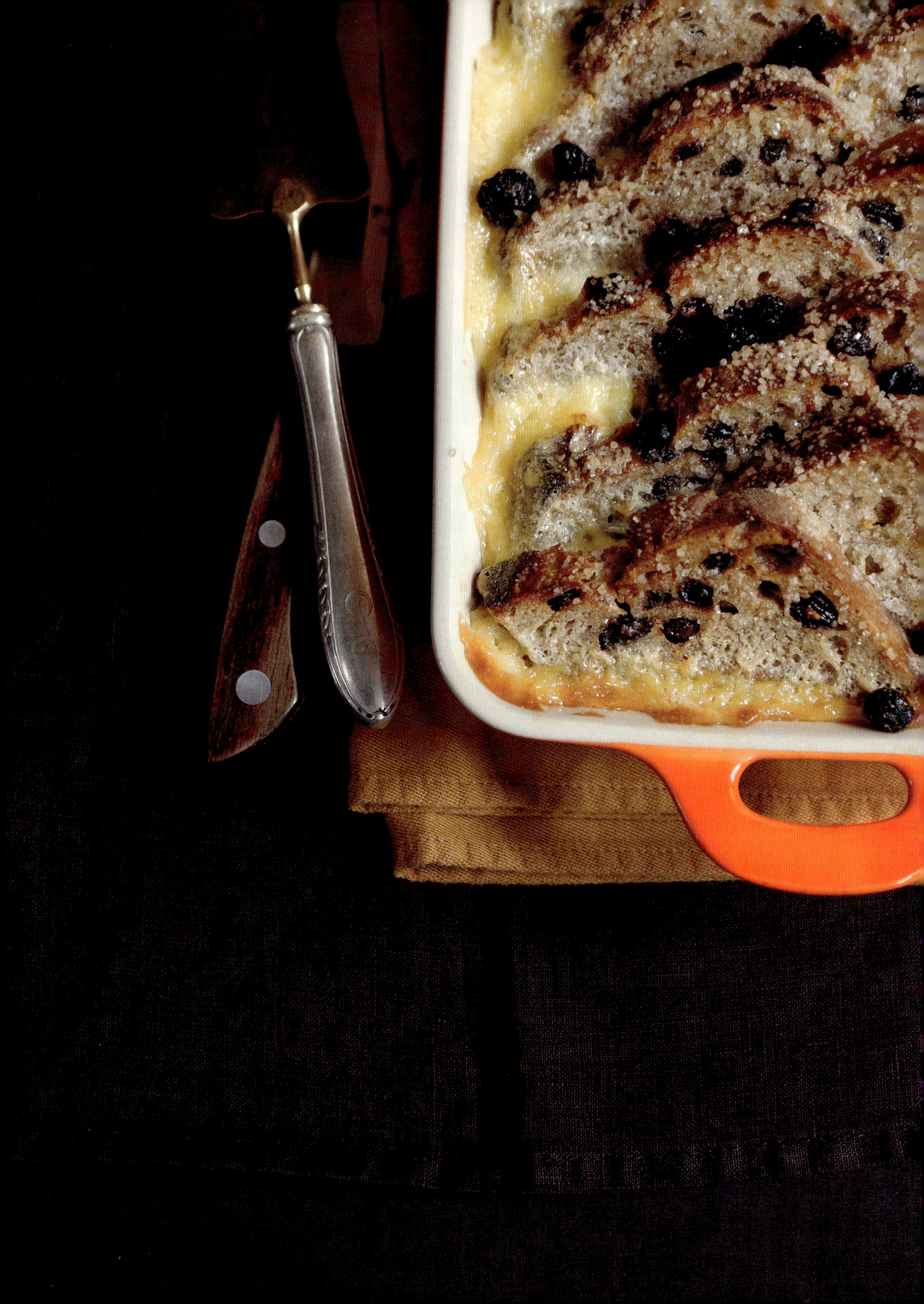

# Pudim de pão inglês

SERVE 6 PORÇÕES

*Um standard da cozinha inglesa antiga, um clássico do reaproveitamento. Este pudim de pão (receita, a propósito, presente na culinária de várias culturas, com algumas variações) é de preparação rápida e um excelente companheiro para um chá da tarde. O corte proposto para o pão, em fatias triangulares, torna sua apresentação ainda mais britânica. Considere, por fim, algumas dicas: observe se a casca do pão escolhido não está dura demais, o que pode comprometer a textura do pudim, e tenha em mente que, além de adicionar as passas, você pode também aproveitar o próprio pão de passas proposto aqui no livro – e mais: dá para usar até panetone.*

50 MINUTOS

## Ingredientes

| | |
|---|---|
| 8 FATIAS | PÃO DE FÔRMA AMANHECIDO COM CASCA |
| ¼ DE XÍCARA (CHÁ) / 50 g | MANTEIGA |
| ¼ DE XÍCARA (CHÁ) / 35 g | UVA-PASSA PRETA |
| 3 UNIDADES | OVOS |
| 1 ½ XÍCARA (CHÁ) / 360 ml | LEITE |
| ½ XÍCARA (CHÁ) / 100 g | AÇÚCAR REFINADO |
| ½ XÍCARA (CHÁ) / 120 ml | CREME DE LEITE FRESCO |
| 3 COLHERES (SOPA) / 50 ml | CONHAQUE |
| 1 COLHER (SOPA) | RASPAS DE LIMÃO |
| 1 COLHER (SOPA) | RASPAS DE LARANJA |
| 2 COLHERES (SOPA) / 25 g | AÇÚCAR DEMERARA PARA CARAMELIZAR |
| A GOSTO | NOZ-MOSCADA RALADA NA HORA |

## Modo de preparo

1. Hidrate as passas, deixando-as de molho na água por 1 hora.

2. Preaqueça o forno a 180 °C (temperatura média). Unte uma assadeira retangular antiaderente alta com um pouco de manteiga. Não precisa ser muito.

3. Numa tigela, acrescente os ovos e bata levemente com um batedor de arame. Junte o leite, o creme de leite, o conhaque, as raspas de limão e laranja, a noz-moscada e o açúcar refinado. Mexa bem para dissolver o açúcar. Reserve.

4. Escolha um pão que não esteja muito duro. Corte as fatias mantendo mais ou menos a mesma espessura. Corte as fatias em metades na diagonal para formar 2 triângulos. Passe manteiga nas duas faces e forre o fundo da assadeira com metade das fatias. Procure encaixá-las bem, formando um desenho regular.

5. Coe as passas e salpique metade sobre a camada de pão, distribua-as de forma regular. Pegue o pão restante e forme mais uma camada. Procure manter a mesma disposição de fatias, o que deixará o seu pudim mais bonito.

6. Regue a assadeira com a mistura de leite aromatizado e salpique o restante das passas. Polvilhe com o açúcar demerara e leve ao forno para assar por cerca de 30 minutos ou até dourar. Sirva morno.

## Pão de passas

Rende 1 pão de cerca de 1 kg

*Não sei se você me entende, mas há mordidas e mordidas. E umas são mais apetitosas do que outras. Aqui, para além do debate sobre miolo e casca, o melhor naco é o que permite abocanhar, ao mesmo tempo, um pedaço de crosta e uma passa quase derretida. Se for de surpresa, melhor ainda. Complexa no sabor e simples na execução, esta receita só exige um pouco de atenção com as passas. Primeiro, para que elas fiquem bem distribuídas. Depois, tomando o cuidado reidratá-las. Acho que este pão, particularmente, combina muito bem com queijos e embutidos. Vamos ver se você concorda.*

30 MINUTOS PARA A MANIPULAÇÃO • 4 A 6 HORAS PARA O LEVAIN, O NOSSO FERMENTO NATURAL
6 A 8 HORAS PARA A FERMENTAÇÃO • 40 MINUTOS PARA ASSAR

### Ingredientes

| | |
|---|---|
| 3 XÍCARAS (CHÁ) / 420 g | FARINHA DE TRIGO |
| 1 XÍCARA (CHÁ) E 2 COLHERES (SOPA) / 180 g | FARINHA DE TRIGO INTEGRAL |
| 1 ²⁄₃ DE XÍCARA (CHÁ) / 400 ml | ÁGUA |
| ¾ DE XÍCARA (CHÁ) / 200 g | NOSSO FERMENTO NATURAL (LEVAIN) REFRESCADO |
| 2 COLHERES (CHÁ) / 12 g | SAL |
| ¾ DE XÍCARA (CHÁ) / 100 g | UVAS-PASSAS |

### Modo de preparo

1. Numa tigela, junte as duas farinhas, de modo que fiquem bem misturadas. Num outro recipiente, comece a agregar todos os ingredientes, menos o sal. Pela ordem: primeiro o fermento natural, depois a água (aproveite para amolecer e dissolver um pouco o fermento). Vá acrescentando a farinha aos poucos, mexendo com uma colher de pau. As passas só entram na segunda fermentação.

2. Quando terminar de colocar a farinha, deixe de lado a colher e comece a sovar à mão. Acrescente o sal gradualmente, enquanto trabalha a massa, em pitadas bem espalhadas, até o fim. Se quiser, use principalmente a mão direita (enquanto a esquerda segura a tigela; para canhotos, o inverso), apertando a massa, achatando-a e depois dobrando-a sobre ela mesma. Você pode fazer isso dentro da própria tigela ou então na pia, na mesa ou em qualquer superfície levemente enfarinhada. Afunde a mão, revire, raspando os pedaços que se desgarraram, agregue-os e aperte de novo. Use o peso do corpo, vá experimentando os movimentos, até conseguir um ritmo constante. Não precisa exagerar na força, mas faça uma sova vigorosa. Isso vai deixar a massa mais homogênea e é importante para que o pão fique bem macio. Essa ginástica ajuda na formação do glúten, essencial para dar estrutura à nossa receita.

3. A massa vai grudar um pouco no começo. Resista à tentação de acrescentar mais farinha para deixá-la mais seca. Um pão bem hidratado pode ser mais complicado de amassar, mas será mais leve e mais aerado. Não tenha preguiça; sove por, pelo menos, 5 minutos, observando se a massa vai ficando mais elástica, mas também fácil de manipular, lisa e uniforme. Com 10 minutos de sova, fica melhor ainda.

4. Tire os excessos de farinha que grudaram na tigela, modele a massa em forma de bola, salpique-a com uma finíssima camada de farinha branca. Cubra com um pano e deixe ali, na tigela, dentro do forno apagado, ou num armário, longe do sol e do vento.

## Primeira fermentação

Se o clima da sua cidade for quente, é provável que a massa cresça em 4 horas, quase dobrando de tamanho. Se a temperatura local for mais amena, espere entre 5 e 6 horas. E, se estiver frio, pode ser que demore até um pouco mais. Dar uma olhadinha de vez em quando, é claro que pode. Mas obedeça ao tempo e não pule etapas.

1. Antes de começar a trabalhar a massa, prepare as passas. Hidrate-as, deixando num recipiente com água por 1 hora. Se preferir dar uma linha de sabor diferente, use, em vez de água, rum ou conhaque. Outra alternativa é colocá-las numa peneira sobre uma panela com vapor, por alguns minutos. Depois, enxague-as e enxugue com um papel-toalha.

2. Pegue a massa, já crescida e fermentada. Você vai trabalhá-la numa superfície limpa e lisa. Coloque um pouco de farinha, para grudar menos, e despeje a nossa bola. Apalpe a massa, achate-a, como se fosse formar um retângulo. Faça dobras nas bordas (dos lados maiores do retângulo), enrole-as em direção ao centro. Comece com o lado que está mais perto de você, rebata com o lado oposto... Enquanto isso, vá acrescentando as passas, cuidando para que fiquem bem distribuídas. Quando as bandas se juntarem no meio, feche bem a emenda — que ficará na parte de baixo do pão. Deixe a massa num formato alongado, pois ela irá para a fôrma.

3. Coloque o pão numa fôrma de bolo inglês antiaderente de cerca de 12 x 30 cm. As de silicone também não grudam e funcionam muito bem. Caso você não use nenhum dos dois tipos, vai precisar de uma camada extra de farinha. Não precisa se preocupar em ajustar a massa à assadeira. O importante é que ela caiba — até porque a massa vai crescer e se adequar aos limites da fôrma. Cubra-o com aquele mesmo pano que estava sendo usado.

## Segunda fermentação

Deixe num lugar seguro para que ele cresça por um prazo que vai variar entre 1h30 e 2 horas (se estiver calor, por 1 hora).

1. Preaqueça o forno a 220 °C (temperatura alta), quando faltar meia hora para terminar o tempo dessa segunda fermentação.

2. Com o forno bem aquecido, faça a preparação final. Com uma faca afiada ou uma navalha, faça um corte (que tenha pelo menos 0,5 cm de profundidade) de ponta a ponta. Ou, para variar, faça três ou quatro pequenos cortes, num ângulo de 45°.

3. Imediatamente antes de colocar para assar, borrife com água (é só uma nuvem, nada de gotas grandes), o que ajuda a casca a ficar mais crocante. Outro truque para gerar umidade usando fogão doméstico: colocar uma outra assadeira com cubos de gelo na parte mais baixa do forno.

4. Leve ao forno para assar por pelo menos 45 minutos, até que fique bem dourado — o pão, assim, é muito mais gostoso. Como a temperatura dentro do forno doméstico nunca é igual em todos os lados, vire a assadeira depois de meia hora. Se achar que o pão precisa assar um pouco mais, deixe uns minutos extras.

5. Quando estiver pronto, retire o pão da fôrma, para que ele não crie umidade. Para isso, use uma pinça (considerando que ele vai estar bem solto, claro), ou duas facas, ou faça-o deslizar delicadamente sobre uma superfície de trabalho. Faça do seu jeito, enfim, tomando muito cuidado para não se queimar. Deixe sobre uma grade (ou grelha) para que esfrie bem.

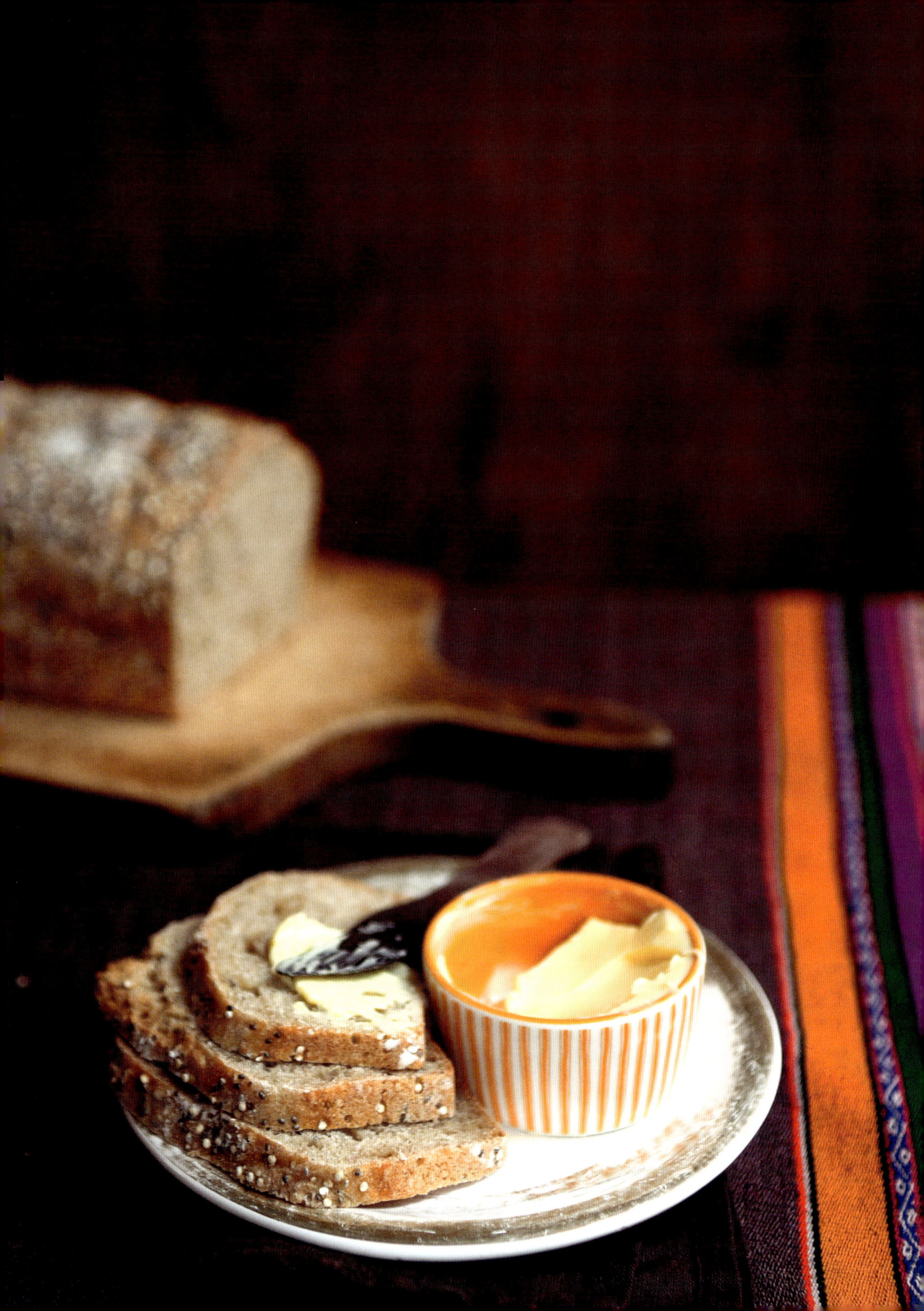

## PÃO ANDINO

RENDE 1 PÃO DE CERCA DE 1 KG

*Até alguns anos atrás, quinoa, kaniwa, chia, amaranto soavam como grego (ou melhor, como quéchua) para nós. Agora, bem mais conhecidos, seus nomes são associados a dietas balanceadas, a pratos leves, a sabores sutilmente novos. Minha ideia, aqui, foi pensar num pão que unisse uma receita de base tradicional a uma solução alimentar de sotaque andino – bem em voga, inclusive por conta do prestígio da cozinha peruana. O mix que proponho traz notas e texturas interessantes para nossa massa. E, dos quatro tipos, talvez apenas a kaniwa seja mais difícil de encontrar. A chia fica ótima também no acabamento externo do filão. Sobre o amaranto vale dizer que ele não é exatamente sul-americano, sua origem remonta mais ao México e à América Central. Mas vamos lá: divirta-se como esse pão pré-colombiano, que, de quebra, traz uma carga extra de fibras e vitaminas.*

30 MINUTOS PARA A MANIPULAÇÃO • 4 A 6 HORAS PARA O LEVAIN, O NOSSO FERMENTO NATURAL
6 A 8 HORAS PARA A FERMENTAÇÃO • 40 MINUTOS PARA ASSAR

### INGREDIENTES

| | |
|---|---|
| 2 ½ XÍCARAS (CHÁ) / 360 g | FARINHA DE TRIGO |
| ¾ DE XÍCARA (CHÁ) / 100 g | FARINHA INTEGRAL |
| 1 XÍCARA (CHÁ) / 140 g | QUINOA, CHIA, KANIWA E AMARANTO MISTURADOS E MAIS UM POUCO PARA DECORAR A MASSA |
| 1 ⅔ DE XÍCARA (CHÁ) / 400 ml | ÁGUA |
| ¾ DE XÍCARA (CHÁ) / 200 g | NOSSO FERMENTO NATURAL (LEVAIN) REFRESCADO |
| 2 COLHERES (CHÁ) / 12 g | SAL |
| 2 COLHERES (SOPA) / 30 ml | MEL |

### MODO DE PREPARO

1. Numa tigela, junte as duas farinhas e o mix de grãos, de modo que fiquem bem misturados. Num outro recipiente, comece a agregar todos os ingredientes, menos o sal. Pela ordem: primeiro o fermento natural, depois a água (aproveitando para amolecer e dissolver um pouco o fermento). Em seguida, coloque o mel e vá juntando a farinha aos poucos, mexendo com uma colher de pau.

2. Quando terminar de colocar a farinha, deixe de lado a colher e comece a sovar à mão. Acrescente o sal gradualmente, enquanto trabalha a massa, em pitadas bem espalhadas, até o fim. Se quiser, use principalmente a mão direita (a esquerda segura a tigela; para canhotos, o inverso), apertando a massa, achatando-a e depois dobrando-a sobre ela mesma. Afunde a mão, revire, raspando os pedaços que grudaram no fundo, agregue-os e afunde de novo. Ou, se preferir, simplesmente cumpra essa etapa numa bancada, devidamente enfarinhada. Use o peso do corpo, vá experimentando os movimentos, até conseguir um ritmo constante. Não precisa exagerar na força, mas faça uma sova vigorosa. Isso vai deixar a massa mais homogênea e é importante para que o pão fique bem macio. Essa ginástica ajuda na formação do glúten, essencial para dar estrutura à nossa receita.

3. A massa vai grudar um pouco no começo. Resista à tentação de acrescentar mais farinha para deixá-la mais seca. Um pão bem hidratado pode ser mais complicado de amassar, mas será mais leve e aerado. Não tenha preguiça; sove por, pelo menos, 5 minutos, observe que a massa deve ficar mais elástica, mais fácil de manipular, lisa e uniforme. Com 10 minutos de sova, fica melhor ainda.

4. Modele a massa em forma de bola, salpique-a com uma finíssima camada de farinha branca. Cubra com um pano e deixe ali, na tigela, dentro do forno apagado, ou num armário. Longe do sol e do vento.

## Primeira fermentação

Se o clima da sua cidade for quente, é provável que a massa cresça em 4 horas, quase dobrando de tamanho. Se a temperatura local for mais amena, espere entre 5 e 6 horas. E, se estiver frio, pode ser que demore até um pouco mais. Dar uma olhadinha de vez em quando, pode. Mas obedeça ao tempo e não pule etapas.

1. Passado o tempo da primeira fermentação, você vai manipular a massa numa superfície limpa e lisa, como uma pedra de pia, uma mesa, uma bancada, uma tábua de trabalho... Coloque um pouco de farinha e da nossa mistura andina, especialmente a chia, para grudar menos e para ajudar no acabamento externo. Despeje a nossa bola, que vai estar maior e com uma textura interna bem aerada. Aperte-a, espalhe-a pela superfície, para que fique achatada, formando um quase retângulo (você vai sentir os gases escapando, quando fizer pressão com as mãos).

2. Aí, você vai modelar a massa. Comece das bordas para o meio, como se estivesse fazendo dobraduras de papel. Comece pelo lado maior que está mais próximo de você, depois rebata pelo lado oposto. Repita o movimento, até que as laterais se encontrem no centro. Junte as bandas com capricho, de modo a ficar tudo bem fechado. Vire a massa: a emenda ficará na parte de baixo. Modele-a num formato retangular, alongado (adequado à fôrma).

3. Pegue um pouco mais de flocos e grãos andinos. Cubra a massa com eles, para ficar mais bonito e também para dar uma textura diferente, que será agradável na hora da mordida. Se tiver mais chia, tanto melhor. Pois os pontinhos pretos dão um sabor especial à casca, com algo de castanha — e, visualmente, lembram semente de papoula, não? Comprima-os com delicadeza, para que fiquem bem fixados (de qualquer forma, vários deles cairão quando o pão estiver assado; é assim, mesmo).

4. Coloque o pão na fôrma. Será muito mais fácil se ela for antiaderente. As de silicone também não grudam e funcionam muito bem. Caso não tenha nenhuma das duas, você vai precisar de uma camada extra de farinha. Não precisa se preocupar em ajustar a massa à assadeira. O importante é que ela caiba — até porque a massa vai crescer e se adequar aos limites da fôrma. Cubra-a com aquele mesmo pano que estava sendo usado.

## Segunda fermentação

Deixe num lugar seguro para que ele cresça entre 1h30 e 2 horas (se estiver calor, por 1 hora).

1. Preaqueça o forno a 220 °C (temperatura alta), quando faltar meia hora para terminar o tempo dessa segunda fermentação.

2. Com o forno bem aquecido, faça a preparação final. Com uma faca afiada ou uma navalha, faça um corte (que tenha pelo menos 0,5 cm de profundidade) de ponta a ponta. Ou, para variar, faça três ou quatro pequenos cortes, num ângulo de 45°.

3. Imediatamente antes de colocar para assar, borrife com água (é só uma nuvem, nada de gotas grandes), o que ajuda a casca a ficar mais crocante. Outro truque para gerar umidade usando fogão doméstico: colocar outra assadeira com cubos de gelo na parte mais baixa do forno.

4. Leve ao forno para assar por pelo menos 45 minutos, até que o pão fique bem dourado — é o que queremos. Como a temperatura den-

tro do forno doméstico nunca é igual em todos os lados, vire a assadeira depois de meia hora. Se achar que o pão precisa assar um pouco mais, deixe uns minutos extras, mas fique de olho para não queimar.

5. Quando estiver pronto, retire o pão da fôrma, para que ele não crie umidade. Para isso, use uma pinça (considerando que ele vai estar bem solto, claro), ou duas facas, ou faça-o deslizar delicadamente sobre uma superfície de trabalho. Deixe-o sobre uma grade (ou grelha) para que esfrie bem.

## EM DEFESA DO BEM ASSADO

Você já ouviu falar de reação de Maillard? Pense primeiro num churrasco. Ou, tomando um exemplo completamente diferente, imagine uma generosa abóbora assada. O cheiro de ambos e a própria visão da crosta, com seus belos tons de marrom, por si só já aguçam o apetite. Segundo o cientista francês Louis-Camille Maillard, que estudou o fenômeno no começo do século passado, isso acontece por causa do aquecimento de proteínas e açúcares, que reagem entre si e dão aroma e cor aos alimentos. O mesmo acontece com o pão. Tirar do forno um filão ainda claro é abrir mão dessa riqueza de sabor. Quando você fizer as primeiras fornadas, note especialmente a parte de baixo, que ficou mais em contato com a assadeira. Aprecie a complexidade, o sutil amargor, a doçura. Você vai se lembrar da minha insistência na busca pela casca dourada. E, principalmente, vai se lembrar do dr. Maillard.

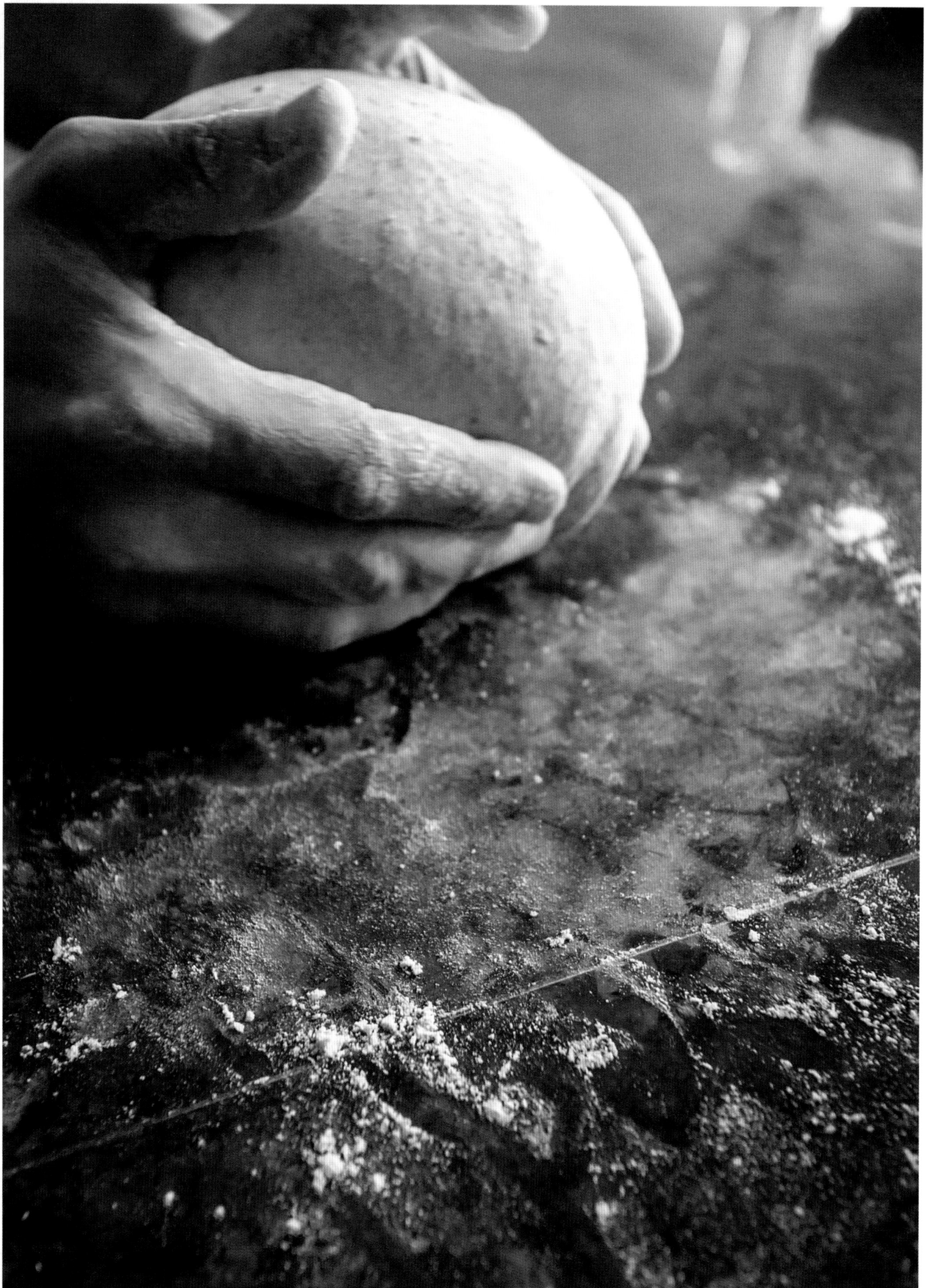

# No teatro, como no pão

Todos os dias, é tudo sempre igual. E tão diferente.

Você poderia encaixar a frase acima no discurso de um ator de teatro, por exemplo. Não é o que se diz? O texto e as marcações podem ser idênticas, o cenário e o tablado são territórios conhecidos, mas há sempre um novo público, há sempre o imponderável. Pode calhar de um espectador interferir nos diálogos. Ou acontecer um acidente cenográfico. Pode ser a mais perfeita sessão da temporada. Sem plateia e na intimidade da sua cozinha, acontece de um jeito parecido com o pão de fermentação natural.

Conheço o texto da receita, sei de cor o roteiro de cuidados com o levain. Embora varie a matéria-prima, alterne técnicas, busco quase sempre o mesmo pão: bem levedado, complexo, bom de casca e de miolo. Sigo o ritual, cada passo com a sua peculiaridade de procedimentos. E uma infindável repetição de esforços, de gestos.

Mas não há como não perceber e não se encantar com o resultado diferente que alguns gramas a mais de farinha podem obter. Ou como um dia frio é diverso de um dia de calor. Ou os efeitos de uma água mais gelada. E pegar a navalha e cortar a uma certa profundidade, reparando o impacto na forma final.

Por outro lado, é impossível não sentir sempre a mesma ansiedade. Vai dar certo? Será que a farinha que usei hoje vai me render um pão melhor ou pior do que a farinha da semana passada? Será que é hoje que eu vou fazer o melhor pão da minha vida?

Os minutos finais, pré-forno, são quase eufóricos: o ápice de uma dedicação de horas, o desfecho de um longo investimento pessoal. Qual o melhor corte para o formato da massa, qual a profundidade certa da incisão? Será que o fogão vai me pregar alguma peça? São poucos minutos, mas você se pega num intenso e extenso check list de passos e detalhes.

Entretanto, a tensão do ator no instante em que a cortina vai subir talvez seja parecida mesmo com a emoção do padeiro amador quando a assadeira entra no forno. Eu acendo a luz interna, agacho em frente ao fogão e fico olhando pelo visor. Vai crescer? Meu rosto esquenta e eu me sinto vagamente ridículo — ou, para tornar mais charmoso, eu me sinto como um cinegrafista da BBC registrando aquela flor que só se abre numa certa hora do dia, lentamente.

Confiro o timer: no primeiro minuto, parece que nada aconteceu. Mas percebo então um deslocamento na massa, e a incisão feita pela lâmina parece — sim, parece — que vai se alargando. De fato, há sinais de vida. Isso fica evidente aos três minutos. Mas aí eu decido sair dali e fazer alguma coisa (qualquer coisa), prometendo que só olharei de novo quando o cronômetro indicar, digamos, sete minutos. Eu vou, eu volto. Acendo a luz e observo: o corte vai se escancarando, o que me dá um tremendo alívio.

Não estou falando da minha primeira receita, mas de algo que já faço há muito tempo. E continuo me empolgando ao presenciar o pão crescendo, ganhando volume, formando casca, adquirindo um contorno um pouco diferente do que eu previa. É um encantamento que se renova, seguido por uma súbita consciência da própria tolice.

Não sei se isso carece de tratamento nem se tem cura. Terapeuticamente, em todo caso, eu vou assando pães. Fazendo tudo sempre igual. E sempre diferente.

# Geleia de mexerica-rio da tia Ercília

### Rende 3 potes de cerca de 350 g cada

*Vou adivinhar o que passa pela sua cabeça. Você quer saber quem é a tia Ercília, certo? Ela é tia da chef Rita Lobo, editora deste livro – e, como o nome já sugere, vem dela a inspiração para a receita. Tenho certeza também de que você vai perguntar: "Posso usar ponkan? E se for cravo?". Eu asseguro que a melhor variedade para esta receita é mesmo a rio. Pelo tipo de gomo, pela casca, é que funciona melhor. Uma opção é fazer meia receita, tomando cuidado particularmente com a segunda cocção (neste caso, ela será um pouco mais rápida). Vale prestar atenção ao corte das frutas, na hora do cozimento final. Pique em pedacinhos bem miúdos. Porém, se quiser um efeito mais próximo de uma compota (desculpe se me intrometo, dona Ercília), tente pedaços maiores.*

### 1 HORA E 30 MINUTOS

## INGREDIENTES

| | |
|---|---|
| 1 kg (cerca de 6 unidades) | MEXERICA-RIO |
| 4 xícaras (chá) / 800 g | AÇÚCAR |
| 8 xícaras (chá) / 2 litros | ÁGUA MINERAL |
| 1 unidade | LIMÃO |

## MODO DE PREPARO

1. Com uma escovinha de legumes, sob água corrente, lave bem a casca das mexericas. Você já deve ter lido como as cascas – tão porosas – das frutas cítricas retêm sujeira, não? Então, capriche na limpeza.

2. Numa tábua, corte cada mexerica quatro vezes no sentido longitudinal, formando oito gomos. Com uma faquinha, tire as sementes e os miolinhos brancos. Transfira (casca e polpa, com todos os seus gominhos) para uma panela média.

3. Cubra os gomos com o dobro de água, cerca de 2 litros de água mineral, e leve a panela ao fogo alto. Quando ferver, abaixe o fogo e deixe cozinhar por 1 hora.

4. Escorra as mexericas, dispense a água. Deixe esfriar um pouco e, numa tábua, pique bem os gomos (e cascas), que já estarão bem moles. Corte em pedaços pequeninhos, de cerca de 0,5 cm.

5. Volte à panela e misture o açúcar e o suco do limão (não precisa coar: use as sementinhas, ricas em pectina, para ajudar a engrossar a geleia naturalmente).

6. Leve ao fogo baixo, o mais baixo possível, e deixe cozinhar por cerca de 30 minutos (se fizer meia receita, deixe 20 minutos). Atenção: a consistência deve estar ainda bem mole, pois vai engrossar bastante quando esfriar.

7. Retire as sementinhas do limão e transfira a geleia quente para potes de vidro esterilizados (basta lavar bem e secar no forno de micro-ondas). Tampe e, depois de frios, leve-os à geladeira.

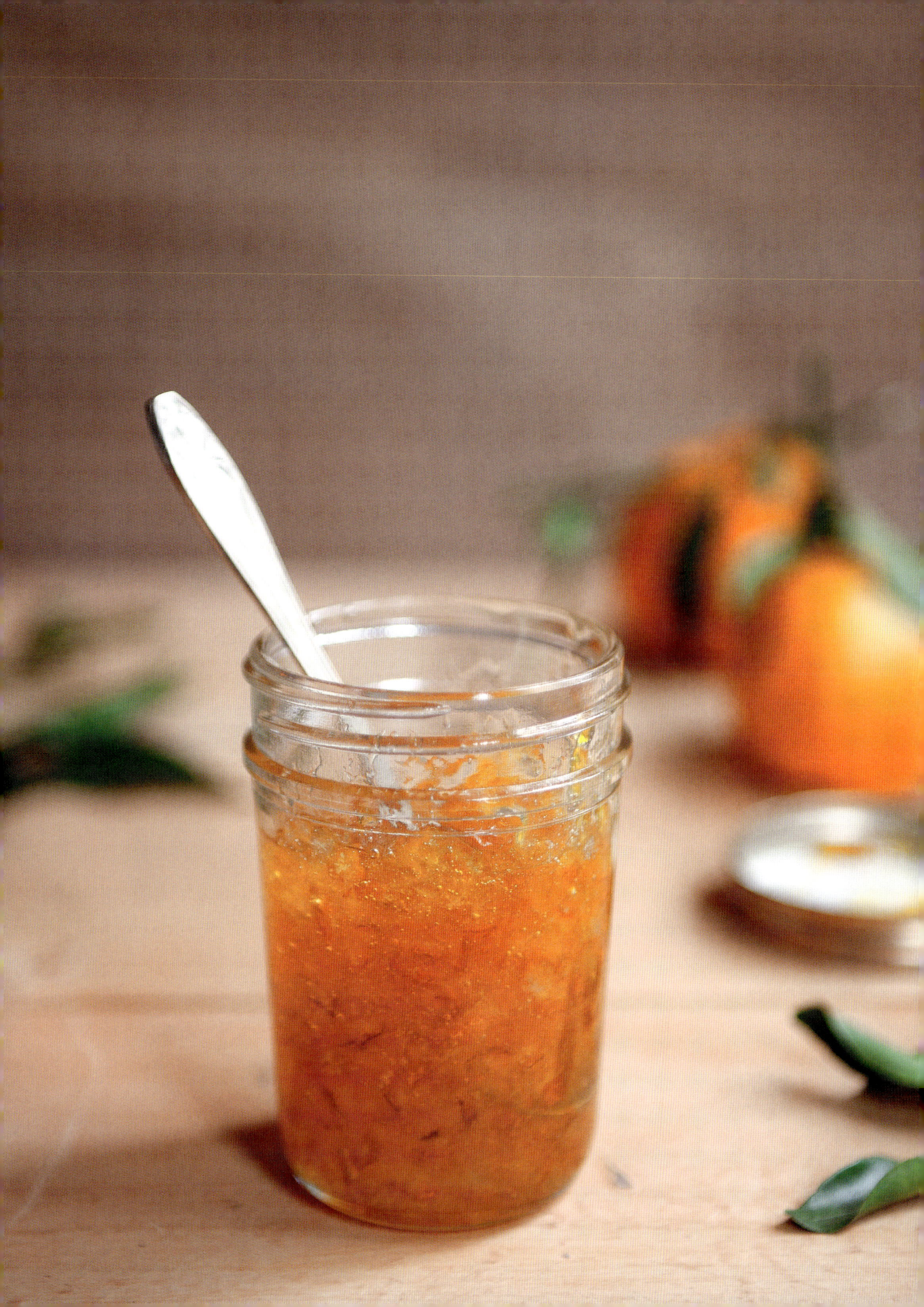

## USANDO A PANELA

Um pão de fermentação natural com a mesma complexidade de sabor, mas com miolo macio e casca mais crocante. Este é o resultado de um recurso simples, mas bastante eficaz: assar o pão dentro de uma panela preaquecida. Eu recomendo as de ferro fundido e esmaltado, com tampa, que permitem uma alta concentração de calor e uma boa vedação.

Dentro da panela, cria-se uma condição especial de umidade, que acaba influenciando na densidade e na textura do pão. Para executá-lo, é preciso cuidado. Esquente bem a panela, assim que ligar o forno. Pegue-a com atenção e tire a tampa. Transporte a massa já modelada e crescida com cautela (você pode assentá-la sobre um pedaço de papel próprio para assar, por exemplo, fazer o corte e, pegando o papel pelas pontas, colocá-la dentro da panela).

Essa técnica, entretanto, não se restringe às receitas deste capítulo. Pode ser um bom truque para outros pães. Preparar a massa na panela ajuda a formar uma crosta mais brilhante, como se houvesse um vaporizador dentro do forno. Tanto que, se a ideia for um pão cascudo, será importante destampar a panela durante o processo. A modelagem também fica muito boa.

Eu sugiro o seguinte: os 20 primeiros minutos, com tampa; o tempo restante, sem tampa. Se for necessário, caso ele precise de mais cor, tire o pão da panela e leve-o ao forno numa assadeira comum por uns minutos adicionais, para dourar — só tome cuidado para não se queimar nesse tira e põe entre panelas e fôrmas.

NESTE CAPÍTULO

**Pão integral de casca fina na panela** ............... 115
      queijo cottage ................................. 117
      *O fermento da sorte* .......................... 119
      Rabanada salgada ............................ 121
**Pão tipo alemão** ..................................... 122
      Geleia clássica de morango ............. 125

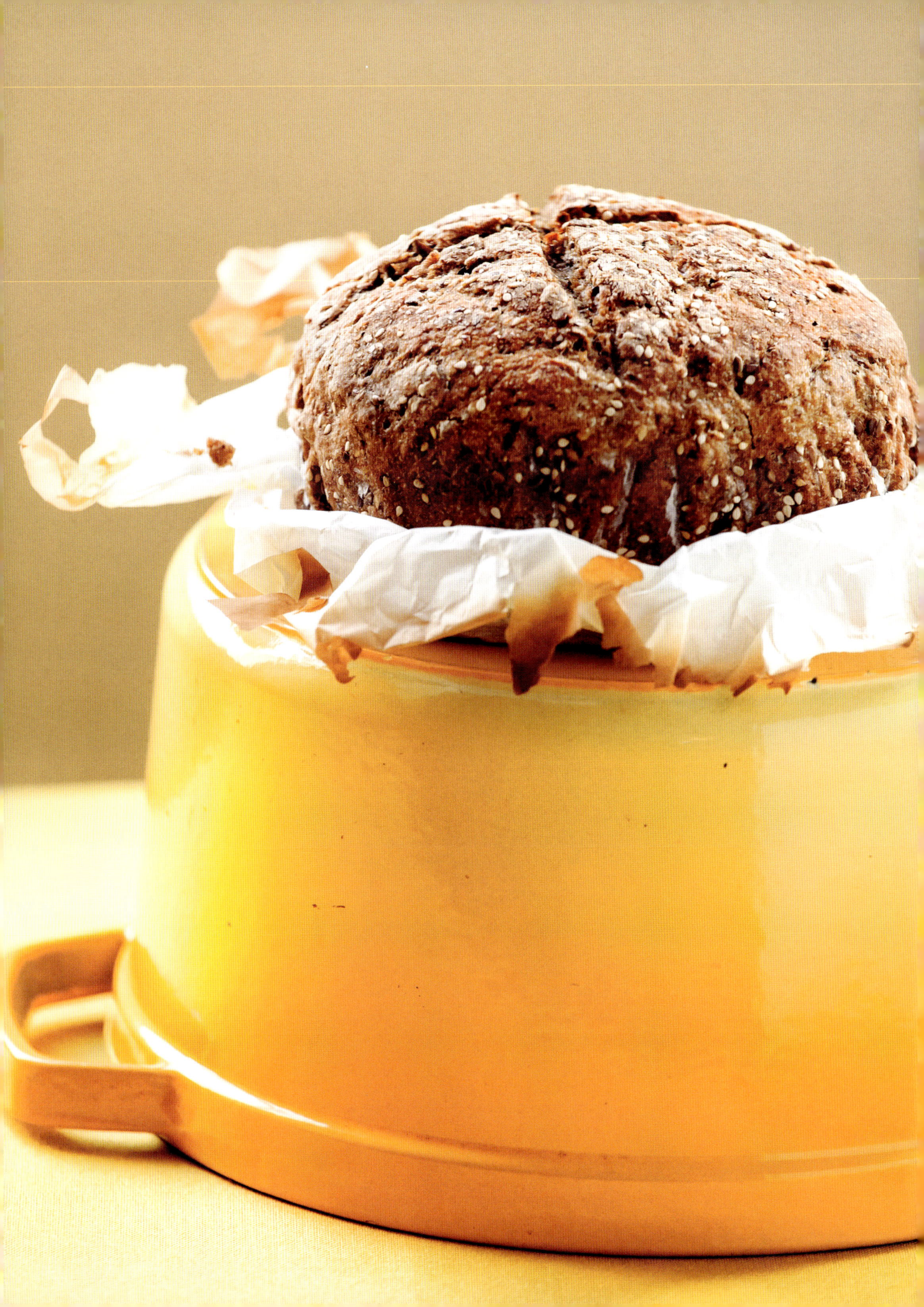

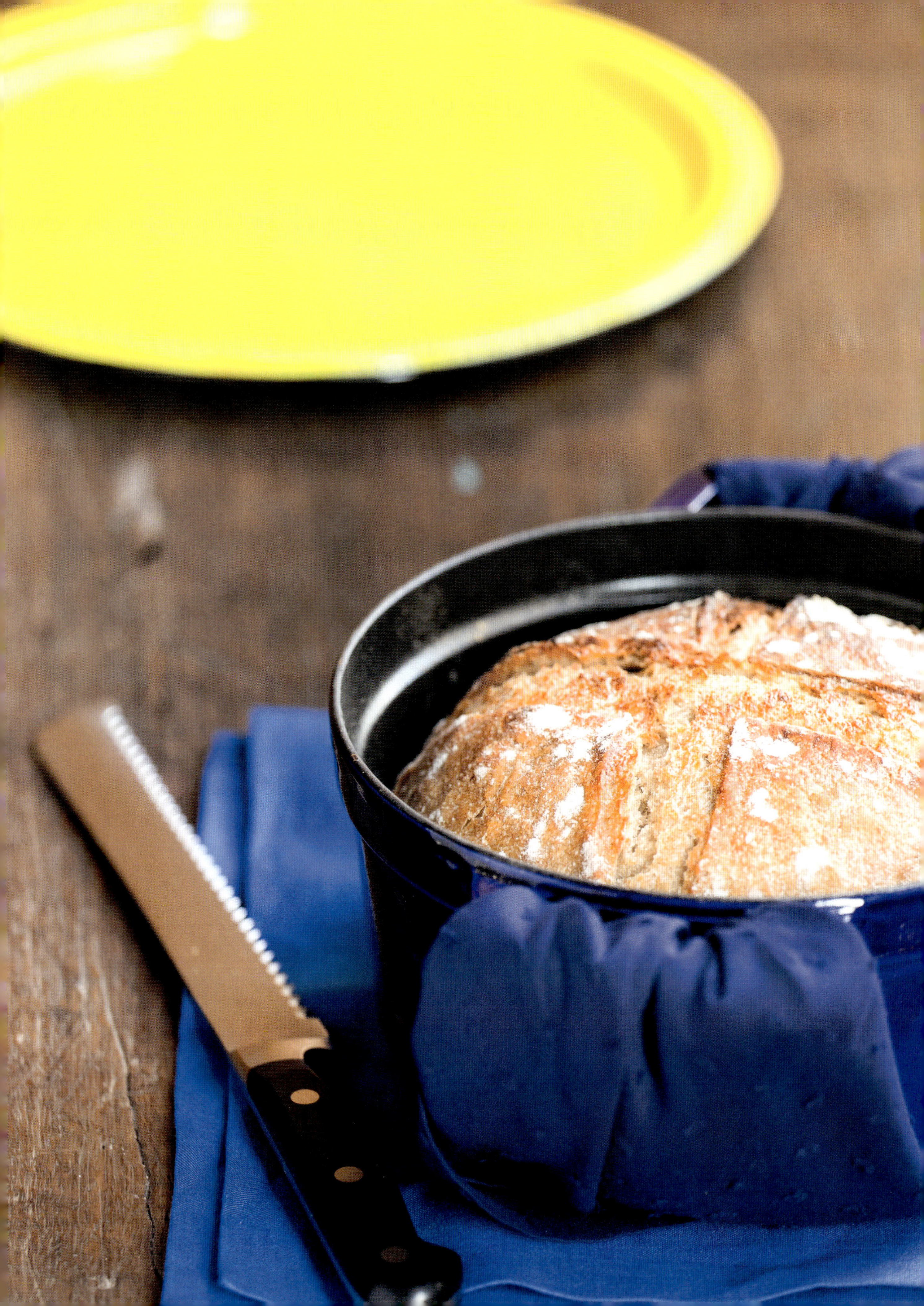

# Pão integral de casca fina na panela

### Rende 1 pão de cerca de 1 kg

*Preparar o pão na panela gera filões com casca mais crocante e um miolo bem macio. O método, entretanto, exige alguns cuidados para que a massa não grude. Escolher uma panela antiaderente, claro, resolve a questão. Se não for possível, use papel próprio para assar e forre a panela. Ou, ainda, cubra seu interior com bastante farinha e faça o mesmo com o pão, para que a sua fornada não seja comprometida. Você não imagina o desgosto de perceber um pão bem fermentado, bem moldado e bem assado se prejudicar justamente no passo final ao ficar grudado. Portanto, capriche.*

30 MINUTOS PARA A MANIPULAÇÃO • 4 A 6 HORAS PARA O LEVAIN, O NOSSO FERMENTO NATURAL
6 A 8 HORAS PARA A FERMENTAÇÃO • 45 MINUTOS PARA ASSAR

## Ingredientes

| | |
|---|---|
| 2 ½ xícaras (chá) / 360 g | FARINHA DE TRIGO |
| 1 ½ xícara (chá) / 240 g | FARINHA DE TRIGO INTEGRAL |
| 1 ⅔ de xícara (chá) / 400 ml | ÁGUA |
| ¾ de xícara (chá) / 200 g | NOSSO FERMENTO NATURAL (LEVAIN) REFRESCADO |
| 2 colheres (chá) / 12 g | SAL |

## Modo de preparo

1. Numa tigela grande, vamos misturar todos os ingredientes, menos o sal. Seguindo esta ordem: primeiro o fermento natural, depois a água (aproveitando para amolecer e dissolver um pouco o fermento). Vá juntando a farinha aos poucos, mexendo com uma colher de pau.

2. Quando terminar de colocar a farinha, deixe de lado a colher e comece a sovar à mão. Acrescente o sal gradualmente, enquanto trabalha a massa, em pitadas bem espalhadas, até o fim. Se quiser, use principalmente a mão direita (enquanto a esquerda segura a tigela; para canhotos, o inverso), apertando a massa, achatando-a e depois dobrando-a sobre ela mesma. Afunde a mão, revire, raspando os pedaços que grudaram no fundo, agregue-os e afunde de novo. Use o peso do corpo, vá experimentando os movimentos, até conseguir um ritmo constante. Se preferir, cumpra essa etapa sem a tigela, diretamente numa bancada. Não precisa exagerar na força, mas faça uma sova vigorosa. Isso vai deixar a massa mais homogênea e é importante para que o pão fique bem macio. Essa ginástica ajuda na formação do glúten, essencial para dar estrutura à nossa receita. Fora que é divertido e serve como exercício.

3. A massa vai grudar um pouco no começo. Resista à tentação de acrescentar mais farinha para deixá-la mais seca. Um pão bem hidratado pode ser mais complicado de amassar, mas será mais leve e mais aerado. Não tenha preguiça, sove por, pelo menos, 5 minutos, observando se a massa vai ficando mais elástica e mais fácil de manipular, lisa e uniforme. Se conseguir manter a sova por 10 minutos, será melhor ainda.

4. Modele a massa em forma de bola, salpique-a com uma finíssima camada de farinha branca. Cubra com um pano e deixe ali, na tigela, dentro do forno apagado, ou num armário, longe do sol e do vento.

## Primeira fermentação

Se o clima da sua cidade for quente, é provável que a massa cresça em 4 horas, quase dobrando de tamanho. Se a temperatura local for mais amena, espere entre 5 e 6 horas. E, se estiver frio, pode ser que demore até um pouco mais. Dar uma olhadinha de vez em quando, claro que pode. Mas obedeça ao tempo e não pule etapas.

1. Passado o tempo de fermentação, leve a massa para uma superfície enfarinhada. Aperte, achate, dobre e modele em forma de bola: como se você estivesse acariciando a massa, alisando-a, puxando-a para baixo (ou melhor, para baixo da bola). Envolva com farinha integral, generosamente, e cubra com um pano.

## Segunda fermentação

Espere entre 1h30 a 2 horas (se estiver calor, 1 hora basta).

1. Prepare a panela para receber o pão. Certifique-se de que o tamanho é adequado (recomendo que ela tenha no mínimo 20 cm de diâmetro). É preciso também ter muito cuidado para que o pão não grude. Se a panela não for antiaderente, forre com papel próprio para assar. Ou espalhe bastante farinha integral. Se a tampa tiver pegador de plástico, preso com parafuso, desenrosque-o. E use um pedacinho de massa (farinha com água) para tapar o buraco.

2. Preaqueça o forno, em temperatura alta, ligando-o 30 minutos antes de assar o pão. Coloque a panela dentro. No final dos 30 minutos, pegue a panela com todo o cuidado, coloque sobre a bancada e tire a tampa. Pegue a massa já crescida e transfira para a panela (se quiser, segure-a pelo próprio papel para assar e, então, coloque na panela). Faça um corte (ou um x) na superfície do pão, tampe e leve ao forno.

3. Deixe assar por 45 minutos. Se a tampa for mantida por todo o tempo, a casca ficará mais fina. Sem ela, ficará mais grossa. Mas, nos primeiros 20 minutos, a panela precisa ficar tampada.

4. Na hora de retirar o pão do forno, cuidado. Apoie a panela numa superfície firme, e observe se o pão está soltando do fundo e das bordas (e você vai me agradecer por ter tido tanta atenção na hora de polvilhar com farinha). Retire-o com a ajuda de uma espátula ou coisa do tipo, ou despeje-o com cuidado, lembrando que também vai cair farinha. Deixe sobre uma grelha, até esfriar.

## DIAS QUENTES? ÁGUA E FARINHA FRIAS

Assim como o forno precisa de determinados níveis de calor para funcionar bem, a massa também exige um certo patamar de temperatura para ter o melhor comportamento. Lembre-se de que estamos usando um fermento feito com micro-organismos vivos, seres caprichosos... A temperatura mais adequada para trabalhar a massa de pão é em torno dos 25° C. Num dia de muito calor (acima dos 30 e poucos graus), o processo pode ser prejudicado. Qual a solução? Usar água fresca, por exemplo. Ou até mesmo deixar a farinha na geladeira. Não estou dizendo que você, dando os primeiros passos como padeiro amador, tenha de andar para cá e para lá com um termômetro para espetar na massa, mas ter noção desses aspectos certamente o ajudará na sua performance.

# Queijo cottage
### Rende 6 porções

*A* origem deste queijo é britânica. Basicamente uma coalhada granulada, ele acabou conquistando fãs no mundo todo por ser leve, fácil de apreciar e muito pouco calórico (é o tipo com o menor teor de gordura). E, dentro da nossa proposta de fazer em casa não apenas o pão, mas todo o café da manhã e o lanche, faltava mesmo um queijinho. O cottage é produzido a partir da coagulação do leite pela ação de um ácido e deve ser comido fresco, sem rituais, do jeito que você quiser: com um pouco de sal, azeite extravirgem, ou ervas e temperos variados, ou ainda puxando para o doce, com frutas e compotas.

20 MINUTOS

## Ingredientes

| | |
|---|---|
| 6 XÍCARAS (CHÁ) / 1,5 LITRO | LEITE |
| 2 COLHERES (SOPA) / 30 ML | CALDO DE LIMÃO |

## Modo de preparo

1. Coloque o leite numa panela e leve ao fogo alto. Quando ferver, desligue e junte o caldo de limão. Mexa bem, para que o caldo fique bem misturado. O leite deverá talhar rapidamente, entre 3 e 5 minutos. Mas vá observando. Se o processo demorar, mexa mais, ligue o fogo de novo, deixe levantar nova fervura.

2. Enquanto aguarda, forre uma peneira com um pano de prato bem fino (e limpíssimo, é claro). Quando talhar, o leite estará empelotado, com uma parte sólida muito visível, branca e imersa num líquido mais amarelado e opaco. O que aconteceu? Pela ação do ácido (o limão), houve uma precipitação das proteínas do leite.

3. Com o leite já talhado, é hora de escorrer. Despeje o conteúdo da panela sobre a peneira forrada, delicadamente. Levante o pano para formar uma trouxinha e torça com cuidado, para escorrer o líquido. Coloque a trouxinha sobre um prato grande, abra o pano e feche de novo, desta vez dando a forma de um quadrado com cerca de 15 cm de cada lado (o queijo vai ficar como se fosse uma fatia bem grossa). Dobre as pontas do pano por cima do quadrado e coloque um outro prato, mais pesado, por cima, para prensar. A ideia é que o queijo perca mais líquido, sem necessariamente ficar muito mais achatado.

4. Depois de 20 minutos, retire o queijo do pano, com cuidado, e coloque num recipiente com tampa. Se preferir, corte em quadrados de cerca de 1,5 cm ou maiores, e guarde-o em pedaços.

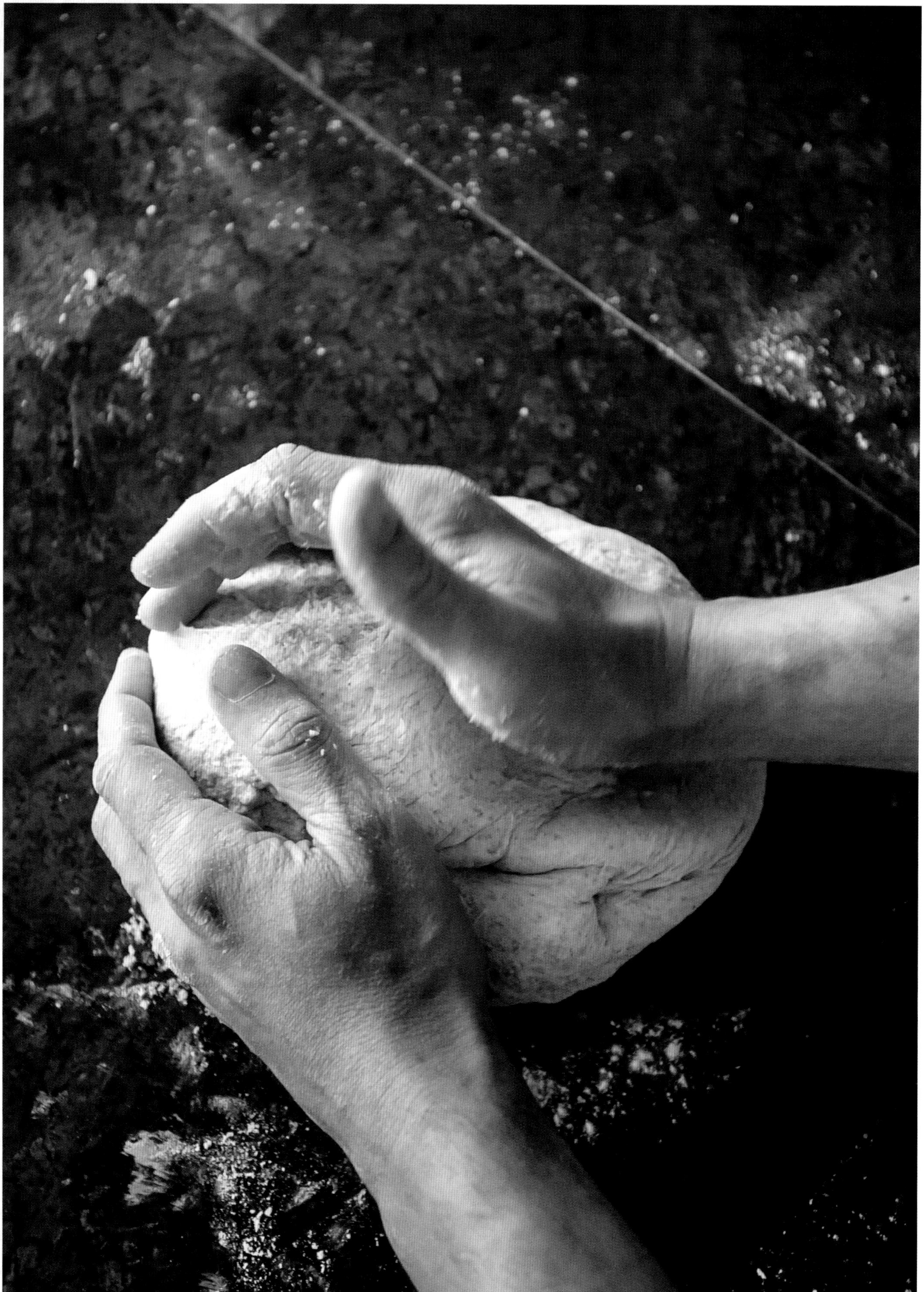

# O fermento da sorte

O primeiro levain que criei em casa, feito com farinha integral e água (mais os micro-organismos que habitam a zona oeste de São Paulo), tinha um nome. Batizei-o de Fortunato, porque eu queria ter a sorte de fazer muitos pães a partir dele e porque ele foi uma espécie de marco inaugural das minhas aventuras como padeiro amador praticante do método natural. Outros até surgiram antes, só que tiveram vida breve, errática. Ele foi o primeiro a vingar, enfim.

Eu não tinha tanta experiência com fermentos e, acredito, poderia ter cuidado melhor deles. Ainda não sabia ler direito as aparências, interpretar os sinais, diagnosticar suas carências. Acho que ele deve ter sentido fome, em alguns momentos, e foi superalimentado, em outros. Passou frio e calor além do limite. Apesar de tudo, ele me rendeu os meus primeiros pães perfumados e cascudos tão próprios da fermentação natural — ainda que a produção não estivesse muito padronizada.

A família e os amigos gostavam das fornadas. Às vezes, eu levava algum filão para o trabalho, no Estadão. Numa delas, o saudoso Saul Galvão, depois de algumas fatias comidas a seco, sem acompanhamento, me falou: "Se eu soubesse fazer um pão desses, não era jornalista". Um elogio e tanto, que só atiçava a minha obsessão pelo assunto. Inventei de criar outros levains, desta vez com farinha branca. E passei a ganhar pedaços de outros fermentos, vindos de outros lugares, padarias de verdade. Entre eles, um "pé" de uma madre gerada há quase cem anos na São Domingos, obtido — legalmente, é bom dizer — pelo amigo Luiz Ligabue.

Por razões óbvias, batizei-o de Domenico e Fortunato passou então a ter companhia. Não só a de Domenico, mas de vários outros fermentos que nem nome tinham, entre exemplares ganhados e criados em casa. Cada um deles morava num tupperware, todos dentro da geladeira. E, quando me dei conta, eu tinha de administrar o conteúdo de seis ou sete potes. É claro que eu não tinha produção suficiente para precisar de tantos levains. E nem havia muita diversidade entre eles. Só que dava trabalho. Ao menos uma vez por semana, eu pegava um por um, descartava uma parte, colocava mais farinha e água, deixava crescer etc. A mesa e a pia ficavam tomadas por recipientes plásticos, por farinhas, deixando no ar um cheiro levemente azedo (agora eu vejo como minha mulher e minha filha foram tolerantes com minha bagunça).

Ainda que a maioria dos fermentos não tivesse nome, todos tinham etiqueta identificadora, com a data de criação ou a padaria de procedência. Até que, um dia, num rompante de assepsia, eu decidi trocar todos os potes e tampas, substituindo por recipientes novos — e esqueci de distingui-los antes. E agora, quem seria quem? Foi ali que eu constatei que, apesar dos pesares, eu conhecia bem as minhas crias. E identifiquei uma por uma, pela textura, pelo cheiro, pelo tamanho das bolhas, pela cor (que variava entre o areia, o gelo e o *off-white*).

Por outro lado, também percebi que estava me transformando mais num colecionador do que num padeiro. Abria minha geladeira e via aquela pilha de potes, ocupando espaço, transformando o refrigerador numa espécie de colônia de férias de leveduras selvagens. Se bobeasse, acabaria me tornando um daqueles acumuladores compulsivos que viram tema de programas de TV. Com o tempo, fui me livrando dos excessos. Contudo, Fortunato, Domenico e um ou outro levain mais pujante ainda moraram por um bom tempo na minha casa. Antes que eu partisse para o minimalismo total… O que eu conto numa outra hora.

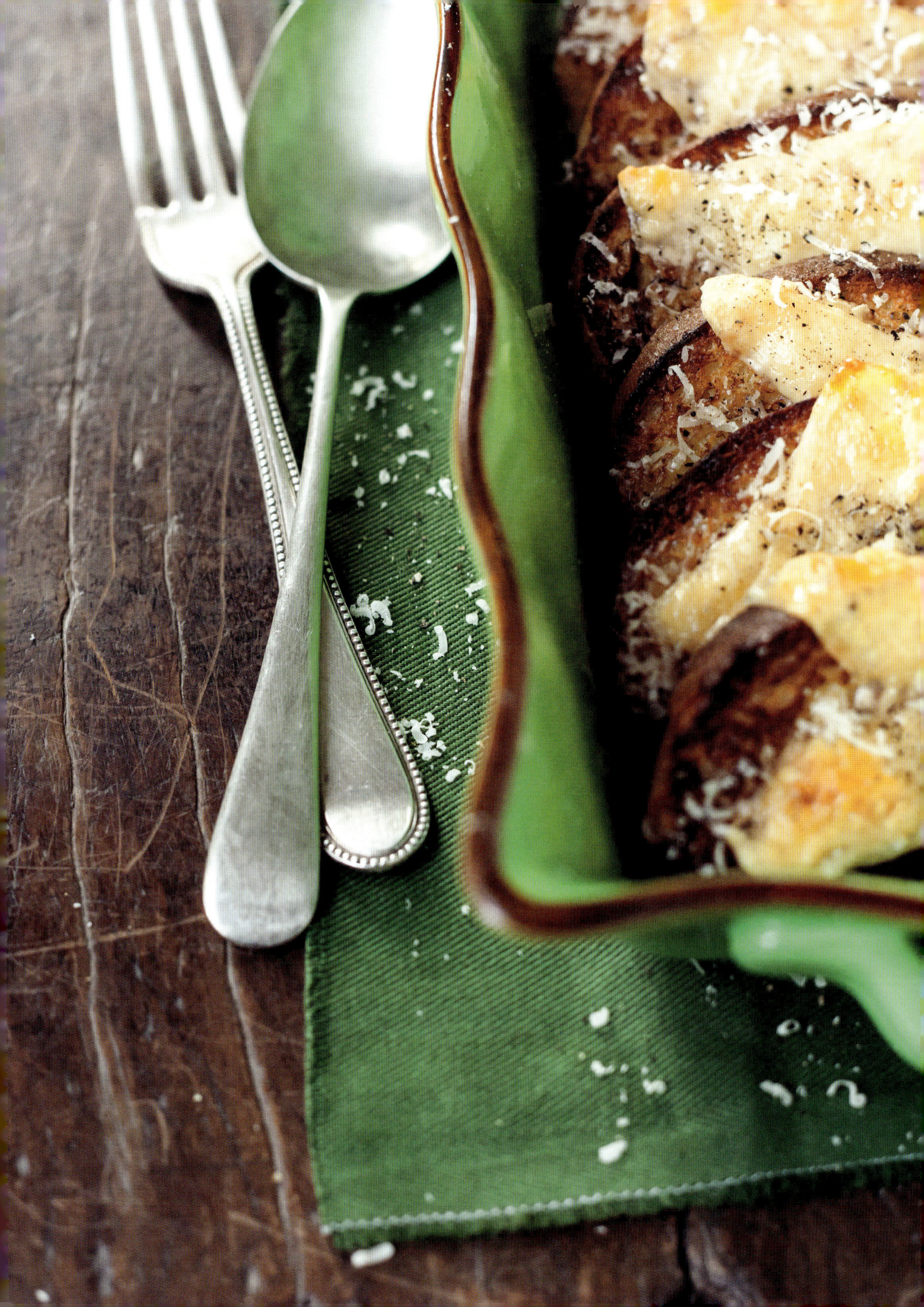

# Rabanada salgada

Rende 6 porções

*É a velha rabanada, reapresentada de um outro jeito (neste caso, mais perto tecnicamente da receita do pain perdu, primo francês do quitute). Pois quem disse que ela sempre precisa ser doce? Nesta proposta, a ideia é não apenas devolver ao pão um pouco da umidade e da textura crocante que o tempo levou embora, mas também transformá-lo em ingrediente de base para algo que pode virar um petisco ou até uma alternativa para o lanche. O queijo, você escolhe conforme seu gosto. O gruyère, por derreter facilmente, é uma ótima pedida. Mas nada impede que você crie uma versão abrasileirada com queijo Minas ou opte ainda por muçarela. Para acompanhar, uma bela fatia de presunto também é bem-vinda.*

20 MINUTOS

## Ingredientes

| | |
|---|---|
| 6 FATIAS | PÃO |
| 1 UNIDADE | OVO |
| 1 XÍCARA (CHÁ) / 240 ml | LEITE |
| UMA PITADA | NOZ-MOSCADA RALADA NA HORA |
| A GOSTO | SAL E PIMENTA-DO-REINO MOÍDA NA HORA |
| A GOSTO | QUEIJO PARMESÃO PARA GRATINAR |

## Modo de preparo

1. Preaqueça o forno a 180 ºC (temperatura média). Corte seis fatias de pão, que não podem ser muito finas. Elas devem ter pelo menos 1 cm de espessura.

2. Num prato fundo, bata o ovo; junte o leite, tempere com uma pitada de sal (e um pouquinho de pimenta-do-reino e de noz-moscada, se quiser) e misture tudo muito bem.

3. Mergulhe o pão no prato com o leite e o ovo. Primeiro de um lado, depois de outro. Se o pão estiver muito duro, deixe uns instantes a mais, para amolecer.

4. Em seguida, passe as fatias para uma frigideira, mas tome o cuidado de escorrer um pouco o pão, para que não fique com excesso de leite e ovo. Doure as fatias em um pouco de manteiga, dos dois lados — mas é só para dourar, mesmo; nada de tostá-las, pois irão para o forno na sequência.

5. Transfira as fatias para um refratário. Cubra-as com queijo em lascas, leve ao forno preaquecido, para derreter (a ideia é que seja rápido, coisa de 5 minutos).

6. Retire do forno e sirva ainda quente, com os frios de sua preferência. Se quiser, rale mais um pouco de queijo e regue com um fio de azeite.

## Pão tipo alemão

Rende 1 pão de cerca de 1 kg

*Tomei uma certa liberdade ao escolher o nome desta receita, pois não se trata de uma legítima especialidade germânica. Mas é bem ao estilo: um pão de miolo carnudo e escuro. A proporção de farinha branca é mínima, para que ele ganhe aqueles ares de schwarzbrot alemão, o pão preto, denso e aromático. O método da panela ajuda: mesmo sendo um pain au levain, sua casca é mais macia e fácil de cortar. Mas a textura, graças aos farelos e grãos, é rica e diversificada: cada mordida tem lá suas surpresas. Como eu sempre proponho em receitas assim, o importante é que, com o tempo, você chegue ao seu próprio mix. Cai muito bem numa tarde fria, acompanhado por geleia e queijo.*

30 MINUTOS PARA A MANIPULAÇÃO • 4 A 6 HORAS PARA O LEVAIN, O NOSSO FERMENTO NATURAL
6 A 8 HORAS PARA A FERMENTAÇÃO • 45 MINUTOS PARA ASSAR

### Ingredientes

| | |
|---|---|
| 1 xícara (chá) / 140 g | FARINHA DE TRIGO |
| 1 xícara (chá) / 160 g | FARINHA DE TRIGO INTEGRAL |
| 1 ½ xícara (chá) / 180 g | FARINHA DE CENTEIO |
| 1 xícara (chá) / 120 g | CEREAIS VARIADOS: FARELO DE TRIGO, FARINHA E SEMENTES DE LINHAÇA, AVEIA, QUINOA, GERGELIM ETC. |
| 1 ²/₃ de xícara (chá) / 400 ml | ÁGUA |
| ¾ de xícara (chá) / 200 g | NOSSO FERMENTO NATURAL (LEVAIN) REFRESCADO |
| 2 colheres (chá) / 12 g | SAL |

### Modo de preparo

1. Num recipiente à parte, misture todas as farinhas. Em outra tigela, comece a agregar todos os ingredientes, menos o sal. Seguindo esta ordem: primeiro o fermento natural, depois a água (aproveitando para amolecer e dissolver um pouco o fermento). Aí, vá juntando o mix de farinha e grãos aos poucos, mexendo com uma colher de pau.

2. Quando terminar de colocar a farinha, deixe de lado a colher e comece a sovar à mão. Acrescente o sal gradualmente, enquanto trabalha a massa, em pitadas bem espalhadas, até o fim. Se quiser, use principalmente a mão direita (enquanto a esquerda segura a tigela; para canhotos, o inverso), apertando a massa, achatando-a e depois dobrando-a sobre ela mesma. Afunde a mão, revire, raspando os pedaços que grudaram no fundo, agregue-os e afunde de novo. Use o peso do corpo, vá experimentando os movimentos, até conseguir um ritmo constante. Não precisa exagerar na força, mas faça uma sova vigorosa. Isso vai deixar a massa mais homogênea, o que é importante para que o pão fique bem macio. Essa ginástica ajuda na formação do glúten, essencial para dar estrutura à nossa receita.

3. A massa vai grudar um pouco no começo. Resista à tentação de acrescentar mais farinha para deixá-la mais seca. Um pão bem hidratado pode ser mais complicado de amassar, mas será mais leve e mais aerado. Não tenha preguiça; sove por, pelo menos, 5 minutos, o que deixará a massa mais elástica, mais fácil de manipular, lisa e uniforme. Com 10 minutos de sova, fica melhor ainda.

4. Tire os excessos de farinha que grudaram na tigela, modele a massa em forma de bola, salpique-a com uma finíssima camada de farinha branca. Cubra com um pano e deixe ali, na tigela, dentro do forno apagado, ou num armário, longe do sol e do vento.

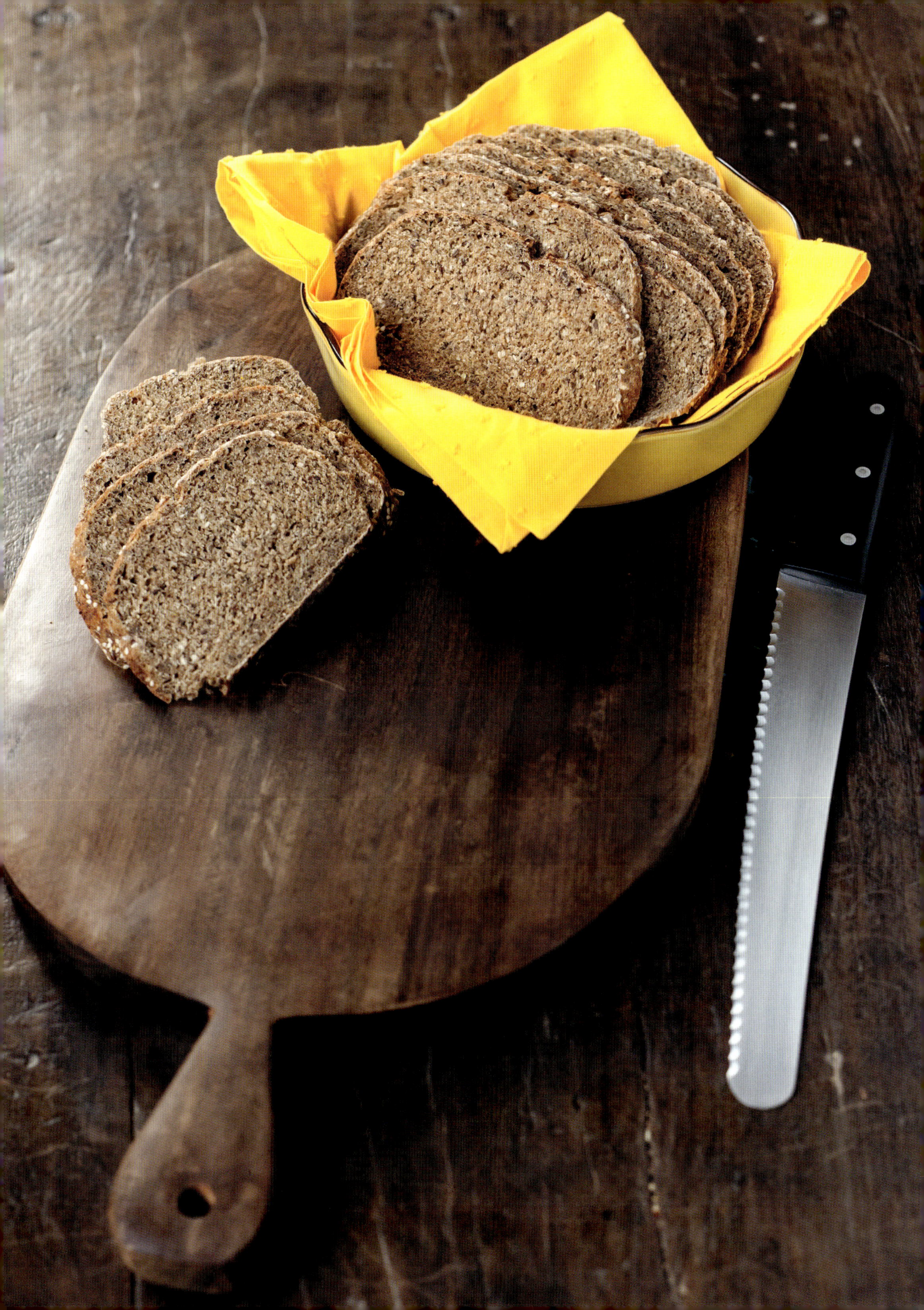

## Primeira fermentação

Se o clima da sua cidade for quente, é provável que a massa cresça em 4 horas, quase dobrando de tamanho. Se a temperatura local for mais amena, espere entre 5 e 6 horas. E, se estiver frio, pode ser que demore até um pouco mais. Dar uma olhadinha de vez em quando, é claro que pode. Mas obedeça ao tempo e não pule etapas.

1. Passado o tempo de fermentação, leve a massa para uma superfície coberta por um pouco de farinha e pelo mix de grãos e farelos que utilizamos — isso também será importante para o acabamento externo. Aperte, achate, dobre e modele em forma de bola. Envolva com farinha integral, generosamente, e cubra com um pano.

## Segunda fermentação

Agora a massa precisa de mais 1h30 de descanso (se estiver calor, 1 hora basta).

1. Prepare a panela para receber o pão. Certifique-se de que o tamanho é adequado (pelo menos 20 cm de diâmetro). É preciso também ter muito cuidado para que o pão não grude. Se a panela não for antiaderente, forre com papel próprio para assar, cobrindo bem o interior da panela. Ou espalhe farinha nas paredes e cubra o fundo com uma dose generosa do nosso mix de grãos. Se a tampa tiver pegador de plástico, preso com parafuso, desenrosque-o. E use um pedacinho de massa (que pode ser só farinha e água) para tapar o buraco.

2. Preaqueça o forno, em temperatura alta, ligando-o 30 minutos antes de assar o pão. Coloque a panela dentro. No final dos 30 minutos, pegue a panela com todo o cuidado, coloque sobre a bancada e tire a tampa. Pegue a massa já crescida e transfira para a panela (se quiser, segure-a pelo próprio papel para assar e, então, coloque na panela). Faça um corte (ou um x) na superfície do pão, tampe e leve ao forno.

3. Deixe assar por 45 minutos. Se a tampa for mantida por todo o tempo, a casca ficará mais fina. Sem ela, ficará mais grossa. Mas, nos primeiros 20 minutos, a panela precisa ficar tampada.

4. Na hora de retirar do forno, cuidado. Apoie a panela numa superfície firme, e observe se o pão está soltando do fundo e das bordas (e você vai me agradecer por ter tido tanta atenção na hora de untar). Retire-o com ajuda de uma espátula ou coisa do tipo, ou despeje-o com cuidado, lembrando que também vai cair farinha. Deixe sobre uma grelha, até esfriar.

## BOM DE CONGELADOR

Pode parecer heresia deixar no freezer um produto tão delicado — e que pode durar vários dias depois de ter sido assado —, mas pães de fermentação natural congelam muito bem. Então não descarte este recurso. Num dia de excesso de produção, digamos, ou de impossibilidade de consumo imediato (se você for viajar, por exemplo), não hesite em guardar seus filões no congelador. O importante é que o pão esteja bem assado, frio e embalado (num saco plástico apropriado para esse fim). Depois, quando for consumir, é só tirar do freezer, deixar descongelar à temperatura ambiente e aquecer no forno.

# Geleia clássica de morango

Rende 1 pote de geleia

*Ela é provavelmente a associação mais rápida que fazemos quando alguém fala de geleia. E pode funcionar muito bem para aquela época em que os morangos estão mais baratos e abundantes — é um bom jeito de conservá-los por mais tempo. A receita é minimalista, fácil: apenas morango, limão, para ativar a pectina das frutas, com todo o seu poder gelificante, e açúcar. Na ausência do demerara, mais delicado, dá para usar o mascavo (ambos são os mais "brutos", no bom sentido, na escala dos tipos de açúcar). Mas não se engane, apesar de fácil, esta receita exige atenção na hora de levar ao fogo. Fique atento para não queimar. Quer mais uma dica? Se for usar morangos muito grandes, pode cortá-los ao meio, que o cozimento será mais uniforme.*

15 MINUTOS PARA PREPARAR • 30 MINUTOS PARA COZINHAR

## Ingredientes

| | |
|---|---|
| 2 CAIXAS / 500 g | MORANGOS |
| 1 XÍCARA (CHÁ) / 200 g | AÇÚCAR DEMERARA |
| CALDO | ½ LIMÃO |

## Modo de preparo

1. Capriche na escolha dos morangos. Escolha os mais vermelhinhos — sem estarem passados, é claro. Lave-os muito bem sob água corrente e arranque as folhas. Numa tigela, deixe-os de molho por 10 minutos. Em seguida, retire os morangos sem escorrer a água, com cuidado para que as "sujeirinhas" fiquem no fundo da tigela.

2. Numa panela, junte os morangos, o caldo de limão e o açúcar. Leve ao fogo baixo e deixe cozinhar por cerca de 30 minutos, ou até que se chegue ao seguinte ponto: calda grossa e morangos bem macios.

3. Retire a panela do fogo e distribua a geleia em vidros apropriados, previamente esterilizados. Tampe e guarde na geladeira.

## CAPRICHOS DA BAGUETE

Este é um dos mais prosaicos e famosos pães do mundo. E, posso garantir, um dos mais difíceis de fazer em casa. Levei anos para acertar uma receita legal, que ficasse parecida com as das boas padarias. Baguete é cheia de manhas e melindres — especialmente quando produzida em condições domésticas.

Precisa ser leve, crocante, saborosa, muito bem aerada. É o pão do cotidiano, embaixador maior da boulangerie à francesa. É um prazer passar a faca no meio do filão, rasgá-lo de ponta a ponta e observar os alvéolos grandes, a textura irresistível. É para comer na hora, puro, com manteiga, num sanduíche. Mas como fazer? É preciso conciliar profundidade de sabor com cocção rápida; uma massa bastante hidratada com uma manipulação intensa.

Neste capítulo, apresento duas receitas diferentes. Uma delas, claro, envolve o levain. A outra leva fermento biológico. Dentro das pretensões e possibilidades de cada uma, funcionam bem. Uma delas, inclusive, é relativamente rápida. Por outro lado, trata-se de um pão com menor durabilidade — o que também não é problema, porque não faltam receitas de aproveitamento. Nem de acompanhamento, da salada à sopa, passando pela sobremesa. Confesso que gostei do resultado.

NESTE CAPÍTULO

Baguete com fermentação natural .................. 129
    Sopa de ervilha seca com paio ................ 133
    Croutons .................................................. 134
    Pappa al pomodoro ................................. 135
    *Viajantes* .............................................. 137
Baguete simples ..................................................... 138
    Bife à milanesa ....................................... 140
    Pudim de pão .......................................... 141

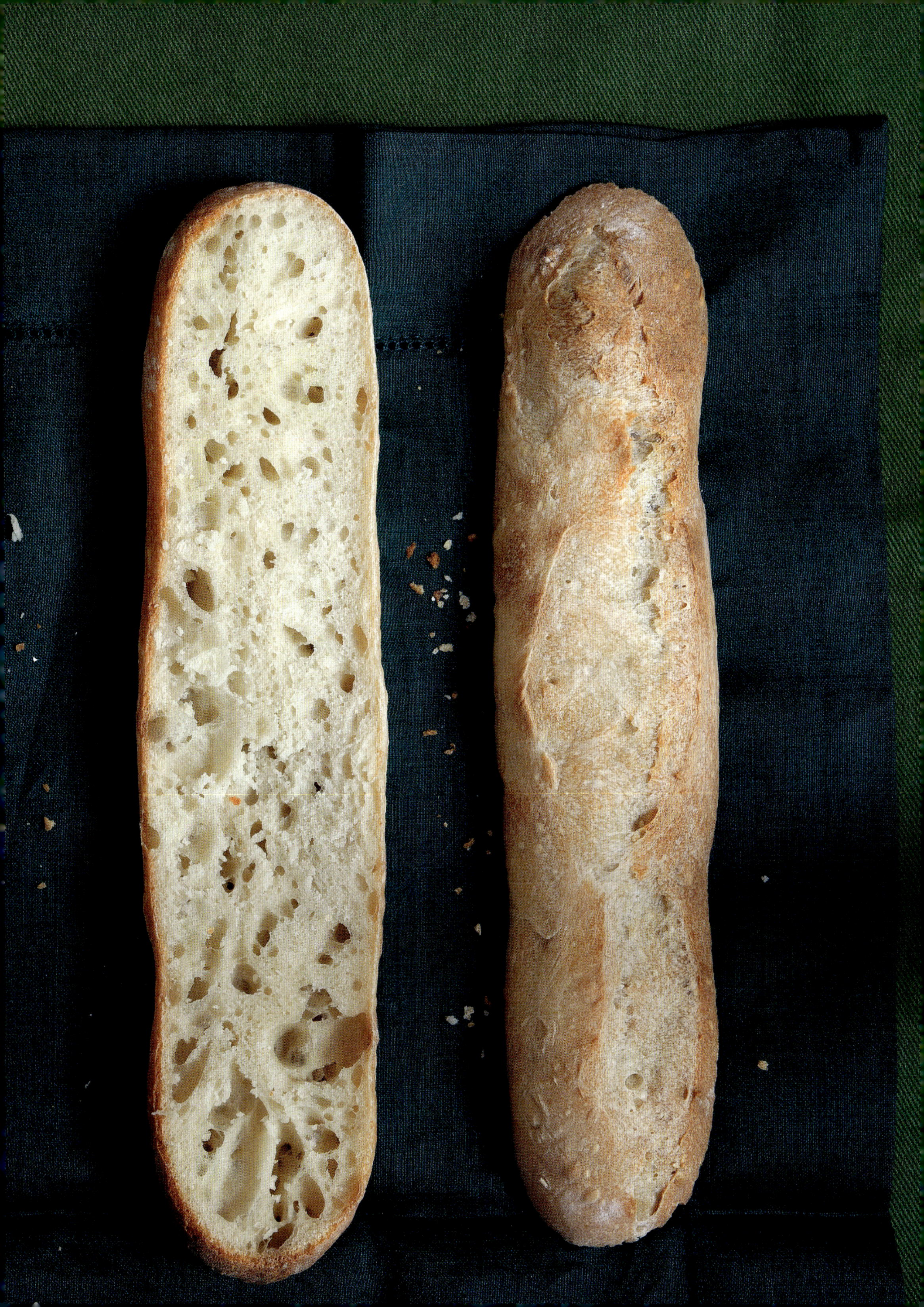

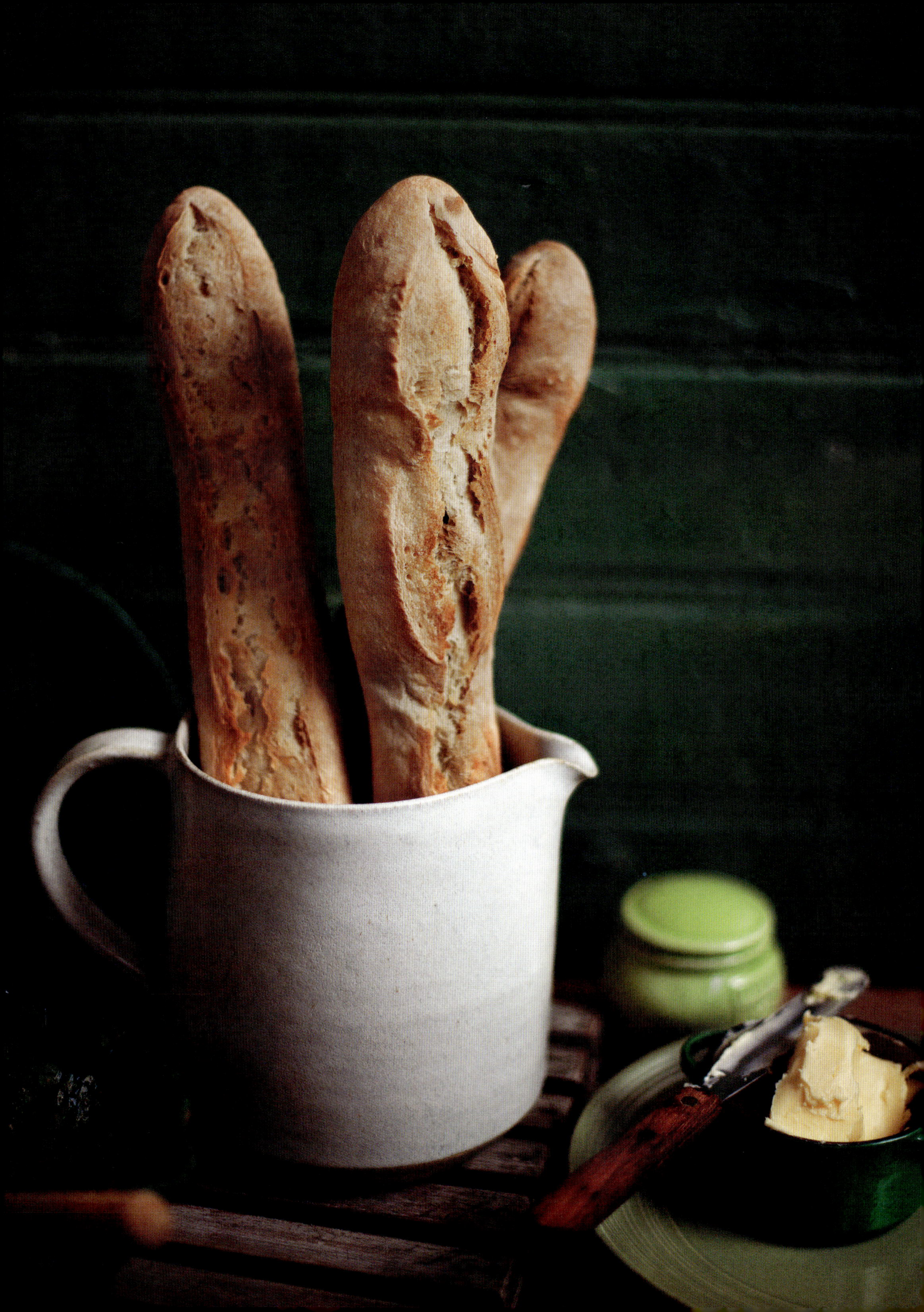

# Baguete com fermentação natural
### Rende 4 baguetes

*Por muito tempo, pesquisei uma receita que conciliasse os benefícios do fermento natural e a velocidade da ação do fermento biológico. Pois baguete precisa assar rápido, mas ter sabor. Ser crocante, mas não cascuda. Ser leve, mas com complexidade. Nesta fórmula, que fui depurando em várias tentativas, utilizo o fermento natural, reforçado pelo biológico. Foi a melhor baguete que já consegui fazer em casa. Dá trabalho, mas vale.*

1 HORA PARA A MANIPULAÇÃO • 1 NOITE PARA O LEVAIN, O NOSSO FERMENTO NATURAL
4 HORAS PARA A FERMENTAÇÃO • 30 MINUTOS PARA ASSAR

### Para ativar o fermento

Esta receita, na verdade, não usa apenas fermento natural. Ele será importante para aportar mais sabor à massa, deixar a casca mais crocante e aromática. Mas vamos usar também o fermento biológico instantâneo, que nos dará um crescimento mais rápido. Para facilitar, a preparação do fermento natural deve ser feita no dia anterior, pois ele precisa estar bem refrescado. Entretanto, vamos fazer diferente: ativá-lo com farinha branca.

### Ingredientes

| | | |
|---|---|---|
| 4 COLHERES (CHÁ) / 20 g | ......................... | NOSSO FERMENTO NATURAL (LEVAIN) |
| 3 COLHERES (SOPA) / 48 ml | ....................................... | ÁGUA |
| ½ XÍCARA (CHÁ) / 70 g | ......................................... | FARINHA DE TRIGO |

### Modo de preparo

Numa tigela, misture bem os ingredientes. Isso pode ser feito na noite anterior, para que, pela manhã, o fermento esteja no ponto. Cubra com um pano e reserve.

### Ingredientes para a baguete

| | | |
|---|---|---|
| 4 ¼ DE XÍCARA (CHÁ) / 600 g | ............................................ | FARINHA DE TRIGO |
| 1 ⅔ DE XÍCARA (CHÁ) / 400 ml | .......................................... | ÁGUA |
| 1 COLHER (CHÁ) / 3 g | ...................... | FERMENTO BIOLÓGICO SECO INSTANTÂNEO |
| ½ XÍCARA (CHÁ) / 130 g | ... | FERMENTO NATURAL (REFRESCADO COM A FARINHA BRANCA) |
| 2 COLHERES (CHÁ) / 12 g | ............................................................ | SAL |

### Modo de preparo

1. Numa tigela grande, misture o fermento natural refrescado, a água, a farinha, o fermento biológico e o sal. A massa estará bem hidratada, pegajosa, e talvez seja mais fácil usar uma espátula para mexer. Mas nada impede que você use a mão. O importante é agregar bem os ingredientes, conseguir uma textura mais homogênea. Faça isso por 10

minutos. Se tiver batedeira apropriada para massa de pão, pode bater por 5 minutos, em velocidade baixa.

2. Depois que a massa estiver bem misturada, passe-a para um outro recipiente. De preferência de formato mais quadrado, pois vai facilitar a manipulação com a espátula. Deixe repousar por 10 minutos.

## Dobra e descanso

1. Terminado o tempo de descanso, com uma espátula, puxe a massa pelo fundo e levante, como se estivesse dobrando-a sobre ela mesma. Faça isso em quatro movimentos: uma vez de cada lado do recipiente (vá girando a tigela com a outra mão). Cubra com um pano e deixe descansar por 20 minutos.

2. Repita então os mesmos movimentos, cubra e aguarde outros 20 minutos.

3. Rebata a massa uma terceira vez, espere mais 20 minutos. Note como a textura já mudou, e como já houve um aumento de tamanho.

4. Cubra de novo com um pano e deixe descansar por 1 hora. Não precisa nem olhar.

## Manipulação e porcionamento

1. Passada 1 hora, você vai reparar que a massa cresceu, está mais lisinha, menos brilhante e menos pegajosa. Transfira-a do recipiente quadrado para uma superfície lisa de trabalho, coberta por um pouco de farinha branca.

2. Com a espátula, repita os movimentos da etapa anterior, dobrando a massa sobre ela mesma, uma vez a cada lado. Cubra com um pano e deixe descansar por 20 minutos.

3. Repita esse processo (manipulação + descanso de 20 minutos) por mais duas vezes.

4. Observe que, agora, a massa já forma algumas bolhas sobre a superfície. Vamos então dividi-la em quatro pedaços iguais. Usando um pouquinho de farinha, faça bolas com cada um deles. Deixe ali mesmo, sobre a superfície de trabalho. Cubra com um pano e deixe crescer por 20 minutos.

## Modelagem

1. Agora, preaqueça o forno a 200 ºC (temperatura alta).

2. Abra espaço na sua bancada de trabalho modele uma bola: achate-a, alongue-a. Vá rolando a massa com as duas mãos e deixe-a com cerca de 40 cm de comprimento e uns 4 cm de espessura. Repita o procedimento com as outras bolas.

3. Transfira as baguetes para a assadeira (se não for antiaderente, deve estar bem enfarinhada). Deixe uma distância de alguns centímetros entre elas, pois ainda vão crescer.

4. Cubra com um pano e apalpe ao longo dos pães, delicadamente, de modo que ele fique bem ajustado sobre as baguetes (se precisar, use mais de um pano). Isso serve para conservar a forma. Deixe repousar por mais 20 minutos.

5. Retire os panos com delicadeza, para não virar ou entortar as baguetes, e, com a navalha, faça três pequenas incisões (4 ou 5 cm) sobre cada uma das baguetes (numa ponta, no meio, na outra ponta). Borrife com um pouco de água e leve ao forno para assar por meia hora, até que os pães fiquem bem dourados. Retire e coloque numa grade, para que esfriem. Coma enquanto estiver quentinho, de preferência. Baguete é um pão de velocidade: quanto mais fresco, melhor.

### TAMANHO É DURABILIDADE

Já falamos sobre como conservar melhor o pão de fermentação natural. Ele pode durar dias. Já a baguete é de consumo rápido. Não tem a ver só com o processo e o tipo de massa: pães grandes, com grande área de miolo, duram mais. Pois ressacam bem mais devagar. Já os finos, ressecam bem mais rapidamente. Por isso, em várias receitas do livro, recomendo que você faça pães mais largos, ovalados.

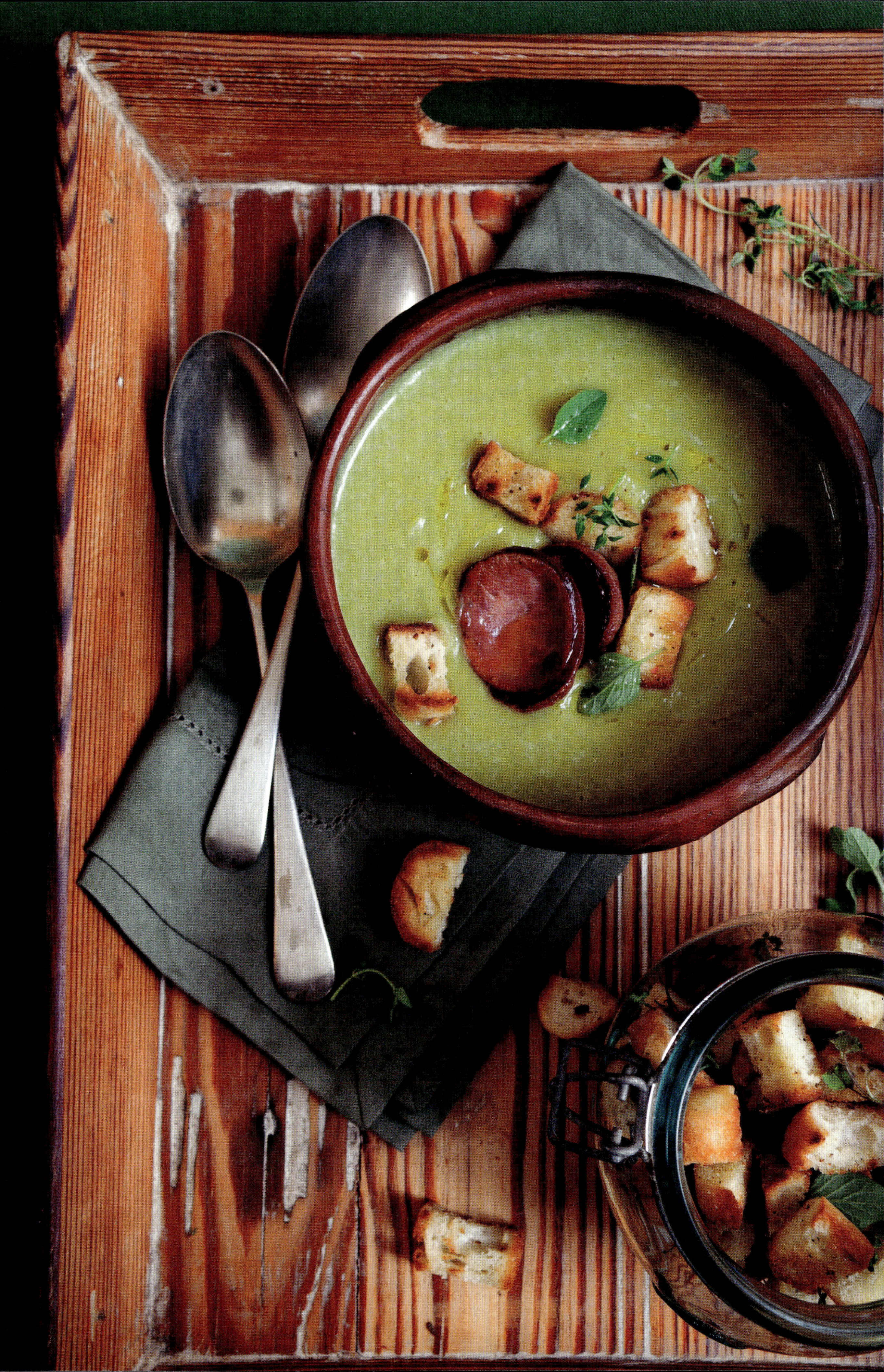

## Sopa de ervilha seca com paio

### Serve 4 pessoas

*Quem inventou a sopa de ervilha? Vai ser difícil afirmar, já que versões diferentes aparecem em várias tradições culinárias. Porém, a citação mais antiga remonta à Grécia dos filósofos e dramaturgos. Foi na peça As aves, de Aristófanes, 400 anos antes de Cristo! Outra praticamente certeza: com toda a sua sabedoria, os atenienses não tinham um belo paio para enriquecer a receita. Nem um pão de alta qualidade para acompanhar. Nós temos, e faremos bom uso, certo? O truque, neste caso, é colocar as ervilhas secas de molho, com antecedência. Aí, fica fácil de cozinhar, dispensando panela de pressão.*

4 HORAS PARA HIDRATAR A ERVILHA • 1 HORA PARA COZINHAR

### Ingredientes

| | |
|---|---|
| 2 ¼ DE XÍCARA / 500 g | ERVILHA SECA |
| 2 COLHERES (SOPA) / 30 ml | AZEITE DE OLIVA |
| 2 UNIDADES | LINGUIÇAS PAIO |
| 1 UNIDADE | CEBOLA MÉDIA |
| 2 DENTES | ALHO |
| 1 FOLHA | LOURO |
| 6 XÍCARAS (CHÁ) / 1,5 LITRO | CALDO DE FRANGO |
| 1 PITADA | SAL E PIMENTA-DO-REINO MOÍDA NA HORA |

### Modo de preparo

1. Você quer a sopa para o almoço ou para o jantar? A pergunta tem um único motivo: você terá de começar bem antes do horário da refeição. Para que as ervilhas estejam hidratadas, coloque-as numa tigela, cubra com o triplo de água e deixe de molho por cerca de 4 horas.

2. Descasque os dentes de alho e a cebola, e pique bem fininho. Corte o paio em rodelas também finas, inclinando a faca na diagonal.

3. Leve uma panela grande ao fogo médio. Quando aquecer, regue com ½ colher (sopa) de azeite e adicione ¼ das rodelas de linguiça. Deixe dourar, mexendo de vez em quando e, com uma escumadeira, transfira para um prato. Repita até dourar todas as rodelas. Reserve.

4. Escorra as ervilhas que estavam de molho. Na panela com a gordura da linguiça, refogue a cebola picada, em fogo baixo, mexendo sempre para não queimar, por cerca de 3 minutos. Junte o alho, continue mexendo, até que ele libere seus aromas.

5. Adicione as ervilhas à panela e refogue por 1 minuto. Acrescente o caldo, a folha de louro e misture bem. As linguiças? Não coloque ainda, mantenha-as reservadas. Quando começar a ferver, deixe o fogo bem baixo. Deixe cozinhar por 15 minutos, com a panela tampada. Mexa de vez em quando até que a ervilha esteja macia. Desligue o fogo.

6. Quando o caldo esfriar um pouco, transfira para o liquidificador e bata até obter um creme liso. Faça isso em etapas, para o copo não transbordar. Se preferir, bata a sopa com um mixer na própria panela.

7. Volte o creme à panela, acrescente as rodelas de linguiça (reserve algumas para decorar) e leve ao fogo alto. Quando começar a ferver, desligue. Verifique o sabor: ajuste o sal e tempere com pimenta-do-reino moída na hora. Sirva quente com um fio de azeite por cima.

# Croutons
### Rende 6 porções

*C*ubinhos de pão tostado para uma salada ou para uma sopa (como a nossa, de ervilhas). Algo tão básico assim, precisa de receita? Eu acho que método de trabalho e algumas dicas sempre ajudam. Por exemplo, o corte: use fatias entre 1 cm e 1,5 cm de espessura. O que não significa que você vai precisar medir com a régua, obsessivamente. Mas é para ter alguma regularidade, embora a aparência seja mesmo rústica. Você pode ainda dourar os cubos no azeite, numa frigideira, adicionando sal — quem sabe pimenta-do-reino — e completando com um toque de suas ervas preferidas, orégano, tomilho, salsinha etc. Ou prepará-los no forno, também com azeite e sal. O importante é que fiquem bem sequinhos, para que você possa inclusive guardar os que não forem consumidos. Por outro lado, os franceses, que adoram um crouton tradicional, também propõem outra forma de reaproveitar e tostar o pão amanhecido. É dividindo as fatias em tiras compridas, chamadas mouillettes, muito adequadas para comer pastas, cremes e afins.

### 20 minutos

### Ingredientes

2 xícaras (chá) .................... pão amanhecido, cortado em cubinhos de 1 cm
2 colheres (sopa) / 30 ml ........................................................... azeite
1 pitada ............................ sal e pimenta-do-reino moída na hora
ervas da sua preferência, como orégano seco, tomilho fresco, salsinha picada

### Modo de preparo

1. Corte o pão em fatias de 1 cm e as fatias, em cubos regulares. Descarte alguma eventual parte muito dura da casca.

2. Aqueça uma frigideira em fogo médio, adicione o azeite. Doure os cubos, mexendo com uma espátula, até que fiquem tostados, mas sem deixar queimar, cerca de 5 a 10 minutos. Tempere com um pouco de sal, pimenta-do-reino e, se quiser, adicione as ervas que estiver usando.

3. Transfira os croutons para uma travessa com papel-toalha. Sirva a seguir ou guarde num vidro ou em outro recipiente com fecho hermético — certifique-se de que estão bem secos e frios, para não criar vapor d'água.

## Pappa al pomodoro

### Serve 4 pessoas

*Prato que remete à Toscana, esta papa de tomates guarda lá seu parentesco com a açorda dos portugueses. A base, claro, é o pão: amanhecido, seco e despedaçado. É ele que dará a estrutura deste sopão substancioso, que pode ser servido quente, nos dias de outono e inverno, ou até mesmo frio, como entrada, no verão. Na origem (em Siena, provavelmente), usava-se o pão regional, o toscano, de farinha branca e feito sem sal. Já a nossa versão recomenda outros tipos — de preferência, menos cascudos. Receita típica contadina, camponesa, a papa é uma louvação ao simples, ao reaproveitamento de ingredientes. Mas fica infinitamente melhor se nos dermos ao luxo de usar um excelente azeite na finalização.*

20 MINUTOS PARA A MANIPULAÇÃO • 1 HORA PARA COZINHAR

### Ingredientes

| | |
|---|---|
| 6 UNIDADES | TOMATES BEM MADUROS (OU 2 LATAS DE TOMATE PELADO ITALIANO) |
| 400 g | PÃO EM FATIAS |
| 2 DENTES | ALHO PICADOS |
| ½ XÍCARA (CHÁ) | FOLHAS DE MANJERICÃO |
| 2 XÍCARAS (CHÁ) / 500 ml | CALDO DE LEGUMES |
| A GOSTO | AZEITE EXTRAVIRGEM |
| UMA PITADA | SAL E PIMENTA-DO-REINO MOÍDA NA HORA |

### Modo de preparo

1. Se não estiver usando os tomates pelados em lata, tire a pele dos tomates. Pique fino, seja o pelado em lata, seja o maduro, e reserve.

2. Numa panela, aqueça um pouco de azeite e doure os dentes de alho picados, mexendo bem para não queimar.

3. Junte o tomate ao alho na panela e misture bem. Deixe cozinhar por 15 minutos, mexendo de vez em quando.

4. Escolha um pão de casca mais fina, como o ciabata, ou uma baguete. Corte rusticamente em pedaços.

5. Passados os 15 minutos, adicione o pão picado ao molho de tomate. Misture bem para embeber os pedaços. Acrescente o caldo e metade das folhas de manjericão.

6. Tempere com sal e um pouco de pimenta-do-reino e deixe cozinhar por 30 minutos, em fogo bem baixo.

7. Observe a pappa, mexa de vez em quando. O ideal é que o pão se desfaça. Se perceber que está ficando muito seco (e com risco de queimar), vá adicionando um pouco de água quente.

8. No final, teremos um caldo muito espesso, de textura grossa. Sirva em tigelas, ou em pratos fundos. Para finalizar, junte as folhas de manjericão restantes e regue com uma porção generosa de azeite extravirgem.

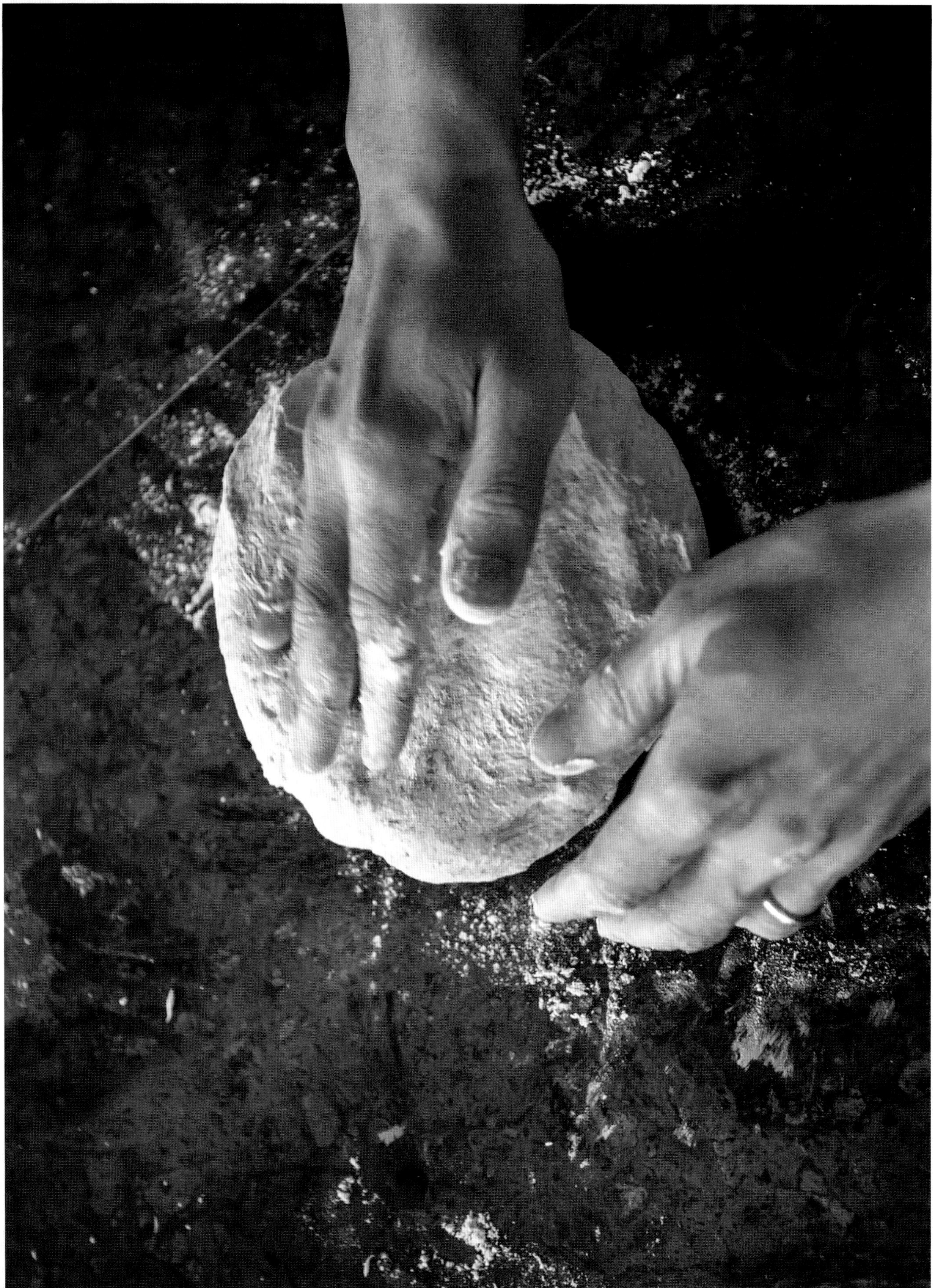

# Viajantes

Preparei um pote com 50 g, fechei a tampa, vedei com fita adesiva. Coloquei numa caixinha, junto com instruções de alimentação e manutenção. Meu fermento nunca tinha ido tão longe: ele estava seguindo para Londres. A viagem em questão era para a casa da jornalista e escritora anglo-libanesa Anissa Helou. Anissa, pesquisadora da culinária do Oriente Médio, esteve em São Paulo e gostou do meu pain au levain, o que me deixou honrado. Ela me pediu um "pé" do fermento, e eu o entreguei no dia do embarque.

Pois o viajante clandestino, nascido na zona oeste paulistana, aguentou bem a mudança de continente e foi habitar uma espaçosa geladeira no leste londrino, em Shoreditch. Anissa conseguiu reativá-lo e fazer um apetitoso pão. Porém, ela acabou não conseguindo manter o seu levain de DNA brasileiro.

Meses depois, Anissa então me escreveu, constrangida, me pedindo mais uma "isca", que eu poderia enviar por intermédio de uma amiga que estava indo para a Inglaterra. Preparei outra embalagem, um pequeno tupperware muito bem lacrado, e mandei para Anissa. O fermento chegou bem, funcionou por um tempo... mas também não aguentou. Em 2012, levei eu mesmo mais um potinho, que acabou durando menos de um ano. Paciência. Mandarei mais, quantas vezes forem necessárias. Sempre que um amigo quiser, o levain estará à disposição.

Quando transportei o levain para Anissa, confesso que senti uma certa apreensão. E se a fiscalização do aeroporto abrisse minha bagagem e implicasse com aquela massa esquisita, meio azeda, fechada num pote, escondida num casaco? Seria um incidente internacional? Eu acabaria indiciado como traficante de seres vivos, terrorista bacteriológico? Um receio semelhante ao de desembarcar no Brasil trazendo queijos e embutidos camuflados entre as roupas — tendo, porém, marcado "não" naquela ficha de informações alfandegárias que questiona o passageiro sobre a posse de alimentos e bebidas. Mas não aconteceu nada.

Já viajei também com levain desidratado. O processo, que eu explico nas páginas iniciais, dá algum trabalho, mas funciona bem. Em vez de uma mistura meio rústica, você leva uma espécie de farofa (o que, cá entre nós, também pode dar margem para questionamentos). Depois de seco e pulverizado ainda em São Paulo, meu fermento foi reidratado e ressuscitou no interior da França, na casa da minha irmã. Naquele dia, particularmente, o pão foi especial: a farinha foi comprada num moinho, que lidava artesanalmente com trigo e outros cereais de lavoura orgânica. Escolhi o tipo de moagem, personalizei meu pedido.

Há um outro lado da questão, que extrapola a vontade de presentear amigos ou de preparar pão em outro continente: descobrir o que fazer com o fermento durante ausências mais longas. Pois trata-se de uma necessidade prática, tal como deixar as contas pagas antecipadamente e cuidar da hospedagem do cachorro. Já usei soluções variadas, como pedir para que minha mãe alimentasse a criatura ou mesmo congelá-la.

Meu método atual de conservação, felizmente, é bem mais prático. O fermento pode aguentar até 15 dias dentro da geladeira, o que tem sido o suficiente, ao menos nas últimas temporadas. Quando eu tiver de ficar mais tempo longe de casa, pensarei no que fazer. Colocar o levain na bagagem e levá-lo junto será sempre uma possibilidade. E seja o que o deus do pão (pela mitologia greco-romana, Baco acumulava a função, junto com o vinho) quiser.

## Baguete simples
### Rende 3 baguetes

*Eu sei o que você deve estar pensando. Deve ser algo do tipo "este é um livro para quem gosta de pão e tem muita paciência". De fato, é. Mas, para não dizer que não dei nenhuma dica de um pão mais rápido, eis aqui mais uma fórmula para baguete, executável em menos de 3 horas (já melhorou, não?). A receita usa fermento biológico e gera um pão para comer bem quente, gostoso, sem grandes pretensões. Repare, pelo próprio processo, que é mais veloz, que o gosto do fermento biológico ficará mais presente. Mas você vai gostar de experimentar. E capriche na sova, que é intensa e um tanto demorada.*

30 MINUTOS PARA A MANIPULAÇÃO • 1H50 PARA A FERMENTAÇÃO • 30 MINUTOS PARA ASSAR

### Ingredientes

| | |
|---|---|
| 3 ½ xícaras (chá) / 480 g | FARINHA DE TRIGO |
| 1 ⅓ de xícara (chá) / 320 ml | ÁGUA |
| 2 colheres (chá) / 12 g | SAL |
| 1 colher (sopa) / 10 g | FERMENTO BIOLÓGICO SECO INSTANTÂNEO |

### Modo de preparo

1. Junte todos os ingredientes secos numa tigela e misture bem. Acrescente a água aos poucos, vá mexendo com uma colher de pau, ou mesmo com uma espátula — é mais fácil para trabalhar a massa —, até tudo ficar bem agregado. Deixe repousar por 10 minutos, para que a água seja mais bem absorvida.

2. Revire a massa com a espátula, dobre-a sobre ela mesma. Quando sentir que ela está mais manipulável, passe para uma superfície levemente enfarinhada, e continue a apertar, dobrar, esticar. Vamos trabalhá-la por 15 minutos. Se tiver uma batedeira apropriada, pode usá-la, na velocidade baixa.

### Primeira fermentação

Depois da sova, molde-a numa bola e passe para outro recipiente, levemente untado com azeite. Cubra e deixe descansar, por 1 hora. A massa vai dobrar de tamanho.

1. Passe a massa para uma superfície coberta por farinha. Sove mais 5 minutos esticando, dobrando, redobrando. Repare como dá para sentir as bolhinhas internas. Na bancada mesmo, cubra com um pano e deixe descansar mais 10 minutos.

2. Agora, vamos dividir a massa em três pedaços iguais. Com cada um deles vamos modelar as baguetes. Estique, alongue, achate e faça a modelagem tradicional, dobrando duas das bordas para o centro, dando o formato típico desse pão, que fica com 30 cm a 40 cm de comprimento. Feche a emenda com cuidado, e vire a massa para deixá-la para baixo.

3. Transfira as baguetes modeladas para a assadeira — se não for antiaderente, polvilhe com farinha. Cubra com um pano, apertando de leve ao longo das massas, para que elas mantenham o formato.

4. Acenda o forno, a 220 °C. Ao final de 30 minutos não só ele estará quente como será o momento de colocar os pães para assar.

5. Faça três incisões em cada pão, nas extremidades e no centro. Retas ou na diagonal. Pulverize com água e asse por 30 minutos, até que fiquem dourados. Retire e coloque na grelha pra esfriar (mas pode comer quente).

### PÃO PER CAPITA

Quando você estiver dominando o preparo dos pães, aposto que vai querer exibi-los para os amigos. E isso vai fazer você não só preparar vários deles, como também servi-los com as receitas de acompanhamentos propostas aqui — quem sabe até não selecione alguns queijos e embutidos. Como calcular a quantidade de pães por pessoa? Vou sugerir algumas medidas de bom senso. Dependendo do pão, ele pode render mais, ou menos.
Um pão mais denso de fatiar, rende mais. Já a baguete, menos: costuma acabar primeiro. Considerando um mix de tipos, calcule em torno de 200 g por pessoa. Mas lembre-se de que é melhor sobrar do que faltar: você pode reaproveitar, usando as sugestões deste livro, mas também dar para os amigos, e até congelar.

# Bife à milanesa

RENDE 4 PORÇÕES

*Empanados são deliciosos, especialmente os fritos — embora médicos e nutricionistas não sejam lá grandes defensores da especialidade, pelo generoso teor calórico. Mas o fato é que bife à milanesa é algo que transcende dietas e que não depende só de uma grande carne para funcionar. A boa farinha de rosca (feita em casa, por favor!) é fundamental. Aqui, a sugestão é a de uma preparação tradicional, quase trivial. Leia e note que, muito provavelmente, ela lembra a receita da mamãe e da vovó. Quero, porém, propor ainda um outro método, usado por meu amigo Maurizio Remmert, um cozinheiro e tanto. Em vez de carne de boi, ele prefere usar filés suínos, bem batidos, até ficarem finíssimos. A crosta de pão, ele só faz no ralador, para obter uma textura bem rústica (ele também dispensa a farinha de trigo: é ovo e pão). Por fim, a fritura é realizada não em gordura abundante, mas numa fina camada de azeite. Posso garantir que os dois resultados — embora diferentes — são muito apetitosos.*

40 MINUTOS

## Ingredientes

| | |
|---|---|
| 4 BIFES FINOS DE CORTES | COXÃO MOLE OU ALCATRA |
| 2 XÍCARAS (CHÁ) | FARINHA DE ROSCA FEITA COM PÃO AMANHECIDO |
| 1 XÍCARA (CHÁ) | FARINHA DE TRIGO |
| 4 XÍCARAS (CHÁ) / 1 litro | ÓLEO DE CANOLA |
| 1 UNIDADE | OVO |
| A GOSTO | SAL E PIMENTA-DO-REINO |

## Modo de preparo

1. Separe pedaços de pão de casca mais fina, de preferência de massa branca. Se for o caso, coloque-os no forno por alguns minutos, para que fiquem bem secos.

2. Bata o pão seco num processador de alimentos, para fazer a farinha de rosca. Se quiser uma textura mais grossa, passe os pedaços de pão num bom ralador. Espalhe a farinha (ou farelos) num prato raso.

3. Prepare os bifes: faça alguns picotes nas laterais — essas pequenas incisões vão evitar que o bife se deforme na hora de fritar. Tempere com sal e pimenta-do-reino.

4. Leve o óleo para esquentar em fogo alto numa panela grande.

5. Quebre o ovo num prato fundo, bata até misturar. Espalhe a farinha de trigo num prato raso.

6. Monte um circuito de trabalho, uma sequência: o prato fundo com o ovo, o prato da farinha de trigo, o da farinha de rosca e uma travessa vazia.

7. Passe o bife pelo ovo e escorra bem. Na sequência, passe pela farinha de trigo cuidando para que fique bem coberto. Sacuda o excesso. Mais uma vez, passe pelo ovo e escorra. E, por fim, aperte bem o bife contra a farinha de rosca, para empanar completamente. Coloque na travessa. Repita a operação com todos os bifes.

8. Diminua a chama para média. Coloque os bifes na panela, dois de cada vez, deixando fritar por 2 minutos de cada lado, até que fiquem dourados. Com uma escumadeira, transfira para outra travessa forrada com papel-toalha.

## Pudim de pão

Rende 8 porções

*Esta receita era feita pela minha avó. Depois, passou para a minha mãe. Era o caminho natural para reaproveitar o pãozinho francês – ou aquele tipo mais comprido, a bengala. Diferentemente da versão à inglesa que também publicamos aqui, esta sobremesa segue mais a linha do pudim de leite. No caso dos nossos pães, baguete, ciabata e exemplares de casca menos dura são os mais indicados. O pudim será preparado em banho-maria, um método que torna a temperatura mais padronizada e regular ao redor da fôrma.*

20 minutos para fazer o caramelo • 30 minutos para cozinhar • 2 horas para esfriar

### Ingredientes para o caramelo

| | |
|---|---|
| 2 xícaras (chá) / 400 g | açúcar |
| ¾ de xícara (chá) / 180 ml | água |

### Modo de preparo

1. Numa fôrma de pudim, misture o açúcar à água, até dissolver. Leve a fôrma ao fogo baixo e não mexa mais. Deixe cozinhar por 15 minutos, pelo menos. O caramelo vai escurecer: tire do fogo quando ficar bem dourado.

2. Em seguida, com a fôrma apoiada numa base mais firme, use uma espátula, ou as costas de uma colher, para espalhar o caramelo por toda a fôrma. Reserve.

### Ingredientes para o pudim

| | |
|---|---|
| 2 xícaras (chá) / 500 ml | leite |
| ¼ de xícara (chá) / 50 g | açúcar |
| 1 colher (chá) | essência de baunilha |
| raspas | limão (opcional) |
| ½ unidade | baguete ou ⅓ de ciabata |
| 4 unidades | ovos |

### Modo de preparo

1. Despedace o pão e bata no liquidificador com os outros ingredientes, até que fique liso. Despeje a massa na fôrma preparada e coloque-a em uma assadeira com água para assar em banho-maria.

2. Leve ao fogo alto e, quando a água ferver, abaixe e cubra com papel-alumínio. Deixe cozinhar por 30 minutos ou até que o pudim esteja no ponto: espete com um palito, se sair limpo, pode tirar — e cuidado para não se queimar.

3. Deixe esfriar à temperatura ambiente. Leve à geladeira, por 2 horas pelo menos.

4. Na hora de desenformar, passe uma faca nas laterais para começar a soltá-lo. Aqueça a fôrma por alguns segundos, diretamente na chama do fogão. Coloque um prato de bolo sobre a fôrma e vire de uma vez. Sirva gelado.

## NÃO PRECISA SOVAR
### (FERMENTO BIOLÓGICO)

    Até aqui, temos falado sobre tudo aquilo que envolve o mundo do pão de fermentação natural: paciência, longos períodos de crescimento, cuidados com o fermento e muita força, muita manipulação da massa. Neste capítulo, vamos propor algo muito diferente. É o pão que dispensa sova, uma técnica de intervenção mínima, embora igualmente de preparação demorada.

    A ideia é a seguinte: produzir um pão com fermento biológico, porém com bom desenvolvimento de sabor, sem precisar trabalhar muito a massa. Sendo assim, a fórmula prevê um alto índice de hidratação, para que a ação da água — como se fosse a própria sova — se encarregue de formar as cadeias de glúten.

    Por isso (para que tenha o devido tempo de formar a estrutura da massa e aportar mais sabor) o processo precisa ser lento, com pouquíssimo fermento. Quais as vantagens? É uma experiência divertida, quase lúdica. E que rende pães com gostinho levemente azedo, com uma casca surpreendentemente crocante, considerando que não se usa fermentação natural.

NESTE CAPÍTULO

Pão branco sem sova .................................... 144
Rabanada tradicional .................. 147
Operação de resgate ................ 149
Confit de ameixa seca com vinho do porto ... 150
Pão sem sova multicereais ........................... 152

## Pão branco sem sova

Rende 1 pão de cerca de 600 g

*A* onda dos pães sem sova se acentuou há uns poucos anos, especialmente nos EUA. O que estava em jogo não era apenas a exploração de uma outra linha de sabor; mas também uma técnica diferente, com resultados interessantes. Mark Bittman, do New York Times, ajudou a divulgar a proposta, tomando por base a receita da padaria Sullivan Street – foi nela que eu me inspirei, com algumas adaptações pessoais. Não se preocupe se não acertar a manipulação logo de primeira. Alguns passos exigem certos macetes, sim. Mas vale treinar, pois o resultado é bom. O que eu aprecio neste pão, particularmente, é sua crosta, uma das melhores que já vi usando fermento biológico. E o toque sutilmente azedo da massa. Por outro lado, sua durabilidade não é das maiores ou melhores: o ideal é comer no dia. Ou reaproveitá-lo em algumas das receitas do livro.

30 MINUTOS PARA A MANIPULAÇÃO • 12 A 20 HORAS PARA A FERMENTAÇÃO
30 MINUTOS PARA ASSAR

### Ingredientes

| | |
|---|---|
| 2 ½ xícaras (chá) / 360 g | FARINHA DE TRIGO |
| 1 ½ xícara (chá) / 360 ml | ÁGUA |
| 1 ¼ de colher (chá) / 7 g | SAL |
| 1 colher (chá) / 3 g | FERMENTO BIOLÓGICO SECO INSTANTÂNEO |
| PARA POLVILHAR | FLOCOS DE MILHO (DO TIPO MILHARINA) |
| PARA ENFARINHAR | FARINHA DE TRIGO INTEGRAL |

### Modo de preparo

1. É realmente muito simples. Basta pegar uma tigela grande, jogar todos os ingredientes, e dar uma misturada. Só. Não é necessário fazer força. (Mas não vou mentir. Precisa dar um mexida rápida, com um batedor de arame ou com uma colher, o que facilita, inclusive, para dissolver eventuais grumos de farinha).

2. Cubra o recipiente com filme e deixe descansar num armário ou no forno apagado por 12 a 18 horas.

### Primeira fermentação

1. Transcorrido o longo período, você vai colocar o conteúdo da tigela – que é cheio de bolhas, mole e grudento – numa superfície com bastante farinha, e pode caprichar na quantidade. A ideia é manipular a massa de forma rápida (se quiser, use uma espátula; mas acho que fica mais fácil com as mãos, também enfarinhadas). Dobre a massa sobre ela mesma, com gestos precisos e ágeis. Uma vez de cada lado, digamos: leste, oeste, norte, sul. Por fim, ajeite a massa como se fosse modelar uma bola bem rústica. Cubra com um pano, sem pressionar, e deixe descansar por 15 minutos.

2. Ao lado da área de trabalho, estique outro pano limpo sobre a bancada e polvilhe com os flocos de milho, sem economizar. A ideia é assentar a bola de massa sobre o pano e envolvê-la por cima e pelos lados com mais flocos de milho e também com farinha integral (vamos ser generosos), para que não grude.

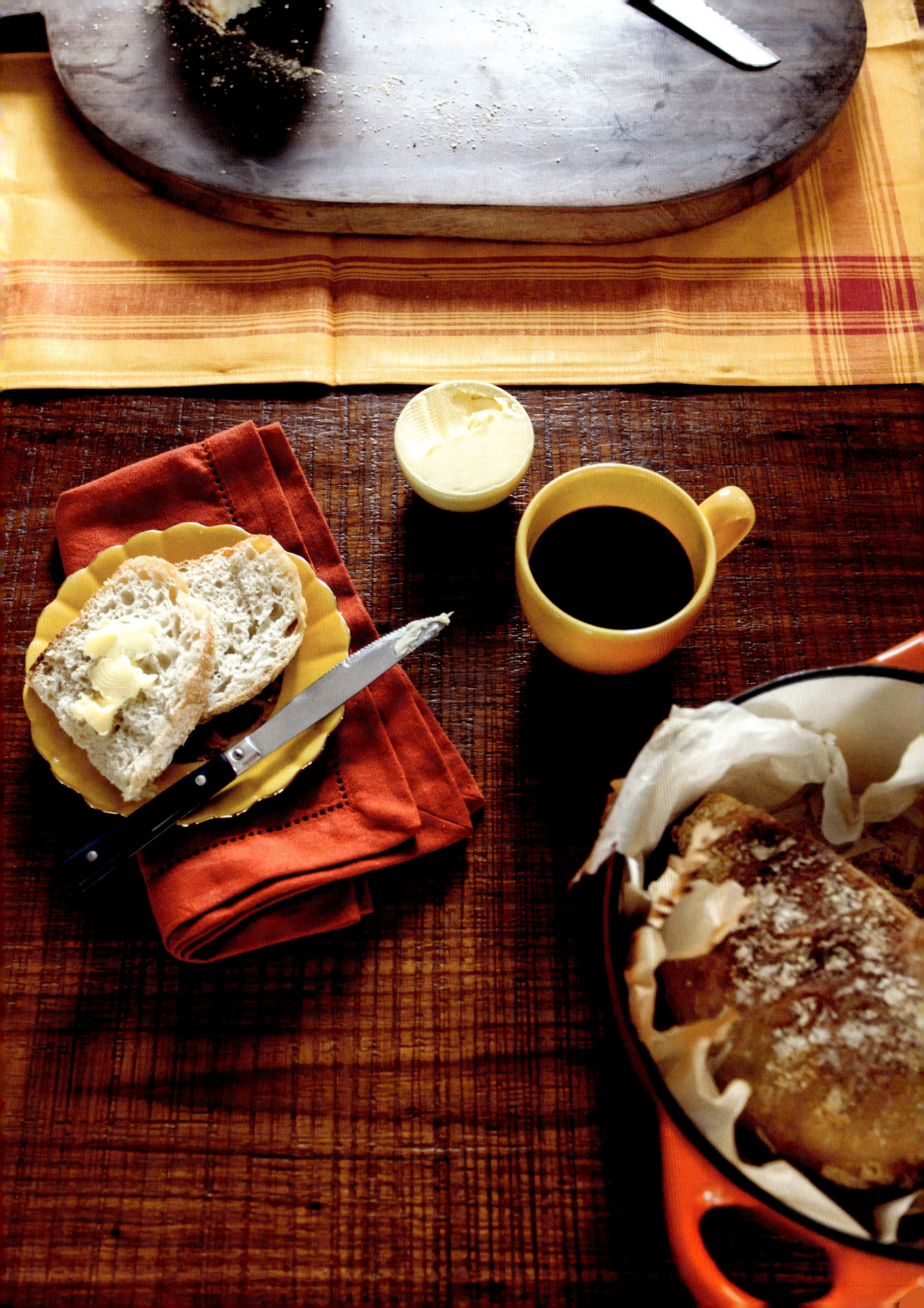

Para transportar a massa, recomendo gestos rápidos e decididos: recolha-a por baixo, coloque-a sobre o tecido. Dobre o mesmo pano sobre a bola, para que fique coberta. Deixe descansar por mais 2 horas.

## Da panela para o forno

1. Preaqueça o forno a 220 ºC (temperatura alta), quando faltar meia hora para terminar o prazo de descanso. Separe uma panela (de aço, cerâmica, ou ferro; o importante é que ela possa ir ao forno). Se não for antiaderente, use papel-manteiga, ou forre-a com mais farelo e farinha integral, para não grudar.

2. Vamos à bola, que terá dobrado de tamanho: descubra-a, pegue-a por baixo do pano, com as duas mãos e coloque-a na panela. Pode parecer difícil, mas faça um ensaio mental e execute. Se não estiver usando panela antiaderente nem papel-manteiga, salpique mais farinha, sem esquecer das laterais (faça isso com atenção; eu aprendi na prática como é chato ter de desgrudar esse pão da panela).

3. Coloque a tampa e leve ao forno. Ao todo, o pão vai assar por 30 minutos. Se quiser deixar a casca um pouco mais dura, retire a tampa no meio do tempo.

4. Ao tirar do forno, acomode a panela num lugar firme. Certifique-se de que o pão está bem solto, antes de tentar retirá-lo. Se for virar a panela sobre uma bancada, não se esqueça de que boa parte do farelo também vai se desprender. Coloque sobre uma grelha, deixe esfriar.

## FERMENTO EM ESTOQUE

Quando não estou usando meu próprio fermento, gosto particularmente do biológico seco e instantâneo. É o tipo que estamos usando no livro, bem mais prático que o biológico fresco (que, em geral, tem data de validade mais curta). Tenha sempre envelopes na sua casa — você pode querer fazer uma baguete ou uma ciabata e é muito chato descobrir que o estoque acabou. Se a embalagem for aberta e você não tiver consumido tudo, feche bem o envelope e leve à geladeira. Mas não demore muito para usá-lo.

## Rabanada tradicional

### Rende 6 porções

*Façamos aqui um exercício de livre associação. Se eu falar em reaproveitamento de pão, muito provavelmente a primeira coisa que virá à sua cabeça é... rabanada. E olha que, ao longo do livro, temos várias sugestões sobre como utilizar aqueles pedaços que sobraram das últimas fornadas. Na receita abaixo, apresentamos um jeito bem simples (não precisa esperar o Natal) de preparar o quitute, mas com alguns toques especiais. Lembrando que, se você quiser seguir um caminho mais de acordo com a tradição do norte de Portugal, pode, por exemplo, adicionar vinho do Porto aos ovos. E fritá-las em óleo, em vez de usar manteiga (que é mais usada no pain perdu francês). Se quiser exemplares menores, use a baguete. Se optar pelos maiores, escolha outro pão, inclusive os deste capítulo. Só não descuide da espessura da fatia, o ideal é entre 1 e 2 cm.*

30 MINUTOS

### Ingredientes

| | |
|---|---|
| 6 FATIAS | PÃO AMANHECIDO (ENTRE 1 E 2 CM DE ESPESSURA) |
| 1 XÍCARA (CHÁ) / 240 ml | LEITE |
| 1 COLHER (SOPA) / 16 ml | LICOR DE LARANJA (OPCIONAL) |
| 1 COLHER (SOPA) / 12 g | AÇÚCAR |
| 2 UNIDADES | OVOS |
| PARA UNTAR A FRIGIDEIRA | MANTEIGA |
| PARA POLVILHAR | AÇÚCAR DE CONFEITEIRO E CANELA EM PÓ |

### Modo de preparo

1. Se estiver usando um pão mais alongado, ao estilo baguete, corte as fatias mais na diagonal, para ter uma superfície maior. Reserve.

2. Junte o leite e o açúcar num prato fundo e misture bem.

3. Em outro prato fundo, bata os ovos com um garfo, até que as claras e as gemas fiquem bem agregadas (e, se quiser, adicione o licor de laranja).

4. Coloque a frigideira para aquecer, no fogo médio. Espalhe um pouco de manteiga, em quantidade suficiente para cobrir o fundo.

5. Agora, atenção com a sequência de movimentos. Passe as fatias pelo leite, dos dois lados; passe então pelos ovos, também dos dois lados; leve à frigideira, deixe dourar, vire e depois retire. Acomode as rabanadas numa travessa, polvilhando com açúcar e canela em pó. Se preferir, dê um toque final com raspas de laranja e pode servir.

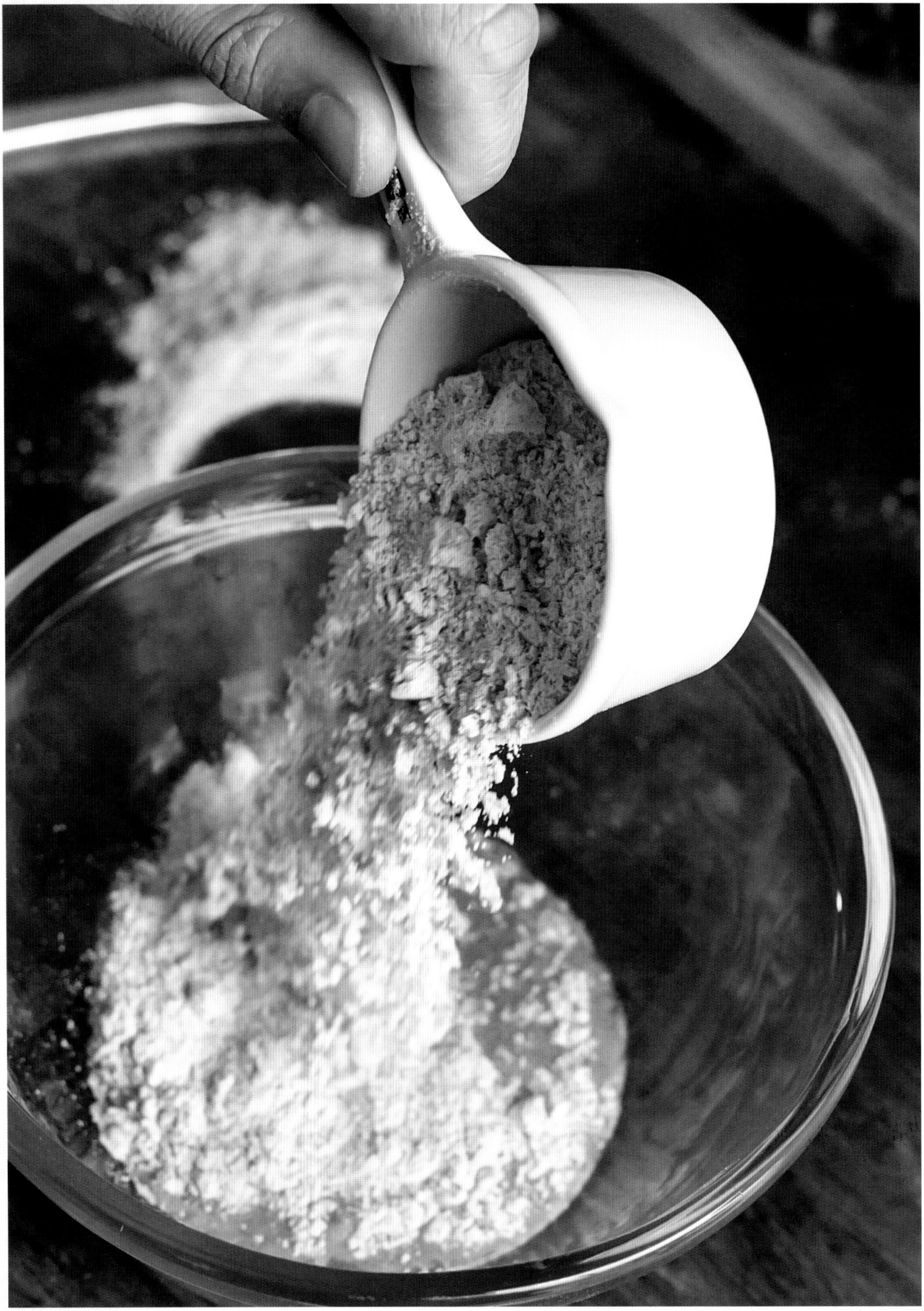

# Operação de resgate

Eis que, num dia de julho de 2009, vi que um de meus fermentos começava a fraquejar. E era justamente o que descendia da padaria São Domingos. Foi aí que entendi que andava descuidando dele, o Domenico — era assim que eu o chamava.

Percebi que tinha entrado numa espécie de rotina. Nossos contatos se resumiam ao momento de refrescá-lo, burocraticamente; ou à hora de fazer pão. Mas era preciso estar mais presente, tomar o pulso, apalpar. E foi então que eu constatei que a textura estava quebradiça; a cor, amarelada. O cheiro andava mais forte, alcoólico; o gosto, azedo demais.

Mas a evidência da enfermidade se viu na hora de fazer os pães. Eles não estavam crescendo como deveriam. E, dentro do forno, o desenvolvimento continuava insatisfatório. Eu cortava, aparecia aquele miolo massudo, sem complexidade de aromas. Enfim, meu levain estava realmente debilitado.

Passei então a refrescá-lo diariamente. Fiz mais um pão e, de novo, o resultado foi tímido. Seria irreversível? Parti então para procedimentos de emergência — quase o equivalente a choques, respirações boca a boca e injeções de adrenalina. Joguei fora quase todo o fermento, deixando apenas um pé, para recomeçar. Reforcei a dose de farinha e água, sovei, deixei descansar, esperei a reação — e ela veio, mais alentadora.

Mas eu só saberia se a operação de resgate havia funcionado no momento de fazer o pão. Com solenidade, misturei os ingredientes, sovei, deixei descansar. E resolvi assá-lo em outro lugar — mais por pensamento mágico do que por razões técnicas. Levei, então, para a casa da minha mãe. No caminho, dentro do carro, de vez em quando eu levantava o pano e olhava a tigela. Nada. Ao chegar, esperei mais um pouco. Um crescimento acanhado, abaixo da média. Mas insisti, modelei, acendi o fogo, aguardei os prazos regulamentares. Levei ao forno.

Os primeiros minutos foram tensos. Não havia muita reação. Nos tempos áureos, pensei, ele já estaria subindo...

Foi quando resolvi parar de observá-lo. Afinal, o que estava ao meu alcance, eu já havia feito. Saí da cozinha, voltei uns 20 minutos depois: o pão havia crescido, claramente formando uma crosta espessa, e começando cheirar.

Meu fermento estava ativo mais uma vez. Eu me sentia feliz e um tanto onipotente. Sentia como se tivesse revertido uma morte.

Perdi muitos fermentos no processo de criação. Isso acontece, é do jogo. Deixar morrer um levain já vivo há tanto tempo, entretanto, era outra coisa.

Naqueles mesmos dias, resolvi examinar com atenção todos os outros fermentos que moravam na geladeira. Estavam sem viço, iguais ou piores do que o revigorado Domenico. Havia aquela camada de água na superfície, que revela falta de alimentação. O cheiro já não era nem mais de álcool, lembrava até o de queijos azuis. Na boca, eram insuportavelmente ácidos, picavam a língua. Um deles estava coberto por uma fina camada de bolor.

Meus levains talvez estivessem mesmo cruzando a fronteira que separa o fermento da podridão.

Parti para mais uma operação de resgate. Descartei a maior parte do que havia nos potes, misturei com farinha e água. No dia seguinte, repeti os procedimentos. Houve melhora nos sinais vitais. Já o "embolorado" passou por uma intervenção radical, no limiar da feitiçaria: adicionei sal, numa tentativa de refrear o apodrecimento (afinal, o sal não apenas conserva como, dependendo da dosagem, bloqueia a própria fermentação). Era a minha onipotência de padeiro/curandeiro, em sua apoteose.

Não funcionou e, antes que o fermento se transformasse numa cultura de cogumelos, foi para o lixo.

Se, naquela época, eu soubesse o que sei hoje — e que divido com vocês no livro —, não teria deixado chegar a esse limite. Na verdade, eu nem teria tantos fermentos. Fui descobrir isso pouco depois. Mas eu explico melhor no próximo capítulo.

## Confit de ameixa seca com vinho do Porto
### Rende 2 potes de geleia de 350 g cada

*Já que falamos de rabanadas neste capítulo, eis aqui mais uma sugestão com ares portugueses. Ameixas secas têm grande durabilidade e isso vale também para nossa receita, que pode aguentar na geladeira por um bom tempo — embora eu tenha quase certeza de que você vai consumi-la rapidamente. Uma dica: o vinho do Porto é um ótimo ingrediente para a cozinha. Tem doçura, personalidade. Mas não precisa usar uma garrafa especialíssima. Um bom ruby — a variante mais simples e frutada — se presta muito bem ao papel.*

50 MINUTOS

### INGREDIENTES

| | |
|---|---|
| 2 XÍCARAS (CHÁ) / 300 g | AMEIXAS SECAS SEM CAROÇO |
| ½ XÍCARA (CHÁ) / 120 ml | VINHO DO PORTO |
| 2 XÍCARAS (CHÁ) / 480 ml | ÁGUA |
| 1 UNIDADE | CANELA EM RAMA |

### MODO DE PREPARO

1. Corte as ameixas em metades e coloque numa panela com a água, o vinho do Porto e a canela em rama. Leve ao fogo médio. Quando ferver, abaixe o fogo e deixe cozinhar por 40 minutos, mexendo de vez em quando.

2. Desligue o fogo, deixe esfriar e transfira para um pote esterilizado. Conserve na geladeira.

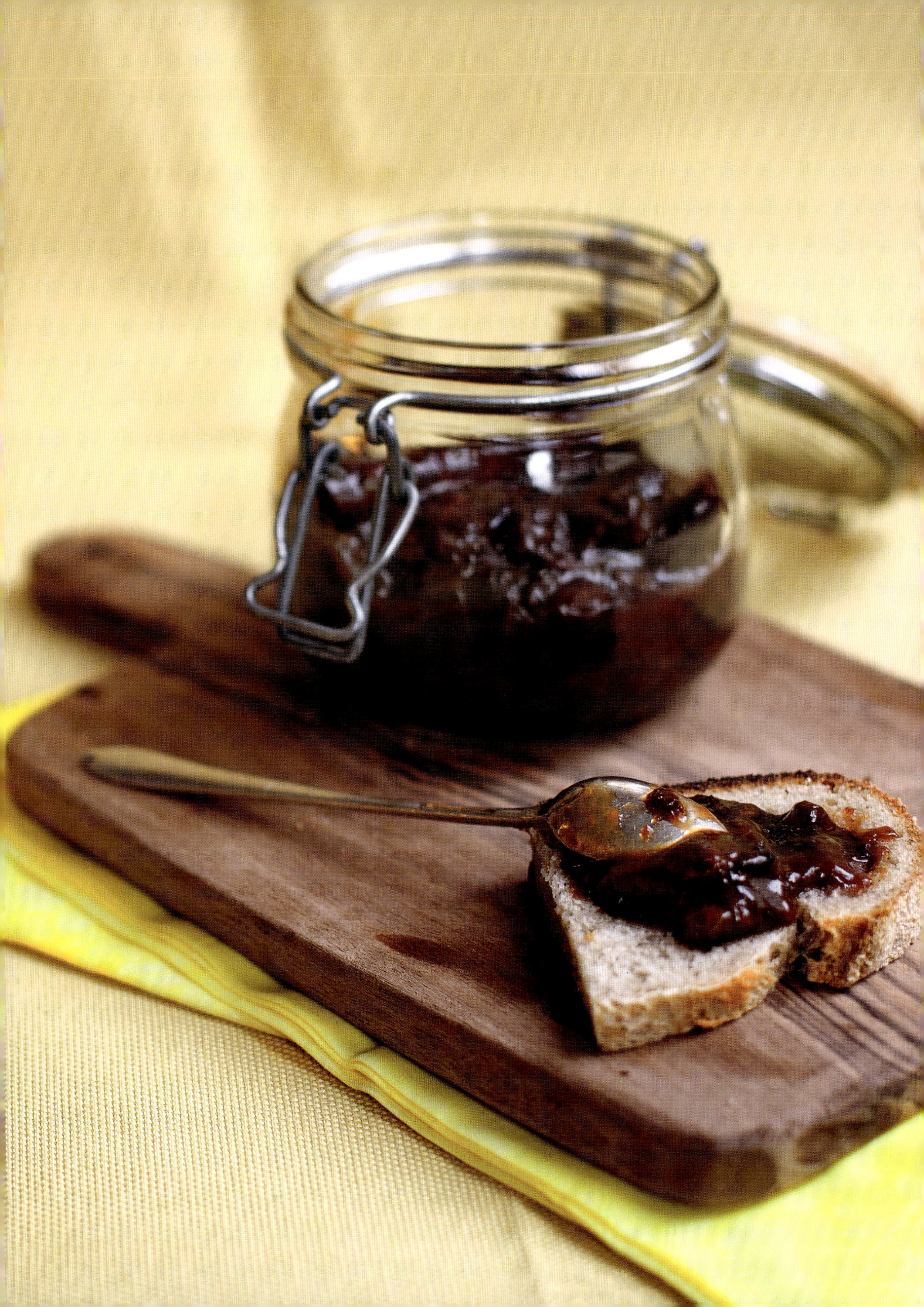

## Pão sem sova multicereais

Rende 1 pão de cerca de 600 g

*A técnica de utilizar a água e o longo descanso como agentes formadores das cadeias de glúten fica muito interessante também com este blend de farinhas (embora vários ingredientes da receita não contenham glúten). O resultado é um pão denso, aromático, com uma crosta de textura bem variada. Como a massa é muito hidratada, é importante envolvê-la com bastante farinha, farelo e grãos. Num certo momento da receita, parece que vai dar errado e tudo vai se tornar um pasticcio. Mas siga adiante, com gestos firmes e decididos, que dá certo.*

30 MINUTOS PARA A MANIPULAÇÃO • 12 A 20 HORAS PARA A FERMENTAÇÃO
30 MINUTOS PARA ASSAR

### Ingredientes

| | |
|---|---|
| 1 ¼ DE XÍCARA / 180 g (CHÁ) | FARINHA DE TRIGO |
| ⅓ DE XÍCARA (CHÁ) / 60 g | FARINHA INTEGRAL |
| ½ XÍCARA (CHÁ) / 60 g | FARINHA DE CENTEIO |
| ½ XÍCARA (CHÁ) / 60 g | CEREAIS VARIADOS: FARINHA E SEMENTE DE LINHAÇA, GERGELIM, QUINOA, AVEIA, SEMENTE DE GIRASSOL SEM CASCA |
| 1 ½ XÍCARA (CHÁ) / 360 ml | ÁGUA |
| 1 COLHER (CHÁ) / 6 g | SAL |
| ½ COLHER (CHÁ) / 1,5 g | FERMENTO BIOLÓGICO SECO INSTANTÂNEO |
| PARA POLVILHAR | FARELO DE TRIGO E OUTROS CEREAIS |

### Modo de preparo

1. Numa tigela grande, coloque todos os ingredientes e misture. Apenas isso. Não é necessário fazer força. Mas mexa bem com um batedor de arame ou com uma colher, até dissolver eventuais grumos de farinha.

2. Cubra o recipiente com filme, coloque num armário, ou no forno apagado, e deixe descansar entre 12 e 18 horas.

### Segunda fermentação

1. Passado o longo período, você vai transferir o conteúdo da tigela para uma superfície com bastante farinha e todos os grãos que usamos na massa. A mistura é mole e bem grudenta, já vou avisando. A ideia é manipulá-la de forma rápida: use uma espátula ou as próprias mãos, enfarinhadas. Dobre a massa sobre ela mesma, com gestos rápidos. Imaginando a massa como um quadrado, você vai dobrá-la uma vez de cada lado, muito objetivamente: 1, 2, 3 e 4. Por fim, ajeite a massa como se fosse moldar uma bola. Cubra com um pano e deixe descansar por 15 minutos.

2. Ao lado da área de trabalho, estique outro pano limpo e polvilhe com nosso mix de grãos, farinhas e sementes, sem economizar. A ideia é assentar a bola sobre o pano e envolvê-la por cima e pelos lados com o mix, para que o pão não grude na panela. Para transportar a massa de forma ágil e objetiva, recolha-a por baixo e largue-a sobre o tecido. Dobre o pano sobre a bola, para cobri-la e deixe descansar por 2 horas.

## Da panela para o forno

1. Preaqueça o forno, em temperatura alta, 220 ºC, quando faltar 30 minutos para terminar o prazo de descanso. Separe uma panela que possa ir ao forno, seja ela de aço, cerâmica, ou de ferro. Cuidado com as que têm cabos plásticos. Retire-os. Se a panela não for antiaderente, forre-a com papel-manteiga ou com mais grãos, sementes e, principalmente, esfregue com farinha integral, para não grudar.

2. Desdobre o pano e descubra a bola, que terá dobrado de tamanho. Com as mãos por baixo do pano, com gestos ágeis, pegue-a e vire-a para dentro da panela.

3. Coloque a tampa na panela e leve o pão ao forno para assar por 30 minutos. Se quiser uma crostinha mais crocante, após 20 minutos destampe a panela.

4. Ao tirar a panela do forno, acomode-a num lugar firme. Certifique-se de que o pão está bem solto, antes de tentar retirá-lo. Se for virar a panela sobre uma bancada, não se esqueça de que boa parte dos grãos, sementes e farinhas também vai se desprender. Coloque sobre uma grelha, deixe esfriar.

### PANELAS E FÔRMAS

A técnica de assar na panela pode ser replicada para outros acessórios — e produzir pães de formatos diferentes. O pão sem sova, por exemplo, pode ser feito numa fôrma de bolo inglês — especialmente o multicereais. Ou numa terrine, mais alongada. Vai da sua criatividade.

### NESTE CAPÍTULO

**Pão ciabata** ............................................................. 156
    **Pão com tomate** ............................................ 158
**Pão da hora** ........................................................... 159
    **Panzanella** .................................................... 160
**Grissini com fermento natural** ................... 162
    **Confit de cebola com especiarias** .... 164
**Panetone** ................................................................ 165
    *Cuide bem. E desapegue* ........................... 171

## VARIANDO AS FORNADAS

Num primeiro momento, você deve ter imaginado que este livro nada mais seria do que uma defesa radical da fermentação natural. Mas depois, ao longo de vários capítulos, você percebeu que, no fundo, o que nos interessa mesmo é conseguir fazer em casa o melhor pão possível, independentemente do processo. Agora, neste último grupo de receitas, a proposta é variar ainda mais.

Você já pensou em fazer grissini com seu fermento? E panetone? Vou mostrar também um outro método para produzir uma massa pré-fermentada, a biga, que será usada numa versão do famoso pão ciabata. E ainda um pãozinho que fica pronto em apenas 1 hora, que até dispensa o uso de fermento!

Já que estamos então arriscando mais, as receitas sugeridas também se abrem para outras perspectivas. Pão com tomate, queijo cottage, confit de cebola? Na dúvida, prepare todos. Você vai ver como é bom preparar uma refeição inteira com as próprias mãos, a começar pelo pão.

## Pão ciabata

### Rende 2 pães

*N*esta receita, vou falar sobre um novo recurso de fermentação, a biga. Considerando seus efeitos, trata-se de um meio-termo entre a fermentação natural e a que utiliza fermento biológico industrial. A biga funciona como um pré-fermento; por isso, é feita com horas de antecedência. Vai permitir que preparemos um pão num método mais lento, de modo a proporcionar um aprimoramento de sabores. Com esta técnica, vamos extrair muito mais as qualidades da farinha do que aconteceria num processo comum com fermento biológico — no qual o gosto das leveduras tende a ser mais percebido do que o do próprio trigo. O que queremos, no caso desta versão da ciabata, é um pão com complexidade de sabor, porém com miolo mais leve e casca mais fina. Trata-se de uma massa bastante hidratada, gerando filões bem aerados por dentro, muito apropriados para fazer sanduíches.

8 A 24 HORAS PARA A BIGA DESCANSAR • 30 MINUTOS PARA A MANIPULAÇÃO
3H20 PARA A FERMENTAÇÃO • 40 MINUTOS PARA ASSAR

### Ingredientes para a biga

| | |
|---|---|
| ⅔ DE XÍCARA (CHÁ) / 80 g | FARINHA DE TRIGO |
| ⅓ DE XÍCARA (CHÁ) / 80 ml | ÁGUA |
| ½ COLHER (SOPA) / 5 g | FERMENTO BIOLÓGICO SECO INSTANTÂNEO |

### Modo de preparo

Na noite anterior ao preparo do pão, junte a água e o fermento numa tigela, mexa bem. Após 10 minutos, acrescente a farinha. Misture bem, trabalhe a massa, até que fique bem lisinha. Passe-a para um recipiente levemente untado com azeite (uma camada bem fina), cubra com filme e deixe crescer por 1 hora, dentro de um armário ou do forno apagado. Depois do descanso, é hora de levar o recipiente para a geladeira, onde a biga vai continuar se desenvolvendo por um período de 8 a 24 horas. Quando for melhor para você, está pronta para usar.

### Ingredientes para a ciabata

| | |
|---|---|
| 2 ¾ DE XÍCARA (CHÁ) / 390 g | FARINHA DE TRIGO |
| 1 ⅓ DE XÍCARA (CHÁ) / 320 ml | ÁGUA |
| 1 COLHER (SOPA) / 10 g | FERMENTO BIOLÓGICO SECO INSTANTÂNEO |
| ⅓ DE XÍCARA (CHÁ) / 80 ml | AZEITE EXTRAVIRGEM |
| 2 COLHERES (CHÁ) / 12 g | SAL |

### Modo de preparo

1. No dia seguinte, retire a biga da geladeira no momento em que for preparar o pão. Passe-a para um recipiente maior e misture com a água e com o fermento seco. Mexa bem, de modo a diluir tudo.

2. Junte a farinha, o azeite e, aos poucos, incorpore o sal. Use uma espátula para mexer, se tiver dificuldades. Quando estiver tudo bem agregado, cubra com um pano e deixe descansar por 20 minutos.

3. Passado esse tempo, comece a trabalhar a massa, que deve estar grudenta. Manipule-a por 5 minutos, na tigela. Então, enfarinhe uma bancada de trabalho, transfira a massa e polvilhe-a também com um pouco da farinha. Sove o pão por mais 5 minutos, pressionando-o, esticando-o, recolhendo-o, continuamente. No final, você vai ver que a massa não estará tão pegajosa.

## Primeira fermentação

Depois da sova, você vai precisar de uma tigela levemente untada com azeite. Acomode a massa, cubra com um pano e deixe repousar num lugar reservado, por 2 horas. A massa vai crescer, provavelmente dobrar de tamanho.

1. Observe a massa, depois do descanso. Ela deve ter crescido bastante, estar brilhante, ter uma textura sedosa. Retorne à bancada, devidamente enfarinhada, e despeje todo o conteúdo do recipiente. Com uma faca bem afiada, corte a massa em duas partes. Modele a primeira metade. Aperte-a, achate-a e comece a dobrá-la, de fora para dentro, até "fechar o envelope" no centro. Vire a emenda para baixo e dê à massa a forma de um cilindro, de cerca de 30 cm. Repita o procedimento com a outra parte.

## Segunda fermentação

Com cuidado, transfira os dois cilindros de massa para uma assadeira grande antiaderente (se não for, precisa estar bem enfarinhada). Cubra-os com um pano e deixe descansar por mais 1 hora.

1. Preaqueça o forno a 220 ºC (temperatura alta) quando faltar 30 minutos para terminar o tempo da segunda fermentação.

2. Com o forno já bem quente, vamos aos passos finais: misture 1 colher (sopa) de azeite com 1 colher (sopa) de água numa tigelinha. Emulsione o melhor que puder, batendo com um garfo. Então, pincele sobre os pães, com delicadeza, mas rapidamente. Polvilhe um pouco de farinha por cima para decorar. E, como se trata de uma ciabata, não faremos nenhum corte. Vamos deixar que pequenas ranhuras apareçam naturalmente.

3. Se quiser, coloque uma fôrma com gelo na parte mais baixa do forno, para criar umidade — o que ajuda nosso pão a ficar mais crocante. Leve os pães para assar por 40 minutos, ou até que fiquem com um belo tom dourado.

### INCLUA PAPEL E CANETA NA RECEITA

Pode ser anotando num caderninho, num tablet, numa agenda. Mas adquira o hábito de registrar a que horas você começou, quando vai terminar, quando será o próximo passo. Use relógios, o timer do fogão, fique de olho no tempo, enfim, já que ele é a base do nosso trabalho. Digo por experiência própria, sobretudo se você for fazer mais de um pão simultaneamente. É grande o risco de você confundir quando é a modelagem de um, quando é a segunda fermentação do outro.

## Pão com tomate

Rende 6 porções

*Os espanhóis gostam muito desta comida. Na Catalunha, particularmente, trata-se de uma instituição. E é, simplesmente, pão com tomate. Podemos usar pão em fatias? Claro que sim. Mas gosto, em especial, de preparar esta tapa clássica com o pão aberto ao meio, para sentir o crocante da casca. Claro que dá para executá-la com várias receitas deste livro. Acho, porém, que funciona ainda melhor com a nossa versão da ciabata. Ou alguma das nossas baguetes. Experimente.*

15 minutos

### Ingredientes

| | |
|---|---|
| 1 unidade | pão do tipo ciabata, cortado ao meio, dividido em 6 pedaços |
| 1 dente | alho |
| 2 a 3 | tomates bem maduros |
| A gosto | sal (de preferência, flor de sal) |
| A gosto | azeite extravirgem |

### Modo de preparo

1. Toste os pedaços de pão, numa chapa ou mesmo no forno. Não precisa queimar, basta que eles fiquem mais crocantes por fora, levemente dourados.

2. Esfregue o dente de alho nos pães, no lado interno. Não precisa apertar demais, é apenas para dar um pouco de sabor e aroma.

3. Corte os tomates ao meio. Esfregue a metade no pedaço de pão, como se estivesse ralando o tomate. A ideia é deixar o pão bem vermelhinho, úmido (contudo, sem amolecer) e com bastante polpa. Se os tomates forem pequenos, provavelmente você usará uma metade para cada pedaço.

4. Coloque os pedaços numa travessa. Finalize polvilhando com flor de sal e regue com azeite extravirgem.

## Pão da hora
Rende 5 porções

*Esta é uma versão livre (inclusive na tradução do nome) do pain journalier, um pãozinho rápido, sem fermentação, que pode salvar tanto um café da manhã num dia de despensa desabastecida, como servir para petiscar com pastas e molhos diversos. É a receita mais veloz deste livro, com um truque no momento de manipular a massa. Quanto mais fino você conseguir deixar o pãozinho, mais rápido ele fica pronto (e muito mais crocante, também).*

40 MINUTOS PARA PREPARAR • 1 HORA PARA A MASSA DESCANSAR

### Ingredientes

| | |
|---|---|
| ⅔ DE XÍCARA (CHÁ) E 1 COLHER (SOPA) / 120 g | FARINHA INTEGRAL |
| ¼ DE XÍCARA (CHÁ) / 60 ml | ÁGUA |
| ¼ DE COLHER (CHÁ) / 1,5 g | SAL |

### Modo de preparo

1. Misture todos os ingredientes numa tigela, até que fiquem todos bem agregados. Sove a massa por 5 minutos, apertando-a, dobrando-a sobre si mesma. Assim que estiver bem lisinha e homogênea, faça uma bola, cubra com um pano e deixe descansar por 1 hora, em local sem calor nem vento.

2. Passado o tempo, divida a massa em cinco porções iguais. Modele-as em bolinhas e, numa superfície enfarinhada, transforme-as em discos bem fininhos (com um rolo, ou mesmo com a mão, o que dá bem mais trabalho).

3. Com a ajuda de uma espátula, leve os discos para uma frigideira antiaderente (não use gordura) preaquecida, à temperatura média. Faça a cocção dos pãezinhos, um de cada vez, virando de lado quando estiver bem dourado (e a massa, visivelmente seca). Junte-os numa travessa ou numa cesta coberta por um guardanapo. Pode servir.

### PÃO NA PRAIA É DIFERENTE DE PÃO NA MONTANHA

Ao nível do mar, a pressão atmosférica é maior. Na altitude, é menor. Isso pode afetar o processo de fermentação. Se você levar o seu fermento para assar fornadas na praia, talvez não perceba se estiver calor. Porém, num dia frio, pode ser que demore mais. Já nas montanhas, a massa pode funcionar até mesmo com uma quantidade menor de fermento (desde que não esteja muito frio, é claro).

# Panzanella
### Rende 4 porções

Na natureza nada se perde, porque nada podia ser perdido. Na chamada *cucina povera, a cozinha popular italiana de produtos simples e baratos, da escassez, do reaproveitamento,* a panzanella ocupa um papel de destaque. É uma salada com vegetais prosaicos e um excelente artifício para utilizar aquele pão que sobrou dos dias anteriores. Como acontece com muitas receitas da Itália, não há um jeito único de fazer. Existem, isso sim, interpretações regionais. Esta versão tem inspiração toscana e é pobre de fato. Você vai encontrar variantes com muçarela de búfala, outros queijos, aliche... Mas a nossa é sem proteína: quem dá a substância é ele, o pão (e, embebido pelo suco dos vegetais, pelo azeite e pelo vinagre, ele recobra a dignidade e fica delicioso).

15 MINUTOS PARA A MANIPULAÇÃO • 1 HORA PARA DESCANSAR

## Ingredientes

| | |
|---|---|
| 2 UNIDADES | TOMATES BEM MADUROS, SEM PELE |
| 4 A 6 FATIAS | PÃO AMANHECIDO |
| 1 UNIDADE | CEBOLA-ROXA |
| 1 UNIDADE | PEPINO |
| UM PUNHADO | MANJERICÃO |
| 2 COLHERES (SOPA) / 30 ml | VINAGRE DE VINHO BRANCO |
| 6 COLHERES (SOPA) / 90 ml | AZEITE EXTRAVIRGEM |
| A GOSTO | SAL E PIMENTA-DO-REINO |

## Modo de preparo

1. Se a casca das fatias de pão estiver muito dura, corte-a. Coloque de molho numa tigela, cobrindo com água e 1 colher (sopa) de vinagre de vinho branco. Deixe o pão amolecer, mas sem excessos: não é para virar uma papa. Quanto tempo leva? Depende da consistência do pão. Retire da água, reserve.

2. Tire a pele dos tomates e corte-os em cubos, aproveitando inclusive a "água" que se desprende. Coloque-os numa saladeira.

3. Descasque e corte a cebola em rodelas bem finas; corte o pepino, também em fatias fininhas. Junte tudo aos tomates.

4. Rasgue o pão amolecido em pedaços pequenos, com as mãos. Adicione à saladeira.

5. Rasgue as folhas de manjericão e agregue. Tempere com sal, pimenta-do-reino, vinagre e azeite. Mexa bem, de modo que o pão absorva todo o molho.

6. Cubra com filme e deixe na geladeira por 1 hora. Leve à mesa alguns minutos antes de servir, para que volte à temperatura ambiente.

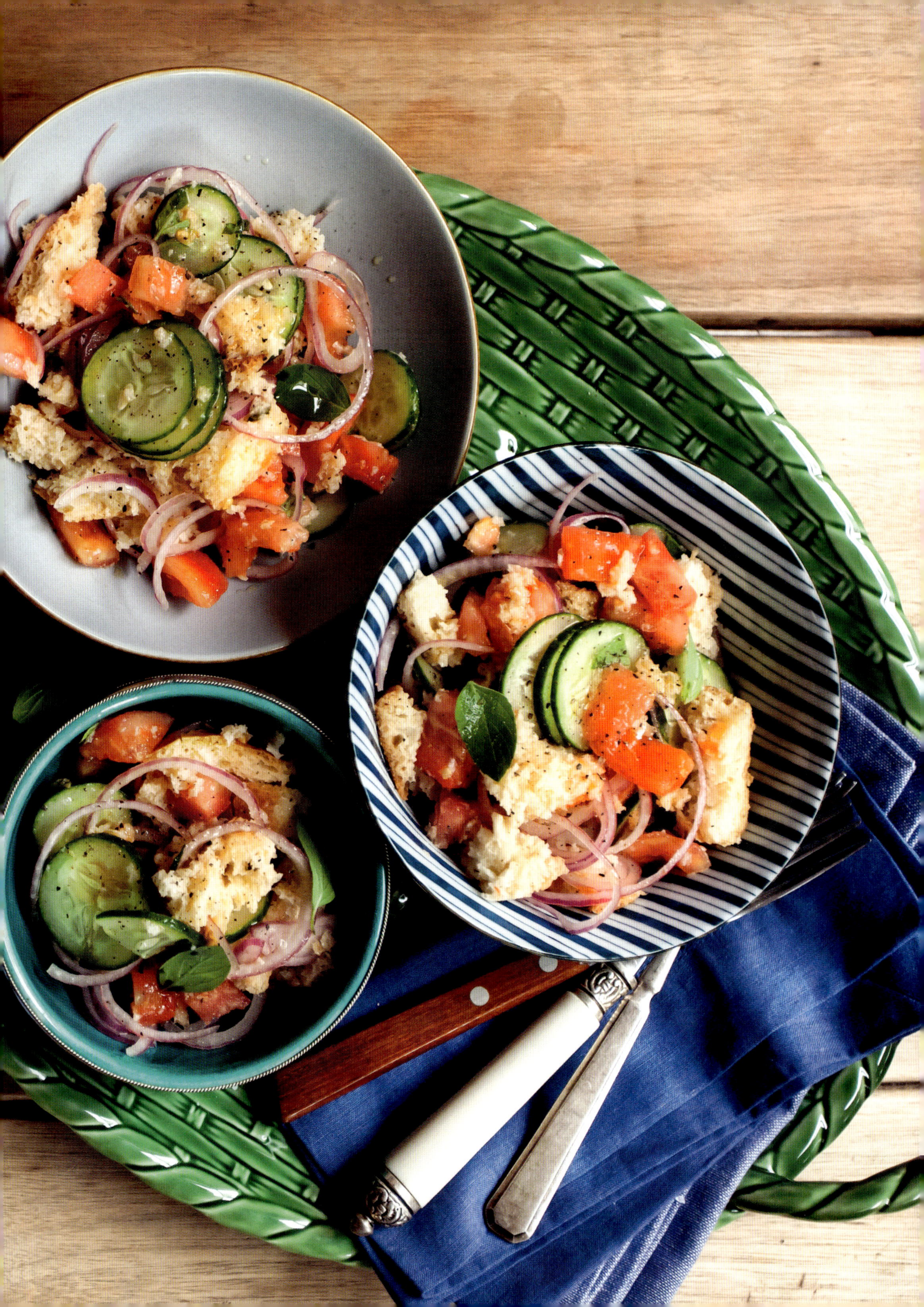

## Grissini com fermento natural
### Rende cerca de 20 grissini

*M*as, alto lá: grissini são pães? Pois são. Podem se assemelhar mais a biscoitos, mas também fazem parte da *famiglia della panetteria.* Neste caso, vamos obter um bastão: é quase todo feito de casca crocante e com o sabor que só o fermento natural pode dar. Uma dica é cortá-los do modo mais homogêneo possível, para que, na hora de assar, não corramos o risco de um ficar mais queimado, de outro ficar cru. Se bem cozidos e bem guardados (num pote de vidro com tampa, por exemplo), eles podem durar muitos dias. Para levar ao forno, um recurso simples que vai nos ajudar bastante é o papel-manteiga, ou algum similar que não grude e suporte temperaturas bem altas.

30 MINUTOS PARA A MANIPULAÇÃO • 4 A 6 HORAS PARA O LEVAIN, O NOSSO FERMENTO NATURAL
4 A 7 HORAS PARA A FERMENTAÇÃO • 20 MINUTOS PARA ASSAR

### Ingredientes

| | |
|---|---|
| 1 ²⁄₃ DE XÍCARA (CHÁ) / 240 g | FARINHA DE TRIGO |
| ²⁄₃ DE XÍCARA (CHÁ) E 1 COLHER (SOPA) / 120 g | FARINHA INTEGRAL |
| 1 XÍCARA (CHÁ) / 240 ml | ÁGUA |
| ½ XÍCARA (CHÁ) / 130 g | NOSSO FERMENTO NATURAL (LEVAIN) |
| 2 COLHERES (SOPA) / 30 ml | AZEITE EXTRA VIRGEM (MAIS UM POUCO PARA FINALIZAR) |
| 1 COLHER (CHÁ) / 6 g | SAL |

ALECRIM E SAL (GROSSO, LEVEMENTE MOÍDO, OU FLOR DE SAL) PARA FINALIZAR

### Modo de preparo

1. Numa tigela, junte o fermento, a água, o azeite, a farinha, mexendo sempre com uma colher de pau. Vá acrescentando o sal, observando se sua distribuição está bem equilibrada.

2. Comece a sovar. Aperte a massa, dobre-a sobre ela mesma, recolha a farinha que ficou no fundo… Se você estiver usando as quantidades sugeridas, vai notar que será fácil manipular a mistura. Trabalhe a massa por pelo menos 5 minutos.

3. Modele uma bola, salpique sobre ela uma camada fina de farinha. Cubra com um pano e deixe descansar, num local longe do sol e do vento.

### Primeira fermentação

O tempo para que a massa cresça pode variar de 4 a 6 horas — se o dia estiver quente, será mais rápido. Mas não tenha pressa.

1. Vamos agora manipular a massa. Numa bancada de trabalho, abra um bom pedaço de papel-manteiga, que possa comportar a massa aberta e que, ao mesmo tempo, caiba na assadeira — ela precisa ser bem grande. É melhor que os grissini não fiquem comprimidos demais.

2. A ideia é transformar a bola num retângulo, bem achatado. É divertido, lembra um pouco os trabalhos com argila e massa de modelar dos tempos da escola. Comprima a massa (sobre o papel), apertando-a, afundando-a rusticamente. Deixe-a bem fina, o máximo que conseguir.

3. Com o nosso retângulo rústico já modelado (20 x 30 cm, por exemplo), cubra a massa com uns fios de azeite, folhas de alecrim e sal (de preferência mais granuloso). Quem já preparou focaccia conhece o gesto: você vai afundar levemente a massa com as mãos, marcando-a com a ponta dos dedos. Faça isso, para fixar melhor o sal e o alecrim.

4. Com uma faca afiada, comece a cortar grissino por grissino, deixando-os da largura de um dedo. Se a faca for longa, aproveite-a em todo seu comprimento: fixe a ponta, desça numa linha reta, de modo que o corte seja feito praticamente num movimento só. À medida que for partindo a massa, use a faca para criar uma separação entre os grissini, deslocando-os para o lado.

5. Transfira o papel para a assadeira: pegue pelas extremidades, de modo que possa levantá-lo inteiro. Cubra com um pano.

## Segunda fermentação

Cubra-o com um pano e deixe num lugar seguro para que ele cresça entre 1h30 e 2 horas (em dias quentes, pode ser por 1 hora).

1. Preaqueça o forno, em temperatura alta, a 220 ºC. Preaqueça por 30 minutos, que será o tempo de descanso da massa.

2. Depois dessa meia hora, mas antes de levar ao forno, dê uma última olhada nos grissini. Veja se não estão colados, se há uma divisão entre eles. Ajeite-os com a faca. Borrife-os levemente com água ou coloque uma outra assadeira na parte mais baixa, com gelo. Leve para assar por 20 minutos, ou até mais, para que fiquem bem dourados.

3. Retire-os e coloque numa grelha, para esfriar.

## SEM PRESSA, MAS SEM DEMORAR DEMAIS

Ao longo do livro, tenho falado muito sobre o respeito ao tempo, sobre o cumprimento dos ciclos etc. Isso vale tanto para os apressados como para os esquecidos. Deixar um pão crescer demais, descansar demais, não é bom. No caso da fermentação natural, a massa pode desenvolver um sabor azedo além do desejável. E uma levedação excessiva pode exaurir o glúten. Ou seja: o pão passa do ponto certo de desenvolvimento e, no forno, não cresce como deveria.

# Confit de cebola com especiarias

### Rende 1 pote de geleia de 350 g

*A técnica de confitar, de cozinhar um ingrediente lentamente em gordura, surgiu como uma forma de conservar alimentos, muito tempo atrás. Porém, mesmo depois da invenção da geladeira (faz tempo), descobriu-se que este é, acima de tudo, um valioso recurso para produzir texturas interessantes e desenvolver sabores deliciosos. O nosso confit de cebola une a delicadeza de uma boa compota ao vigor das especiarias. E vai interagir muito bem, particularmente, com os grissini e os pães da hora deste capítulo.*

1 HORA

## Ingredientes

| | |
|---|---|
| 3 UNIDADES | CEBOLAS MÉDIAS |
| 2 COLHERES (SOPA) / 30 ml | AZEITE |
| ½ XÍCARA (CHÁ) / 120 ml | VINAGRE DE VINHO BRANCO |
| ¼ DE XÍCARA (CHÁ) / 50 g | AÇÚCAR |
| ½ COLHER (CHÁ) | COMINHO EM GRÃOS |
| 3 UNIDADES | CRAVOS-DA-ÍNDIA |
| 1 FOLHA | LOURO |
| A GOSTO | SAL E PIMENTA-DO-REINO MOÍDA NA HORA |

## Modo de preparo

1. Numa tábua, descasque e corte a cebola em metades, no sentido do comprimento. Fatie fino para formar meias-luas.

2. Leve uma frigideira grande antiaderente (que tenha tampa) ao fogo médio. Quando aquecer, regue com o azeite e junte a cebola. Tempere com sal e pimenta-do-reino e misture. Baixe o fogo, tampe a frigideira e deixe cozinhar por cerca de 20 minutos, mexendo de vez em quando, até que as cebolas estejam macias.

3. Junte o açúcar, o vinagre, o cominho em grãos, o cravo e a folha de louro. Misture bem até dissolver o açúcar e deixe cozinhar por mais 30 minutos, com tampa, mexendo de vez em quando. Desligue o fogo e deixe esfriar à temperatura ambiente. Transfira para um vidro esterilizado com tampa e conserve por até uma semana na geladeira.

# Panetone

RENDE UMA UNIDADE DE 1 KG OU DUAS DE CERCA DE 500 G

*Imagine o impacto da cena. Na ceia de Natal, você preparou os grissini, fez um pão para acompanhar os antepastos, outro pão para comer com os assados... E, no fim, ainda apresenta seu próprio panetone, com fermentação natural! Não seria um efeito especial e tanto? Pois dá para fazer em casa e fica muito bom. Não vou enganar ninguém e dizer que fica igualzinho a um panetone profissional, de uma boa marca. Mas chega-se, sim, a um pão muito macio, aromático e leve. Com a vantagem de que, com o tempo, você pode criar seu próprio mix de frutas. Fui tentando várias receitas até chegar a esta fórmula, que compilei a partir de orientações muito preciosas de um grande padeiro italiano chamado Raffaele Mostaccioli. Adaptei procedimentos profissionais mais complexos para uma situação doméstica – a minha, a nossa – e gostei do resultado. Dá trabalho, demora, você se lambuza, coisa e tal. Mas a brincadeira vale as horas e esforços dispendidos. Para fazer uma fornada maior, basta dobrar toda a receita. E se quiser assar panetones maiores, só lembre que o tempo em forno será mais longo. Também para facilitar, sugiro que você fique à vontade para preparar a receita numa panela – já que nem todo mundo tem à mão as fôrmas de papel, próprias para panetone. (Eis aqui outra dica. Minha mãe, astutamente, conseguiu comprar essas fôrmas na padaria perto da casa dela. Tente na sua vizinhança).*

6 HORAS PARA O LEVAIN, O NOSSO FERMENTO NATURAL • 16 A 24 HORAS PARA A FERMENTAÇÃO
30 MINUTOS PARA A MANIPULAÇÃO • 40 MINUTOS PARA ASSAR

## INGREDIENTES

| | |
|---|---|
| 3 ½ XÍCARAS (CHÁ) / 490 g | FARINHA DE TRIGO |
| ½ XÍCARA (CHÁ) / 130 g | NOSSO FERMENTO NATURAL (LEVAIN) |
| ¾ DE XÍCARA (CHÁ) / 150 g | AÇÚCAR |
| 1 XÍCARA (CHÁ) / 200 g | MANTEIGA |
| 4 UNIDADES | GEMAS |
| ¾ DE XÍCARA (CHÁ) / 180 ml | ÁGUA |
| 1 COLHER (SOPA) / 8 g | LEITE EM PÓ |
| 1 COLHER (SOPA) / 15 ml | MEL |
| 1 COLHER (CHÁ) / 6 g | SAL |
| 1 XÍCARA (CHÁ) / 140 g | UVAS-PASSAS |
| ¾ DE XÍCARA (CHÁ) / 120 g | FRUTAS CRISTALIZADAS |
| RASPAS DAS CASCAS | 1 LIMÃO SICILIANO E DE 1 LARANJA (BAÍA, POR EXEMPLO) |
| 1 COLHER (CHÁ) | ESSÊNCIA DE BAUNILHA |

## MODO DE PREPARO

Para fazer esta receita, reserve um bom tempo. Você vai começar num dia e só acabar no outro. E preste atenção nas etapas, nas pausas e descansos. Ela é trabalhosa e um pouco difícil na manipulação. Mas compensa.

1. Cerca de 6 horas antes de começar, alimente um pedaço do seu fermento com farinha branca, na proporção que usamos aqui no livro: x g de fermento, 2x g de água, 3x g de farinha. Vamos precisar de ½ xícara (chá). Considere, por exemplo, 1 colher (sopa) de fermento, 2 colheres (sopa) de água e ⅓ de xícara (chá) de farinha branca.

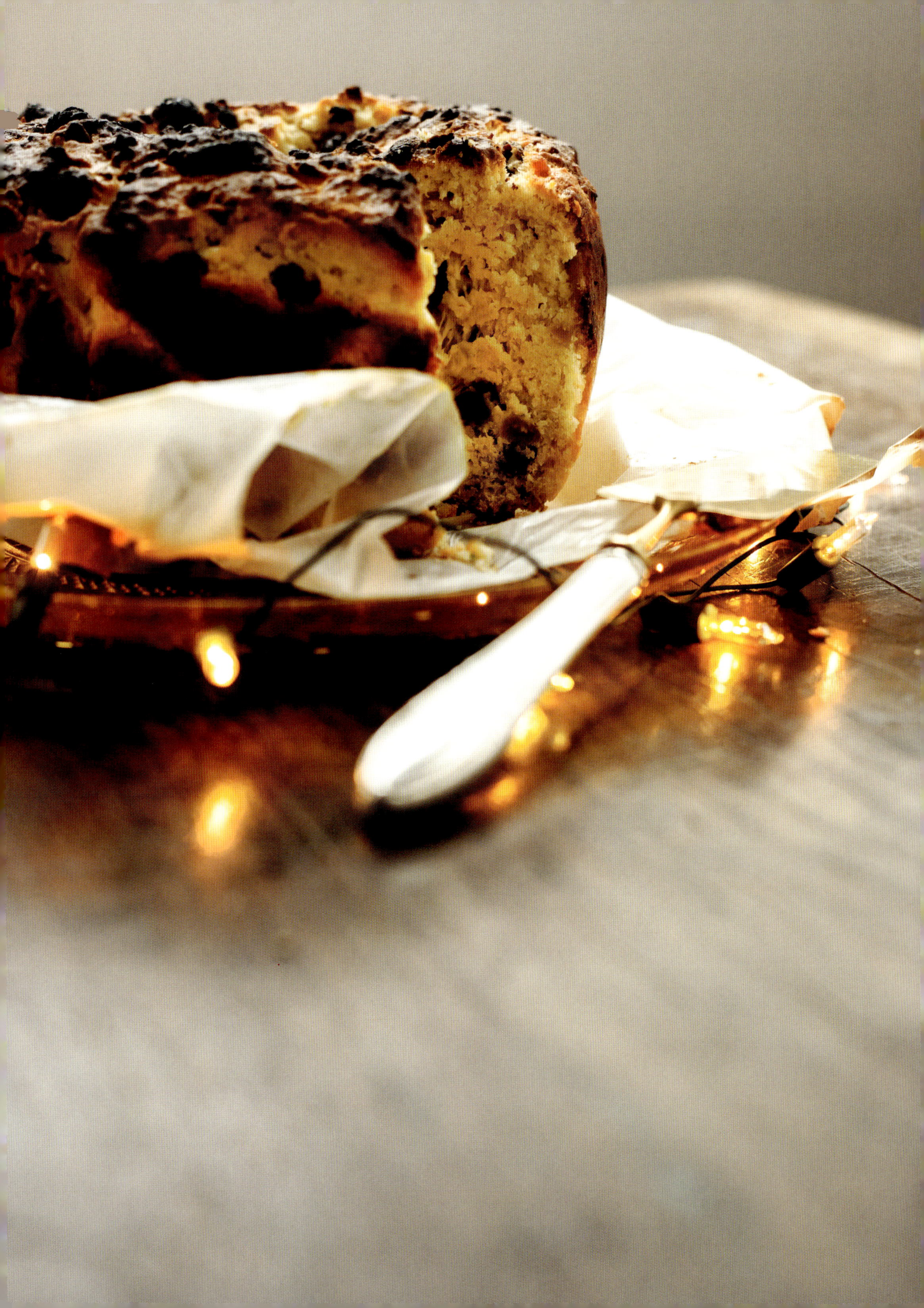

2. Numa tigela grande, coloque 2 ½ xícaras (chá) de farinha (a xícara restante fica para mais tarde). Adicione o fermento natural.

3. Num outro recipiente, misture 2 gemas a ½ xícara (chá) de água e bata bem com um garfo. Agregue à farinha e ao fermento. Sove a mistura, unindo bem os ingredientes. Aperte, afunde a mão, recolha, dobre a massa sobre si mesma. Até obter uma textura macia, como se fosse uma massa fresca de macarrão. Isso vai levar uns 5 ou 10 minutos. Se quiser, sove na bancada. Faça uma bola, cubra a tigela com um pano e deixe descansar por 30 minutos.

4. Paralelamente, numa outra tigela, junte metade da manteiga com metade do açúcar e a essência de baunilha. A manteiga deve estar bem mole, com consistência de pasta. Misture tudo, rapidamente.

5. Passados os 30 minutos, vamos somar o açúcar aromatizado e a manteiga à massa que estava descansando. Faça isso gradualmente: achate a massa, coloque ⅓ da manteiga com açúcar no meio, feche a massa, como se fosse "recheá-la". Aperte, sove, misture bem. Achate a massa de novo, coloque mais ⅓ de manteiga e açúcar, repita todo o procedimento, até agregar tudo. Se você tiver uma batedeira apropriada, será mais fácil. Bata na velocidade baixa.

6. A massa fica bem mole, difícil de trabalhar. Aperte-a, faça-a escorrer entre os dedos, desenvolva uma certa intimidade com ela, digamos assim. Se considerar melhor, use uma espátula. Misture tudo, até ficar bem homogêneo. (O braço dói, não?)

## Primeira fermentação

Cubra com um pano e deixe descansar. Vamos esperar a massa crescer, entre 8 e 12 horas. Se você começou de manhã, por exemplo só vai revê-la à noite... Mas vá observando a massa. Repare que haverá mudanças no tamanho e na textura. Quer matar o tempo? Então, aproveite para hidratar as passas e frutas cristalizadas. Para isso (é opcional), use uma dose de licor Cointreau — os toques cítricos da bebida farão bem ao panetone. Transcorridas as horas necessárias, é o momento de incluir os demais itens da receita.

1. Na mesma tigela onde está a massa que cresceu, comece a adicionar os ingredientes que faltam. Mas seguindo uma ordem: coloque a farinha, o sal, o leite em pó e misture bem. Pode começar com uma colher de pau, ou uma espátula.

2. Num prato fundo, bata as 2 gemas com o que resta de água (¼ de xícara). Adicione à tigela, mexa bastante, sove a massa.

3. Num recipiente à parte, misture o açúcar, a manteiga em consistência de pasta e o mel. Raspe a casca de 1 limão siciliano e a de 1 laranja. Adicione.

4. Assim como fizemos na primeira parte da receita, a manteiga com açúcar (mais o mel e as raspas) será incorporada gradualmente. Achate a massa, adicione primeiro ⅓, cubra-o com a própria massa, sove. Repita esse procedimento mais duas vezes. A massa, já vou avisando, é bem mole e grudenta. Se você tiver batedeira adequada, pode usar, em velocidade baixa. Apenas o necessário para agregar os ingredientes, não precisa trabalhar demais.

5. Coe as frutas, enxugue com papel-toalha. Seque-as bem, para que a umidade não interfira na massa.

6. Junte as passas e frutas cristalizadas, incorporando-as à massa aos poucos. Observe se elas ficaram bem distribuídas, bem espalhadas.

7. Cubra a tigela, pois vamos levar a massa para a geladeira, por 30 minutos, o que vai facilitar a manipulação. A ideia é modelar bolas — rapidamente, mas com delicadeza — e dividir as porções.

8. Tire a massa da geladeira e prepare uma superfície, polvilhada com farinha. Vamos trabalhar a massa sobre ela. Despeje-a sobre a bancada e, se precisar, passe um pouco de manteiga nas mãos, para não grudar. Vamos dividir a massa em duas partes iguais e dar a elas um formato redondo (se você achar mais fácil, utilize uma espátula untada com manteiga).

9. Coloque cada uma das bolas numa fôrma de papel para panetone (aquelas de 500 g). Ou use uma panela que possa ir ao forno, de tamanho semelhante (diâmetro por volta de 15 cm). Se não for antiaderente, é necessário forrar com papel-manteiga. Leve para um local tranquilo, sem calor nem correntes de ar.

### Segunda fermentação

Deixe levedar novamente. Vamos esperar entre 6 e 10 horas. Concluído o descanso, nossa massa terá crescido um pouco mais. É importante, no entanto, que ela não ultrapasse a altura da fôrma (ela ainda vai crescer dentro do forno).

1. Preaqueça o forno a 200 °C, por 30 minutos.

2. Pouco antes de colocar para assar, com uma lâmina muito afiada, delicadamente, corte uma cruz sobre cada um dos panetones. Coloque um pedacinho de manteiga sobre eles.

3. Leve para assar por 40 minutos. Se você achar que o topo está ficando muito escuro bem antes de terminar a cocção, cubra com papel-alumínio. Importante: caso você prefira fazer um panetone maior, assando o total da massa numa única panela, observe que vai demorar mais para ficar pronto. Calcule entre 50 e 55 minutos de forno.

4. Retire do forno e deixe esfriar. Se você estiver usando a fôrma de papel, pode usar um truque recomendado pelos padeiros para que a massa não abaixe. Como? Deixando-a de cabeça para baixo. Com alguns espetos enfiados na base do panetone (faça isso com cuidado), de modo que ele possa ser apoiado e fique suspenso. Sirva no mesmo dia.

## UMA FORÇA PARA A FARINHA

Passar a farinha de trigo por uma peneira, antes de utilizá-la, é um procedimento que pode ajudar tanto na mistura da massa como na própria textura do pão: peneirar contribui na oxigenação dos grãos, o que, por sua vez, fortalece o glúten.

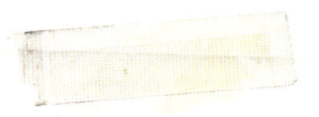

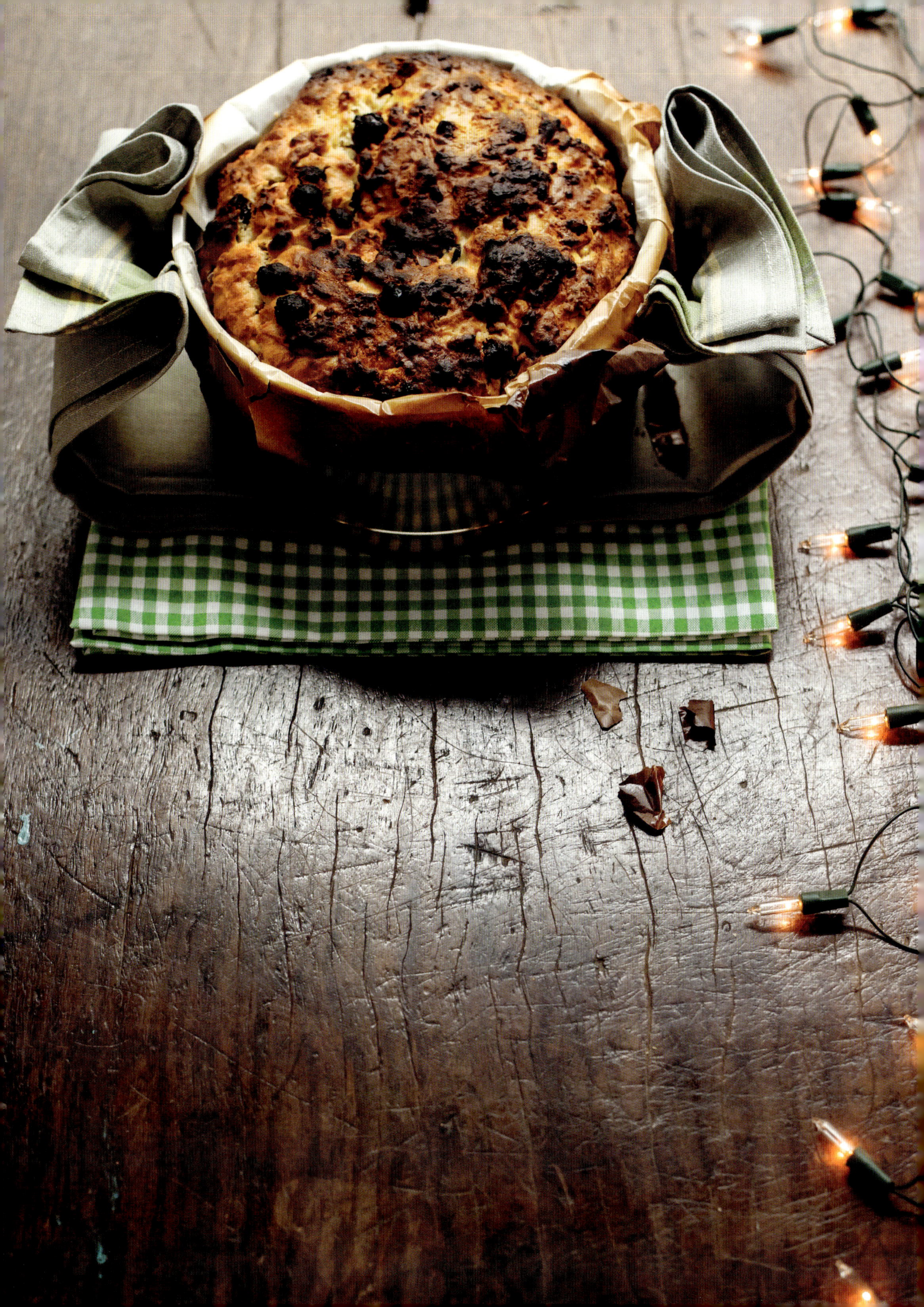

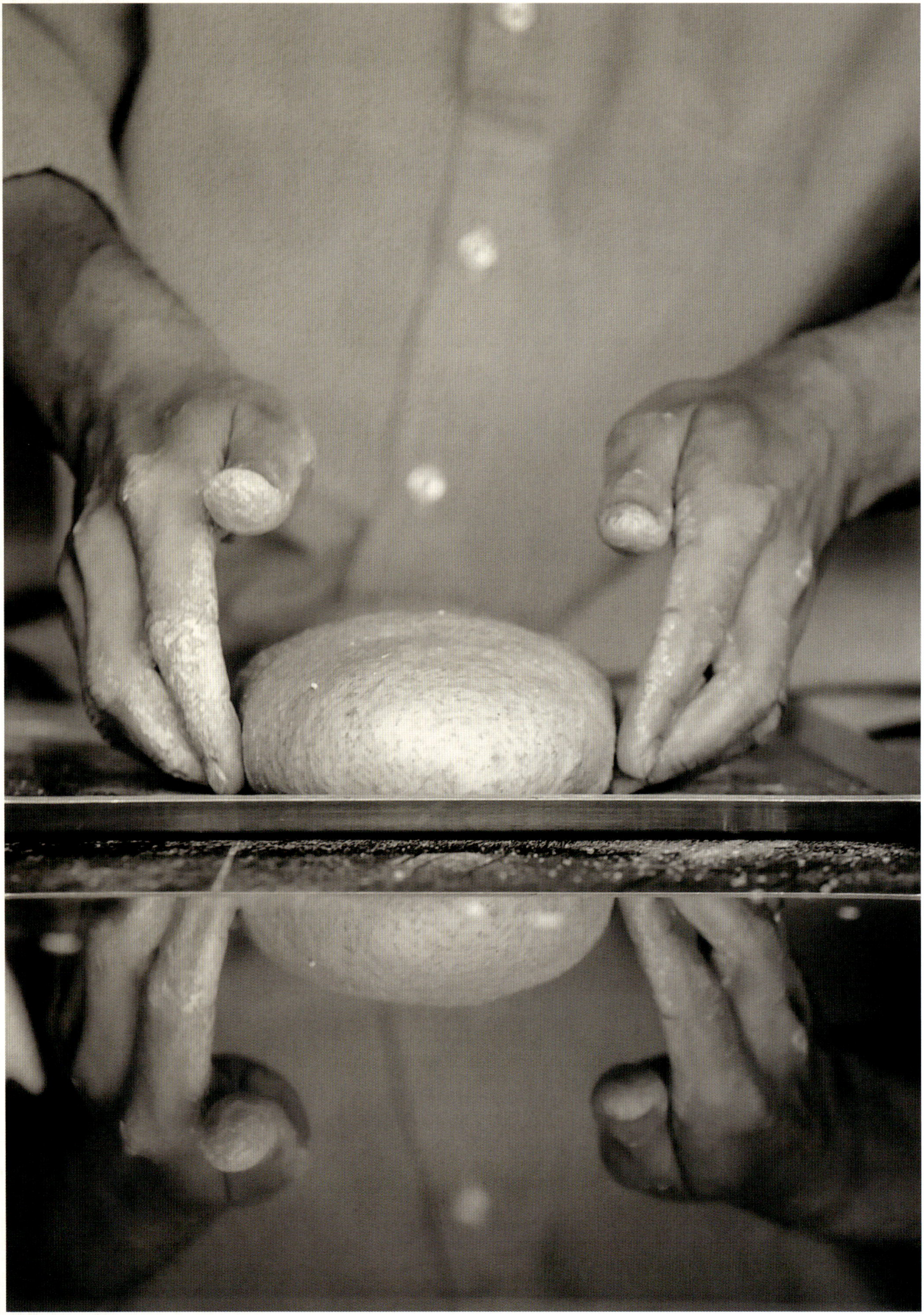

# Cuide bem. E desapegue

Era preciso abrir espaço para o novo. Deixar o velho ir embora. Depois de muito tempo administrando potes, cultivando levains diferentes — que, no fim, ficaram meio parecidos —, combatendo na fronteira entre a fermentação e a podridão, resolvi fazer uma limpeza na minha geladeira. Descartei o conteúdo de vários tupperwares, mantendo apenas um, aparentemente o mais vigoroso, para não deixar de fazer pão. No fim, até ele se foi.

A vida precisava seguir. E eu precisava me tornar um padeiro melhor, não um gestor de prazos e datas de alimentação de umas massas amorfas e macilentas (não sou mal-agradecido; tive de pensar assim para diminuir o impacto emocional). Não me preocupei se eram fermentos com nome ou sem nome, não olhei certidão nem local de nascimento. Joguei fora e decidi que criaria outro, que se tornaria, em suma, o meu fermento do dia a dia.

Foi quando fiz o levain com o suco de abacaxi, fórmula que eu adaptei à minha maneira e, tempos depois dividi com os leitores do meu blog — e que eu explico aqui no livro, em versão mais amadurecida e esmiuçada. Como acontece em todo começo desse tipo de cultura, errei, acertei, até que cheguei a um fermento muito promissor, estável. Fiquei orgulhoso. Mas durou pouco.

A empregada tinha acabado de voltar de férias, era o primeiro dia de trabalho. Ela já estava acostumada com os potes etiquetados, sabia que continham fermentos. Mas ela tinha sido testemunha da limpeza geral das últimas semanas e não sabia nada sobre o novo inquilino da geladeira — o do suco de abacaxi. Não tinha dado tempo de avisá-la, também não havia identificação no recipiente... Uma clássica cadeia de erros. E lá se foi para o lixo aquela mistura esquisita, com jeito de massa azedada.

Evidentemente, foi traumático. Ficamos todos chateados, ela até mais do que eu. Não bastasse ter de lidar com a sombra de um quase genocídio, pouco tempo atrás, ainda tive de encarar essa baixa acidental. Mas era um dia quente de verão, apropriado para fermentações, e lá fui eu comprar abacaxi. Comecei outro, que vingou logo de início, revelando-se ainda melhor do que o anterior (que não tinha nome; mas, se tivesse, receberia o apodo de "o breve").

Mas o fato é que as perdas me tiraram os receios de criar, recriar, dispensar e cuidar do levain. Tratando bem, sem surpresas e percalços, ele vai longe. Anos, gerações. Porém — falando aqui de padeiros amadores, como eu —, se for preciso, não há nada de errado em exercer o desapego. Renovar. Pois eu aprendi que sempre será possível começar do zero. Não estou dizendo que não ligo para o meu fermento, muito pelo contrário. Ele já tem três anos e me rendeu inclusive os pães fotografados para o livro. Acho que ele ainda tem muitas fornadas pela frente. Porém, se algo acontecer, eu sei que haverá oportunidade de criar outro.

Enfim, cuide muito bem, mas, se necessário for, desapegue. Comece de novo.

## Índice de receitas

| | |
|---|---:|
| Baguete com fermentação natural | 129 |
| Baguete simples | 138 |
| Bife à milanesa | 140 |
| Confit de ameixa seca com vinho do porto | 150 |
| Confit de cebola com especiarias | 164 |
| Croutons | 134 |
| Geleia de jabuticaba | 69 |
| Geleia clássica de morango | 125 |
| Geleia de mexerica-rio da tia Ercília | 110 |
| Grissini com fermento natural | 162 |
| Manteiga caseira | 50 |
| Panetone | 165 |
| Panzanella | 160 |
| Pão andino | 105 |
| Pão branco | 47 |
| Pão branco sem sova | 144 |
| Pão ciabata | 156 |
| Pão com tomate | 158 |
| Pão da hora | 159 |
| Pão de aveia e mel | 97 |
| Pão de azeitonas | 89 |
| Pão de centeio | 54 |
| Pão de figos e damascos secos | 82 |
| Pão de mandioca | 70 |
| Pão de milho | 66 |
| Pão de nozes | 84 |
| Pão de passas | 102 |
| Pão de semolina | 78 |
| Pão integral | 44 |
| Pão integral de casca fina na panela | 115 |
| Pão multicereais | 57 |
| Pão sem sova multicereais | 152 |
| Pão tipo alemão | 122 |
| Pappa al pomodoro | 135 |
| Pasta doce de castanha-do-Brasil | 76 |
| Pici fresco | 62 |
| Pudim de pão | 141 |
| Pudim de pão inglês | 101 |
| Queijo cottage | 117 |
| Rabanada tradicional | 147 |
| Rabanada salgada | 121 |
| Ragu de linguiça | 60 |
| Rillettes | 87 |
| Sopa de ervilha seca com paio | 133 |
| Tartine de cogumelos | 59 |

Você vai se deparar com esses termos em várias receitas, e mesmo em outras fontes de consulta. É bom conhecê-los.

Amido - Componente principal da farinha, o responsável por fornecer o açúcar que alimenta as leveduras e bactérias do fermento, possibilitando o crescimento do pão. É um carboidrato presente no endosperma, a maior e mais recôndita parte do trigo (as outras duas partes, mais superficiais, são a casa e o germe).

Ativar - ver refrescar.

Autólise - Processo que permite que a farinha absorva mais água, criando as pré-condições para a formação da rede de glúten. É uma pausa, um descanso entre a mistura de ingredientes e a sova.

Biga - Massa pré-fermentada, preparada com água, farinha e fermento biológico. Trata-se de um recurso importante para, a partir do fermento industrial, obter uma fermentação mais lenta, possibilitando um melhor desenvolvimento dos sabores do trigo. Sua atuação é semelhante à do poolish, outra variação de massa fermentada.

Chef - É o seu fermento natural. Leia mais em Madre.

Esponja - Eis outra expressão relativa aos métodos de pré-fermentação. Assim como a biga e o poolish, ela é constituída por farinha, água e fermento (e sempre sem sal). Mas sua fermentação, diferentemente dos dois tipos citados, acontece mais rapidamente.

Fermentação - Trata-se da digestão, por meio de um fermento, dos açúcares contidos na farinha gerando gás carbônico (e, no caso do fermento natural, produzindo também álcool e ácidos).

Glúten - A musculatura da massa, a rede de proteínas capaz de dar estrutura ao pão. Surge da combinação de duas proteínas contidas no trigo, a gliadina e a glutenina, estimuladas pela farinha umedecida e colocadas "em linha" graças à sova.

Hidrólise - Estamos falando, obviamente, de um processo que envolve água, como o nome sugere. Na autólise, o breve descanso da massa amolece o amido e melhora as condições para que a sova forme o glúten. Na hidrólise, a ação prolongada da água acaba fazendo intervenções mecânicas na estrutura da massa, formando a rede de glútens, quase como uma sova.

Levedura - Um fungo (e, portanto, pertencente ao mesmo reino dos cogumelos). No caso de leveduras como as da família *Saccharomyces*, são micro-organismos unicelulares, não dá para enxergá-los a olho nu.

Levain - Em francês, é a palavra que designa o fermento natural, produzido com farinha e água a partir de leveduras selvagens e bactérias que se encontram no ar e no trigo.

Levure - Termo em francês para o fermento produzido industrialmente, seja o biológico fresco (o chamado fermento de padeiro) ou o biológico seco instantâneo, vendido em envelopes e caixinhas.

Madre - O pedaço de massa dominado por leveduras selvagens e bactérias que você mantém para renovar e multiplicar o seu fermento. É também chamado de chef, ou, simplesmente, de mãe. Você vai encontrar ainda os termos isca, ou isco - como dizem em algumas regiões de Portugal.

Refrescar - É alimentar o fermento com água e farinha, e prepará-lo para o uso no pão. O fermento refrescado, ou ativado, isto é, com aparência ativa, aerado, é o que usamos nas receitas de pão.

Semolina - Um subproduto do trigo de grão duro, mais grosso do que a farinha, de textura assemelhada a uma polenta bramata. Tem alto teor de glúten e presta-se bem principalmente à produção de massas.

Sova - Associar o termo a surra não está de todo errado. É nesta etapa de produção do pão que vamos "espancar" a massa, mas com ritmo e com método. A ideia da sequência de gestos para esticá-la, recolhê-la, dobrá-la, é deixá-la mais homogênea e flexível. A sova também é essencial para criar as cadeias de glúten: os aminoácidos gliadina e glutenina, presentes na farinha, são liberados pela ação da água. E se alinham, formando o glúten, graças ao trabalho da sova.

## Agradecimentos

O ATO CONTÍNUO DE CULTIVAR O FERMENTO, MISTURAR A MASSA, ESPERAR, ASSAR, PARA MIM, COMEÇA NUM EXERCÍCIO DE INTROSPECÇÃO. MAS TERMINA INEVITAVELMENTE NUMA CELEBRAÇÃO COLETIVA, NO COMPARTILHAMENTO DE FILÕES E FATIAS. E EU AGRADEÇO A TODOS QUE, DOS JEITOS MAIS VARIADOS, CONTRIBUÍRAM PARA QUE ESTE *PÃO NOSSO* FICASSE PRONTO.

A Rita Lobo, que deu ao livro uma dimensão que eu nem imaginava que ele tivesse. Sovando aqui, modelando acolá, quando nos demos conta, estávamos com a assadeira repleta de ideias e receitas.

A Lilia Zambon, pela precisão digna de pâtissière no tratamento do texto, e Joana Figueiredo, pelo toque de chef na direção de arte.

À equipe do Panelinha, que acorda cedo e trabalha duro com a alegria e o talento dos melhores padeiros: Mônica Vidigal, Priscila Ilogti Mendes, Carolina Sá e Clara Massote; e os fotógrafos Gilberto Oliveira Jr. e Charles Naseh.

A Ilan Kow, parceiro sempre presente de velhas e novas fornadas.

A André Vaisman, Leonardo Eid, Edson Matsubayashi, José Carlos de Oliveira, pela força e pelo teste cotidiano de variados pães.

A Patricia Ferraz, Luiz Horta e toda a equipe do Paladar.

A Maurizio Remmert e Márcia De Luca, provadores frequentes e entusiasmados. A Andrea Paes e Carla Bardaro, pelo apoio. A Luiz Ligabue, Jacques Trefois, Braulio Pasmanik, Valter Pereira, José Maria dos Santos e tantos outros amigos comilões que sempre me incentivaram ao longo dos anos.

A Jeffrey Steingarten e Anissa Helou, pela inspiração.

Aos grandes padeiros Raffaele Mostaccioli e Rogério Shimura, que me deram dicas preciosas em várias ocasiões. Aos leitores do meu blog "Eu Só Queria Jantar", que me estimularam a ir além do pãozinho para consumo interno. A Helena Dourado, sempre organizando a bagunça que eu deixo na cozinha de casa.

A minha mãe, Ruth, e a minhas irmãs e sobrinhos (Andrea, merci por tantos livros e acessórios enviados da França, todos esses anos!).

A João Batista Camargo, meu pai, e ao amigo (e entusiasta dos meus pães) Saul Galvão, que se foram no mesmo setembro de 2009, quando os filões estavam começando a tomar jeito.

A Renata, minha mulher, e Clara, minha filha, por todo esse tempo juntos, pelo estímulo constante nas fornadas boas e ruins, por tratar com ternura minhas manias de boulanger, pela paciência com tantos fermentos e farinhas.

Sobre o autor

Luiz Américo Camargo nasceu em São Paulo, em 1968. É crítico de restaurantes desde 2004, e um dos fundadores do Paladar, marca de gastronomia do jornal *O Estado de S.Paulo*. Começou a fazer pães em casa na década de 1990 e, nos últimos anos, tem se dedicado à fermentação natural. Mantém desde 2008 o blog "Eu Só Queria Jantar".

PARA SABER MAIS:

BLOGS.ESTADAO.COM.BR/LUIZ-AMERICO-CAMARGO

Equipe Panelinha

Direção: Rita Lobo
Coordenação: Monica Vidigal
Fotógrafos: Charles Naseh e Gilberto Oliveira Jr.
Styling: Rita Lobo
Produção de objetos: Priscila Mendes Ilogti
Padronização de receitas: Rita Lobo
Culinarista: Nina Leite Sá
Assistente: Sandi Paiva

Agradecemos às lojas que gentilmente nos cederam objetos para produção de fotos deste livro: Camicado, Emporium Presentes, Roberto Simões, Spicy, Susie Rubin, Utilplast. Agradecemos também à Ivy Line Premium, onde foi fotografado o passo a passo do pão.

Todos os pães das fotos deste livro foram feitos por Luiz Américo Camargo.

Esta obra foi composta em Leitura por Joana Figueiredo e impressa em ofsete sobre papel couché matte da Suzano Papel e Celulose para a editora Panelinha.

Aperte, estique e dobre a massa sobre ela mesma. Isso vai deixar o pão macio e aerado.

Forme uma bola, cubra. Então escolha um lugar tranquilo para a primeira longa fermentação.

Depois de 5 ou 6 horas, leve a massa para a bancada: vamos modelar o pão. Primeiro, aperte para liberar o ar.

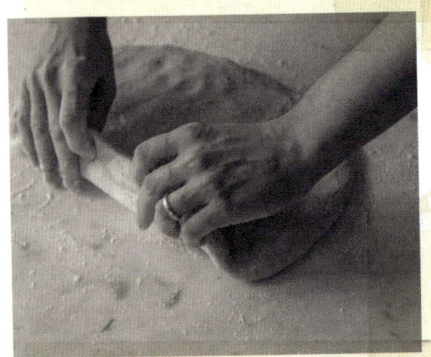

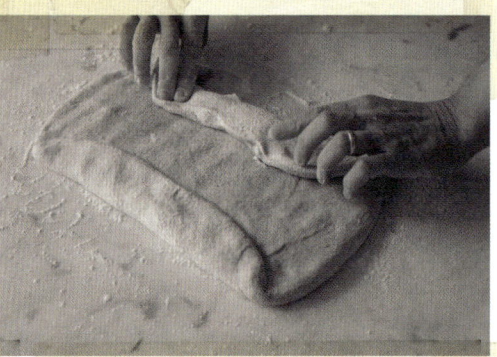

Depois, trabalhe a massa como se estivesse fazendo dobraduras.

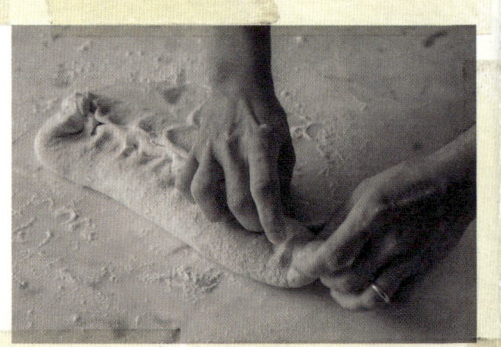

Junte as dobras, feche bem as emendas com capricho.